纪念闻一多诞辰120周年学术研讨会论文集

主编 陈国恩 方正 张园

WUHAN UNIVERSITY PRESS
武汉大学出版社

图书在版编目(CIP)数据

纪念闻一多诞辰120周年学术研讨会论文集/陈国恩,方正,张园主编.—武汉:武汉大学出版社,2021.1

ISBN 978-7-307-21826-0

Ⅰ.纪…　Ⅱ.①陈…　②方…　③张…　Ⅲ.闻一多(1899－1946)—人物研究—文集　Ⅳ.K825.6-53

中国版本图书馆CIP数据核字(2020)第196477号

责任编辑:陈　帆　　责任校对:汪欣怡　　版式设计:马　佳

出版发行:**武汉大学出版社**　(430072　武昌　珞珈山)

(电子邮箱:cbs22@whu.edu.cn　网址:www.wdp.com.cn)

印刷:武汉市宏达盛印务有限公司

开本:720×1000　1/16　印张:22.25　字数:309千字　插页:1

版次:2021年1月第1版　2021年1月第1次印刷

ISBN 978-7-307-21826-0　定价:80.00元

目　录

祝贺闻一多诞辰120周年学术研讨会召开

赵宝江

（武汉闻一多基金会）

今年是闻一多先生诞辰120周年。今天在他的家乡举行这样的学术盛会，探讨闻一多的诗学思想和新诗创作成就，研究闻一多的学术贡献，探索闻一多的思想发展和人生道路，不仅对于进一步理解闻一多具有重要意义，而且对于加深认识闻一多与生他养他的巴河两岸这片热土的文化联系、更好地弘扬闻一多的爱国主义精神具有重要的意义。我向这次学术研讨会的顺利召开表示热烈的祝贺，祝研讨会取得圆满成功。

闻一多是扬名海内外的现代诗人、著名学者和民主战士。他是从浠水走出去的，外出求学，后又远渡重洋留学美国。在异国他乡，他用诗歌抒写自己对故乡和亲人的思念，对祖国五千年文明的自豪，记录下了作为游子在海外的心路历程。回国后，他悲愤于眼前的政治黑暗和民生的艰辛，发出了“这不是我的中国”的怒吼，表示“我的中国只在我的心里”，表达了深沉的爱国主义情怀。他在创作新诗的同时，开始对新诗的艺术规律进行探索，提出了新格体诗的主张，在新诗发展的一个重要阶段，为新诗走向成熟作出了重要的贡献。他在从事高等学校教学工作的过程中，逐步地转向了学术研究，尤其在古代神话、楚辞研究方面取得了杰出的成就，产生了国际性的影响。

闻一多的本质是诗人，但他有正义感，热爱祖国和人民，所以他胸中常有诗人的愤怒。当祖国遭受日本帝国主义的侵略，而国民党反动当局消极抗日、积极反共，祖国陷于水深火热之中，他就从书斋走向了社会，参与到为民主的斗争里。诗人的本色，在社会斗争中又表现得格外地强烈。他一反早年对传统文化的捍卫态度，开始联系现实，反思传统文化的负面作用，对封建主义思想展开坚决的批判，并把矛头直接指向国民党反动当局。他的闻名世界的“最后一次演讲”，实质就是他的人格和思想在现实的锤炼中，到了一个关乎国家民族命运的重大关头所迸发出来的一道灿烂的闪光，他自己也在此刻用生命谱写了一曲惊天地、泣鬼神的爱国主义的悲歌。

闻一多的爱国主义精神、创作和学术研究成果，是中国人民的一笔宝贵的精神财富。老一辈革命家毛泽东、周恩来等高度评价他作为中国人的“骨气”，江泽民、胡锦涛先后题词，肯定闻一多的精神。闻一多诞辰95周年纪念的研讨会在人民大会堂召开，时任政治局常委宋平出席。闻一多诞辰100周年的纪念会，时任政治局常委李瑞环出席。今天，中国特色社会主义道路进入了一个历史新阶段，中国人民以习近平新时代中国特色社会主义思想为指导，正在为实现“两个一百年”的目标而奋斗。此时，继承和发扬闻一多的爱国主义精神和坚定的探索真理的精神，具有特别重要的意义。

支持推动闻一多精神的宣传和学术研究，是武汉闻一多基金会的基本职责。多年来，我们坚持把宣传和研究闻一多精神作为一种责任，薪火相传，发扬光大。今天，更多的年轻人投入对闻一多的研究，学术界开始进一步关注闻一多与其湖北浠水家乡的文化联系，作为闻一多基金会的理事长，我感到十分高兴。闻一多基金会理事赵慧教授长期从事闻一多研究与宣传，今天也将发表她的研究成果。我们相信，大家一起努力，必将把闻一多学术研究推向新的高度。

开幕式致辞

王立兵
（黄冈师范学院）

各位领导、专家，各位来宾：

大家上午好！有朋自远方来，不亦乐乎。由中国闻一多研究会、中国现代史学会、闻一多基金会和黄冈师范学院联合举办的“纪念闻一多诞辰120周年学术研讨会”今天在我校隆重召开了。在此，我谨代表黄冈师范学院2万余名师生向出席本次会议的各位领导、专家表示热烈欢迎，向长期关心支持学校发展的各界朋友表示衷心感谢！

闻一多先生是现代文学史上有重要影响的诗人。他的新诗创作代表着20世纪后半期新诗发展的一个重要方向，尤其是诗歌中蕴含着深沉的爱国情感，至今激励着我们。他的诗论独树一帜，体现了新诗自律性的艺术要求，是中国新诗理论的第二次飞跃。闻一多先生是学贯中西的学术大家，他援古为今、引洋为中，在神话、周易、诗经、楚辞、唐诗及现代诗歌研究方面取得了新成果，具有国际性影响。闻一多先生是伟大的民主战士，他在20世纪40年代走出书斋，为了民主的理想，用热血呐喊，用声音战斗，直至最后为他所追求的理想献出了宝贵的生命。闻一多先生是地地道道黄冈浠水人，黄冈师范学院距离闻一多故乡只有10余公里，学校湖北省高校人文社科重点研究基地“鄂东教育与文化研究中心”相关研究团队，大力推进红色文化进校园活动，围绕闻一多文化、教育思想和“红烛精神”开展研究，参与了闻一多文化小镇建设，开发了“红烛文化研究”校本课程“民族精魂闻一多”，出版了《闻一多教育思想研究》论文集，产出了一批较有影响的学术成果。学校还建有闻一多美术馆、闻一多雕塑，闻一多研究已融入黄冈师范学院的大学文化。

“问渠那得清如许，为有源头活水来。”今年是闻一多先生诞辰120周年，本次研讨会既是研究闻一多的新诗理论与实践、学术思想与方法、爱国情怀与民主精神的大会，更是为了写好“新时代闻一多颂”、弘扬爱国精神、坚定文化自信引领发展的大会。

黄冈师范学院地处古城黄州，办学历史悠久，学科门类齐全、专业特色鲜明，校园环境优美，社会声誉良好，是黄冈革命老区750万人口的第一高等学府。学校前身是1905年张之洞创办的“黄州府师范学堂”，历经百余年耕耘，学校凝练了“厚德、博学、力行、致远”的校训，形成了“尚师表、勇担当、秉诚朴、图自强”的黄师精神。近年来，在上级党委政府的坚强领导下，在各位领导、专家和社会各界的大力支持下，学校坚持以师范教育立身，以红色文化铸魂，紧紧围绕“一个申硕更名目标”“十项综合改革”“百名博士引进工程”“千万捐赠募集工程”“亿元项目谋划工程”工作部署，在人才培养、科学研究、服务社会、文化传承创新以及国际交流与合作等方面取得了积极成效，为区域经济社会发展作出了积极贡献，学校被誉为“中学校长的培养基地”“教学名师的成长摇篮”“黄冈市基层干部的孵化器”。当前，我校已进入“申硕”攻坚的冲刺期，全面深化改革的攻坚期，迫切需要社会各界支持，需要各位领导、专家为学校改革发展献计献策。研讨会在我校召开，为我们提供了一个难得的学习机会，希望各位领导、专家从政治高度、专业视角，为我校“申硕”工作和建设发展把脉问诊，多提宝贵意见和建议，对学校今后的发展给予更多更大的支持和帮助。

最是一年秋好处，绝胜烟波遗爱湖！最后，预祝“纪念闻一多诞辰120周年学术研讨会”取得圆满成功！祝各位领导、专家与会期间身心健康、生活愉快！

谢谢大家！

开幕式讲话

陈少敏

（黄冈市政府）

各位领导、各位来宾，各位朋友：

大家上午好！

今天，在风景优美、人文气息浓郁的古城黄州，我们高兴地迎来了纪念闻一多诞辰120周年学术研讨会的胜利召开。在此，我谨代表黄冈740万人民和黄冈市人民政府，向大会表示热烈的祝贺，并向出席研讨会的领导、专家以及所有的来宾，表示热情的欢迎和真诚的问候，向中国闻一多研究会、中国现代史学会、闻一多基金会对黄冈市统战工作和黄冈高等教育工作的信任和支持表示衷心的感谢。

黄冈市地处湖北省东部、大别山南麓、长江中游北岸、京九铁路中段。全市版图面积1.74万平方公里，总人口744.24万，是武汉城市圈的重要组成部分。

黄冈是全国著名的革命老区，是中国共产党人探索革命道路的重要区域，是人民军队的重要发源地，是中国革命实现历史转折的战略枢纽。在这里，诞生了董必武、陈潭秋、包惠僧三名中共一大代表，董必武、李先念两位国家主席，林彪、王树声、韩先楚等200多名开国将帅；孕育了红四方面军、红十五军、红二十五军、红二十八军等四支革命武装力量，发生了“黄麻起义”、中原突围、刘邓大军千里跃进大别山等重大革命历史事件。在缔造共和国的峥嵘岁月里，黄冈大地红旗飘飘，黄冈儿女紧跟共产党走，用生命和鲜血谱写了“男将打仗，女将送饭”的革命史诗，为中华人民共和国的成立付出了巨大的代价，作出了巨大的牺牲，共有44万优秀儿女英勇捐躯，有5万余人被追认为革命烈士。

黄冈不仅是著名的革命老区，更具有源远流长的历史文化传统。黄冈有2000多年的建置历史，在这片神奇的土地上，孕育了中国佛教禅宗四祖道信、五祖弘忍、六祖慧能，宋代活字印刷术发明人毕昇，明代医圣李时珍，现代地质科学巨人李四光，国学大师黄侃，哲学家熊十力，爱国诗人学者闻一多，文学评论家胡风，《资本论》中译者王亚南等一大批科学文化巨匠，为中华民族乃至世界文化发展作出了重要贡献。

改革开放以来，在党中央、国务院和省委、省政府的亲切关怀和大力支持下，黄冈老区人民抢抓机遇，开拓奋进，全市经济社会长足发展，精神文明和各项社会文化事业协调发展。

高等教育是地方经济社会发展的助推器。黄冈师范学院是黄冈革命老区750万人口的第一高等学府，具有悠久办学历史、优秀师范传统、优美校园环境和优良社会口碑。近年来，学校坚持立德树人，忠实履行大学使命，在推动转型发展、服务地方、内涵建设等方面取得了新的进步。黄冈师范学院高度重视文化传承和地方文化研究工作，在红色文化的挖掘和大别山革命精神的凝练、鄂东名人文化的研究与传播、黄梅戏的传承与实践、鄂东古村落的复原与保护等方面，取得了新成绩，展示了新形象。

闻一多先生是具有国际影响的诗人、诗歌理论家和学者，是时代的巨子，是“100位为新中国成立作出突出贡献的英雄模范人物”之一。值此举国上下欢庆中华人民共和国成立70周年之际，我们在先生的家乡黄冈举行纪念闻一多诞辰120周年学术研讨会，缅怀先生的丰功伟绩，探讨先生的学术思想，继承先生的爱国精神和教育情怀。

为办好本次研讨会，黄冈师范学院全校上下积极努力、奋勇担当，充分做好了会议的各项筹备工作。相信在与会各位领导、专家的指导和帮助下，在全体参会人员的积极努力下，本次会议一定是一次安全文明、成果丰硕的盛会；各位专家围绕闻一多的人格精神、学术创新展开研究，定能充分展示学术求真求善求美的魅力。

我真切地希望各位领导、专家多关注黄冈老区，关注黄冈师范学院，为黄冈的经济建设和文化教育事业发展献智献策，推动黄冈经济文化美丽愿景早日实现，推进新时代中国高等教育内涵式发展。

最后，预祝纪念闻一多诞辰120周年学术会议取得圆满成功。祝各位领导、专家和朋友们工作顺心，生活愉快。

开幕式致辞：近现代中国历史中的闻一多

柳建辉

（中央党校）

各位领导、专家和与会代表：

大家上午好！

值此中国现代著名诗人、学者、爱国民主斗士闻一多先生诞辰120周年之际，由中国闻一多研究会、中国现代史学会、闻一多基金会、黄冈师范学院联合主办，黄冈师范学院文学院（苏东坡书院）承办的“闻一多诞辰120周年学术研讨会”今天在养育他的家乡召开了。首先，我代表中国现代史学会向研讨会的召开表示热烈祝贺，向各位领导、专家和代表的到来表示热烈欢迎，并预祝会议取得丰硕的研讨成果！

放远视野，从中国近代史特别是中国现代史的角度考察闻一多先生的人生，除了他独特的文学道路、学术研究道路等之外，其短暂人生中的政治选择和政治道路很值得深入研究。当年，他怀着真挚的爱国情怀、强烈的爱民意识，自觉地接受先进政党的领导，最后为民主的理想献出了宝贵的生命，这在近现代中国历史上的仁人志士中，实不多见。这是他留给我们最宝贵的精神财富之一，也铸就了他中国近现代史上最杰出的爱国知识分子代表的历史地位！

一、闻一多是在中国共产党统一战线政策的强烈感召下，奋起参加民主革命活动，成为无畏的爱国民主斗士的。中国共产党领导的统一战线在革命年代发挥了团结朋友，壮大自己，组成浩浩荡荡的革命大军，凝聚起牢不可破的革命力量的重要作用。中国民主同盟盟员、著名教授闻一多先生，正是在中国共产党统一战线政策的强烈感召下，奋起参加民主革命，成为无畏的民主斗士，最后壮烈捐躯的革命烈士。当时，中国共产党的抗日民族统一战线政策和国民党“积极反共，消极抗日”的倒行逆施，从正反两方面教育了一大批曾经对国民党政府抱有幻想的优秀知识分子转而同情中国共产党、拥护中国共产党，促使闻一多走出“象牙塔”而投身革命洪流。富于正义感的中国知识分子唾弃国民党政权转而盼望中国共产党领导，这是时代的潮流，历史的选择。闻一多的政治选择符合中国近现代史的历史潮流，他所走过的政治道路反映中国近现代史的发展方向。

二、闻一多的思想进步和转变既是受中共抗日民族统一战线政策的感召，也是中共南方局及其地下组织开展知识分子的工作促成的。抗日战争期间，民族的危机、国家的灾难、人民的疾苦、国民党的腐朽、共产党的正气，这一切汇成一股历史合力，促使他拍案而起，走出书斋，为抗日、为民主而呐喊。周恩来领导的中共南方局正确地贯彻统一战线政策，善于通过知识分子中的党员如民盟上层领导人物楚图南和西南联合大学的学生党员等来细致地、耐心地做闻一多等一批有名望的知识分子的工作。周恩来曾亲笔写信指出：像闻一多这样的知识分子，对国民党反动派的腐败是反抗的，他们也在探索，在找出路，而且他们在学术界、在青年学生中，还是有广泛的社会联系和影响的，所以，应该争取他们，团结他们。闻一多的思想进步和转变证明这是正确有效的。

三、闻一多参加民主运动后，要求加入中国共产党的愿望非常强烈，但他还是尊重共产党地下组织的建议，参加了中国民主同盟。入盟后，他任民盟中央执行委员和民盟云南省支部宣传委员兼民主周刊社社长。从此，他自觉接受中国共产党的领导，成为中国民主运动中一名英勇无畏的斗士。他严词抨击国民党的独裁统治，满腔热情地赞颂共产党的民主政治，多少青年学生和人民群众为之拍手称快，国民党特务则对他恨之入骨，把他列入暗杀的黑名单，但他无所畏惧，仍然发表演说，撰写文章，坚持斗争。

抗战胜利后，全国人民欢欣鼓舞，但国民党政府竟悍然发动内战，企图一举消灭中国共产党。在这历史转折关头，中国共产党和民主党派风雨同舟、荣辱与共，中国民主同盟旗帜鲜明地拥护中国共产党的主张，反对国民党制造内战的阴谋。闻一多和民盟云南省支部的领导人一起，挺身而出，支持昆明学生举行的反内战、吁和平的罢课运动。“一二·一”运动是抗战胜利后第一次大规模的学生运动，这次运动有力地揭露了国民党法西斯独裁统治的真面目，推动了国民党统治区民主运动的发展，积累了进一步开展民主运动的经验，培养和锻炼了大批的优秀学生干部。

民盟云南省组织的革命活动深为国民党当局忌恨。1946 年 7 月 11 日，民盟云南省支部的领导人之一李公朴先生被国民党特务暗杀。闻一多悲痛万分，冒着生命危险出席 7 月 15 日上午举行的李公朴先生追悼大会，并在会上发表了被称为“最后一次讲演”的演说。他大义凛然，痛斥国民党特务杀害李公朴的无耻行径，并义无反顾地表示：“我们不怕死，我们有牺牲精神，我们准备随时像李先生一样，前脚跨出大门，后脚就不准备跨进大门！”结果，当天下午追悼会结束后，闻一多在回家的路上就被国民党特务暗杀，年仅 48 岁！他的鲜血，染红了昆明大地，噩耗传开，国内外震惊。闻一多的死唤醒了千千万万的民众，抗议的浪潮一浪高过一浪，国民党法西斯独裁统治陷入了四面楚歌的狼狈境地。这是闻一多政治选择在当时所产生的社会影响。

四、闻一多的选择是历史的选择。作为一位“贫贱不能移、富贵不能淫、威武不能屈”的有骨气的知识分子，他选择中国共产党，自觉接受党的领导，这是中国共产党统一战线的胜利，也是闻一多留给我们最宝贵的精神财富之一。他在中国共产党统一战线的领导下英勇斗争直至无畏献身的那种“惊天地、泣鬼神”的精神永远激励着后人奋勇前行。从这个角度来说，中华人民共和国的五星红旗，同样是由中国民主党派革命先烈的鲜血染成的。在中共中央祝贺中国民主同盟成立50周年的贺词中曾指出：中国民主同盟之所以成为中国共产党最忠实、最亲密的朋友，正是沿着闻一多等民盟早期领导人用热血和生命开拓的道路前进的结果。

概言之，闻一多先生在20世纪40年代成为一个民主斗士，其事迹彪炳史册。他是中国近现代史上最杰出的爱国知识分子代表。他站在民众的立场上，为推进中国民主主义制度建设作出了应有贡献，也使他永载共和国的英烈史册！他的思想历程，典型地说明了“五四”以来中国真正爱国知识分子的人生道路。他热爱祖国，热爱人民，要求民主，追求真理，是最勇敢、最忠实的“五四”精神的继承者和捍卫者。正如他明确宣称的那样，我是从“五四”运动开始懂得为人和为学的基本原则的。因此，我们也只有从“五四”精神和原则考察起，才能真正认识闻一多，理解闻一多。“不管道路如何曲折，最后胜利永远是属于人民的，二十六年前如此，今天也如此。在‘五四’的镜子里，我们看出了历史的法则！”他的这段话，应该成为我们进一步推动闻一多先生生平思想和人格精神研究的一个重要切入点。

闭幕式学术总结

陈国恩

（中国闻一多研究会）

各位专家，女士们、先生们，下午好。

纪念闻一多诞辰120周年学术研讨会，经过一天的紧张热烈发言，将要圆满结束了。感谢大家在百忙中拨冗与会，给了研讨会有力的支持。这次研究会的成功举办，是各方通力合作的成果。黄冈市与黄冈师范学院的领导高度重视，闻一多基金会一如既往地支持，特别是黄冈师范学院文学院的领导和师生为研讨会提供了有力的保障，我在此代表中国闻一多研究会一并致谢。

在闻一多故乡举办高层次的研讨会，突出了闻一多研究的乡土背景。与以前不同的是，这次研讨会，黄冈和浠水的本地学者提交了不少论文，研究的主题集中在闻一多与家乡巴河的文化联系、闻一多精神与地方经济的关系。闻一多与巴河的文化联系，这一主题是可以进一步挖掘的，这也是黄冈学者的光荣使命。

这次的研究会，有不少方面取得了新的进展：

1. 闻一多与民盟的关系及闻一多思想发展。闻黎明、吴宝璋、谢寒等先生的重要论文，深入探讨了闻一多与民盟的关系起始与发展，厘清了闻一多思想发展的一些重要的节点。比如，强调闻一多读了蒋介石《中国之命运》后非常失望，甚至强烈不满，说他宣扬的是义和团精神。闻一多在“五四”时期是捍卫传统文化的，到20世纪40年代开始激烈抨击传统文化的腐朽方面，宣称他是受“五四”精神的浸染成长起来的。这种思想的急剧转变，是时局和现实问题对他的一个影响，而《中国之命运》带给他的刺激，应该是其中一个重要因素。从中可以看到，政治人物的言行会产生多大的影响。我们不约而同地重视闻一多与民盟的关系，不能不说也是因为这重关系包含着今天坚持和完善中国共产党领导的多党合作和政治协商制度、坚持和完善中国特色社会主义制度建设的时代需要。

2. 闻一多在日本与在我国台湾。小林基起教授、邓捷教授等几位学者的论文向我们介绍了闻一多在日本的研究情况，在台湾地区的传播与接受。日本有闻一多学会，每年召开学术研讨会，交流研究的成果。因为闻一多涉足整个中国文学以及文化，所以日本学者有的从闻一多入手研究中国文学以及中国文化的发展与变迁。牧角悦子教授的《神话与戏剧》将在《长江学术》上发表，她是日本闻一多学会在任会长，她的一个重要研究方向就是闻一多的古今学术。

3. 闻一多教育思想的研究。这次研讨会提交了专门的论文，像袁小鹏教授的《闻一多教学思想研究》，还有黄冈师范学院等单位的学者撰写的《闻一多教育思想研究文集》，是对闻一多教育思想的专题探讨。李光荣教授的《闻一多讲古代文学课》，具体展示了闻一多的教学观念与教学方法。闻一多是一个教育家，他有自己的教育思想。以前被他的作为诗人和学者的声名所掩，不太受人关注，这次研究会这方面的成果是一个重要的弥补，既有学术价值，也有现实意义，并且预示着闻一多的教育思想会受到研究者的重视。

4. 闻一多作为学者的成就。王攸欣对闻一多《庄子》研究的平议、刘殿祥对闻一多诗歌隐语研究论的考察，用力很深，展现了闻一多的学术创新意识与个性化的研究方法。还有曾军先生的讨论闻一多的《周易》研究，也很有意思。

5. 闻一多与家乡浠水关系的史料。周明清、汪德富等几位先生花了很大的力气，采访、搜集了不少史料，内容涉及胡耀邦的题词、闻一多纪念馆的筹建过程等，很有价值。陈建军教授和他的学生戚慧写的关于闻一多致梁实秋一封书信的考释，十分精当，值得研究重视。陈志平教授的文章，则是从地域文化的角度来考察鄂东产生众多文化巨子的原因，又是一种很有意义的思路。

6. 作为诗人的闻一多的研究，一直是闻一多研究中的重点。这次研讨会收到的这方面文章相对较少，但很有质量。许祖华教授从闻一多书信中的“记事”与“议论”来透视一些重大的社会事件，既是对闻一多的研究，也是通过闻一多对现代社会问题的研究。闻一多怎样看“五四”，如何评价抗战，如何看待美国，这与一般的“五四”问题研究、抗战研究、美国研究不同，是诗人与社会的一种对话关系的研究。黄健教授把新诗格律的提倡视为新月派的共同选择，在这个视角内讨论闻一多的独特贡献，提供了新的观点。陈澜讨论文学史著对闻一多形象塑造的作用，这是传播学视野中的研究。还有几篇文章是讨论闻一多诗歌中的意象与色彩，是对老问题的新探讨。李乐平教授的文章讨论为什么闻一多对郭沫若的《女神》既褒奖又贬抑，他发现那是因为《〈女神〉之地方色彩》写在前，而后又折服郭沫若，写了《〈女神〉之时代精神》，称其体现了“二十世纪的动的精神”，这就把疑问澄清了。万龙生先生的论文提出，闻一多是一个全能型的诗歌大师，他的文章已经在最新一期的《黄冈师范学院学报》上发表。我发现这次提交的论文中，有多篇采用文本细读的方法，比如用意象的统计数据说明闻一多思想感情的前后变化，或考察《七子之歌》中祖国—母亲的文化意义，发掘它作为政治隐喻符号的意义，很有新意。

闻一多的思想发展、人生选择，在中国现代有良知的知识分子中具有重要的代表性。他从诗人、学者到民主斗士的人生道路，联系着中国现代社会的深层次矛盾和一个知识分子在中西冲突、新旧矛盾中的复杂心态，包含着丰富的文化信息，经得起不断地发掘和研究。因此，闻一多是一常说常新的话题，而且从他的诗歌创作和诗学思想的研究，拓展到作为影响了中国现代历史发展的一个历史人物的整体研究，将是我们应该努力的一个重要方向，这包括对闻一多的历史角度的研究，对闻一多与古代文学、古代文化关系的研究。

我们期待再次为闻一多相聚，为推进闻一多研究而努力。

闻一多与中国民主同盟

闻黎明

（中国社会科学院）

闻一多被誉为集中了“诗人、学者、民主斗士”三重人格的知识分子。“诗人”指的是他对中国新文化建设的贡献；“学者”是指他在中国古典文学研究领域获得的成就；“斗士”则是对他为建立中国民主制度献身精神的褒扬。

综观诗人、学者、民主斗士三者，最辉煌的无疑是“斗士”。这一定位，概括地说是坚持反对国民党专制统治、拥护共产党民主建国路线的战斗，若进一步展开的话，则具体表现在为实现中国民主同盟纲领的不懈努力，故认识闻一多就不能不首先考察他与中国民主同盟的关系。

一、认识民盟

闻一多是一位炽热的爱国主义者，从小深受传统爱国爱民思想的影响，懂事后又受到民主共和观念熏陶。“五四”运动中，他是清华学校的积极分子，赴美留学后参与发起提倡国家主义反对帝国主义的大江会，澳门回归时全国传唱的《七子之歌·澳门》就是为《大江季刊》创作的一首“国家主义的呼声”。①

---

① 闻一多：《致梁实秋》（1925 年 3 月），闻铭、王克私编《闻一多书信选集》，人民文学出版社 1986 年版，第 196 页。信中说：“昨晚又草成《七子之歌》也是国家主义的呼声。”

闻一多虽然热心从事爱国活动，但与同时代的知识分子一样都有“清高”的通病。日常生活中，他们极力保持独立人格，与不同志趣者保持一定距离。表现在政治上，则是推崇“君子党而不同”的古训，不屑与争权夺利者为伍。闻一多早年在清华学校的社团活动，留学美国的社会交往，回国后在北京聚集的《晨报·诗镌》诗人圈，在上海参与的《新月月刊》，以及在清华大学与西南联合大学来往的朋友，都是闻一多认为的“君子”，这反映了他骨子里的“清高”意识。对于成分复杂的中国民主同盟，闻一多也经历了一个认识和接受的过程。

中国民主同盟的前身是国民参政会内以六个党派为主的参政员于1939年11月23日成立的“统一建国同志会”。皖南事变后的1941年3月9日，改组为中国民主政团同盟，成为政党。1944年9月19日，为了适应形势发展，民盟全国代表会议决定取消“政团”二字，改为“中国民主同盟”。中国民主同盟是中国政坛的第三大政党，它的诞生改变了中国政治的格局，团结了不同的政治力量，为坚持抗战、推动民主建设发挥了重要作用。民盟的基本队伍是中国青年党、国家社会党、中华民族解放行动委员会（第三党）、中华职业教育社、乡村建设派、救国会，由于闻一多推崇国家主义，所以与宣扬国家主义的国家社会党关系较多。

国家社会党的罗隆基是民盟中央执行委员会常务委员兼宣传部部长，他与闻一多是九年清华同窗，一起参加“五四”运动，一起参加1921年的同情罢考①，一起受到清华学校推迟一年出国的处分，一起于1922年同船赴美留学，一起在芝加哥发起大江会，是闻一多学生时

---

① 1921年6月3日，北京大学等国立八所高校教职员因欠薪集体罢教，联合学生请愿，遭到北洋政府军警镇压，酿成“六三惨案”。清华学校学生响应北京学联决议，参加声援运动，举行罢课。其时恰逢闻一多所在的清华学校1921级出国前最后一次大考，闻一多与罗隆基等29位同学发起同情罢考，拒绝走入考场，被学校以“自动退学”除名。此事受到社会各界强烈谴责，后学校被迫将处分改为推迟一年出国。

代关系最密切者之一。同样是民盟中央执行委员会委员的国家社会党潘光旦，与闻一多关系更不一般。潘光旦1913年入清华时就与闻一多同班，1916年因踢足球受伤锯掉一条腿，潘光旦返乡养伤期间一度想退学，闻一多写信勉励他振奋起来。潘光旦回校后，与闻一多一起发起新剧社，一起组织救灾募捐，一起编辑《清华学报》和《清华周刊》，一起成立问题讨论的"⊥社"，"五四"运动中两人都是清华学校学生代表团成员，清华学生会成立后又分别是两个部门的主任。值得一提的是，闻一多的名字也是潘光旦改的，他入清华时注册的名字是"闻多"，中间的"一"字，是在潘光旦建议下加进去的。① 潘光旦原名潘光亶，也是这个时候改为潘光旦。回到清华大学后，两家人走动频繁，潘光旦最早的学术专著《冯小青——一件影恋之研究》，插图就是闻一多绘制的，可见闻一多与潘光旦是莫逆之交，友情甚笃。

国家社会党的党魁张君劢，虽与闻一多来往不多，但他的弟弟张嘉铸（禹九）与闻一多关系颇深。1924年闻一多在纽约留学时，与张嘉铸同住在曼哈顿的国际学舍，在那里闻一多与余上沅、赵太侔共同编演了五幕英文古装剧《杨贵妃》，这次中国戏剧首次在美国亮相，张嘉铸是积极襄助者。1925年1月，闻一多、张嘉铸、余上沅、赵太侔和梁实秋、梁思成、林徽音、顾毓琇、瞿世英、熊佛西等发起"中华戏剧改进社"。其后，四人又立志发起国剧运动，决定闻一多、余上沅、赵太侔回国筹备，张嘉铸留守纽约。② 闻一多回国后的第一个职务是国立北京艺术专门学校教务长，这个工作正是张嘉铸的姐夫徐志摩推荐的。1926年10月，吴淞国立政治大学聘请闻一多任教授兼训导长，而这个学校的创立者和校长，即张嘉铸的哥哥、国家社会党党首张君劢。

除了国家社会党，闻一多与中国青年党的李璜也有过一段交往。青

① 吴泽霖：《老友一多二三事》，王康、王子光编《闻一多纪念文集》，三联书店1980年版，第162页。

② 参见余上沅：《一个半破的梦——致张嘉铸君书》，《晨报·剧刊》第15号，1925年9月23日。

年党是民盟三党三派中最大的派别，党首曾琦、左瞬生、李璜号称“曾左李”，闻一多与曾、左没有接触，但对李璜印象颇好。那是1925年秋，青年党办的《醒狮周报》刊登发起国家主义各团体联合会广告，闻一多看了便与余上沅找到发起人李璜，表示代表大江会参加。① 召开筹备会时，闻一多、余上沅、罗隆基代表大江会，李璜代表中国国家主义青年团，出席了会议，② 遂于12月20日正式成立了以“内除国贼，外抗强权”为宗旨的“北京国家主义团体联合会”。在这些接触中，闻一多对李璜评价很高，梁实秋说闻一多虽然称李璜“乃一书生”，“实则对他颇为敬重，曾对我说起李璜，誉为光风霁月国士无双”。③

按照常理，闻一多有这样的朋友，他参加民盟应该顺理成章，然而1943年罗隆基到昆明筹备民盟支部时，与潘大逵邀请闻一多参加民盟却遭到了拒绝。闻一多当时曾说，若要加入组织，就参加共产党。④ 不过，社会的动荡和严峻的形势，最终改变了闻一多的观念。

在实现政治转变的知识分子中，许多人是从国内外形势改变的1943年开始的。这年，世界反法西斯战线首先在欧洲战场出现了巨变，盟军继在春天取得北非战场胜利后便向意大利发起进攻，苏联红军在斯大林格勒战役后也逐渐向西推进，美国军队在中途岛海战后也控制了太平洋战场，德国和日本的败象已十分明显。1943年11月22日至26日，中国、美国、英国三国首脑举行开罗会议，讨论的就是反攻日本的战略和战后国际局势的安排。11月28日至12月1日苏、美、英三国首脑举行的德黑兰会议，讨论的也是开辟西欧第二战场，东西方配合对德作战问题。在中国，蒋介石的抗战策略是苦撑待变，但共产党在敌后根据地取得的一系列战果已冲破新闻封锁，产生了广泛影响，这在闻一多身上就得到了反映，他加入民盟便是这种反应的体现。

---

① 李璜：《学钝室回忆录》，台湾传记文学出版社1978年版，第134页。
② 施真：《纪念闻一多先生》，《青年生活》第3期，1946年8月1日。
③ 梁实秋：《谈闻一多》，台湾传记文学出版社1967年版，第68页。
④ 笔者访问潘大逵记录，1986年12月29日。

二、加入民盟

1943年暑假后，经英国驻华大使馆介绍到西南联合大学教授“西洋小说”和“现代英诗”的罗伯特·白英（Robert Payne），准备选编一部《中国新诗选译》，邀请闻一多合作。当时，朱自清从成都探亲返昆，带回一本抗日根据地的诗集，便提供给闻一多。闻一多看到里面刊登的田间的诗，顿时振奋起来。10月27日，开学后的第一堂唐诗课上，他没有讲唐诗，而是称赞起田间的诗。何孝达同学记述到：闻一多“站在讲台的旁边，穿着深蓝色的旧了的长袍，很宽大。左手拿着毛边纸的本子，上面是他亲自用墨笔抄的一行行的诗，右手轻轻地拍着那本子说：‘有一天，佩弦先生递给我一本诗，说，好几年没有看新诗，你看，新诗已经写得这样进步了。我一看，想，这是诗么？再看，咦，我说，这不是鼓的声音么？’”① 闻一多在这次课上所讲的内容，最早刊登在11月1日西南联合大学五周年校庆出版的“文艺”壁报第三期上，标题为《听鼓的诗人和擂鼓的诗人》，作者是听课的一位同学。文中写道：“《听鼓的诗人和擂鼓的诗人》是记闻一多先生在中文系唐诗班上所讲关于田间的诗的。这位沉默了许久的《死水》作者，突然欣赏起田间来，大家都觉得惊奇。他说：‘抗战六年来，我生活在历史里，古书堆里，实在非常惭愧，但今天是鼓的时代，我现在才发现了田间，听到了鼓的声音，使我非常感动。我想诸位不要有成见，成见是最要不得的东西，诸位想想我以前写的是什么诗，要有成见就应该是我。田间实在是这鼓的时代的鼓手！他的诗是这时代的鼓的声音！……’”②

---

① 小华：《闻一多先生的画像》，《沧南行》（《自由文丛》之二），香港自由文丛社1947年版，第16页。小华，何孝达的笔名。

② 焯：《联大杂写》，《新华日报》，1943年11月16日。焯，西南联大一位同学的笔名。

西南联合大学是所提倡学术自由的高等学府，允许讨论各种思想，但还没有教师在课堂上公开讲中国共产党，因此这堂课在校园引起不小的反响。事后，大家怂恿闻一多把所讲的内容写下来，于是有了《时代的鼓手——读田间的诗》。此时，《生活导报》为了庆祝成立一周年准备组织纪念文章，编辑傅欣向闻一多约稿，闻一多对他说："我将写一篇你们意想不到的稿子给你们。"傅欣告诉另外两位编辑陈尚凡、熊锡元，他们猜了半天也没猜出会是什么内容，收到稿子后才知道是《时代的鼓手》，并很快刊登在11月13日出版的《生活导报周年纪念文集》。① 这篇文章中，闻一多摘引了田间《多一些》和《人民底舞》两首诗，认为这些诗不只有鼓的声律，还有鼓的情绪，它"鼓舞你爱，鼓动你恨，鼓励你活着，用最高限度的热与力活着，在这大地上"。末了，闻一多点睛地指出："当这民族历史行程的大拐弯中，我们得一鼓作气来渡过危机，完成大业。这是一个需要鼓手的时代，让我们期待着更多的'时代的鼓手'出现。"

一位著名教授居然敢在国民党统治的昆明赞扬抗日根据地的诗人，这的确是一件引人注目的事。朱自清在《闻一多全集·序》中说："那篇《时代的鼓手》，赞颂田间先生的诗，这一篇短小的批评激起了不小的波动，也发生了不小的影响。"《时代的鼓手》是闻一多思想转变时期发出的一声强有力的呐喊，接着便一发而不可止。

闻一多的转变最为突出的是集中在1944年。这年2月20日，他在《云南日报》发表了《复古的空气》，批评蒋介石《中国之命运》恢复传统的主张，认为这是"知识和领导分子"的倒退。② 3月1日，他又在昆明《中央日报》发表《家族主义与民族主义》，认为家族主义妨碍

---

① 傅欣给笔者的信，1988年1月18日。傅欣，昆明《生活导报》编辑。

② 闻一多：《复古的空气》，《云南日报》，1944年2月20日，第2版。闻一多很重视这篇文章，还将此文交给西南联合大学教授主编的政论刊物《当代评论》，刊于3月1日出版的第4卷第10期。

民族主义的发展，应改变儒家“孝”的家族主义观念，走民族主义的路。① 5月3日，西南联合大学历史学会举行“五四”二十五周年纪念座谈会，闻一多旗帜鲜明地提出要“里应外合”打倒孔家店。② 5月8日，在西南联合大学国文学会召开“五四运动与新文艺运动”文艺晚会，闻一多在会上强调：“新文学同时是新文化运动，新思想运动，新政治运动，新文学之所以新就是因为它是与思想、政治不分的，假使脱节了就不是新的。”“五四的任务没有完成，我们还要干！我们还要科学，要民主，要打倒孔家店和封建势力！”③

闻一多的诗人气质、责任担当，使他的转变非常迅速。6月25日，他在《云南日报》又发表更加尖锐的《可怕的冷静》。文中毫不掩饰地批判：抗战已快七年了，可“真正饿殍恰恰就是真正的兵士”，“灾情愈重，发财的愈多，结果贫穷的更加贫穷，富贵的更加富贵”，“一部分人为着旁人的剥削，在饥饿中畜牲似的沉默着，另一部分人却在舒适中兴高采烈的粉饰着太平，这现象是叫人不能不寒心的”。文中又写：“非常时期所需要的往往不是审慎，而是勇气”，“民族必需生存，抗战必需胜利，在这最高原则之下，任何平时的轨范都是暂时可以搁置的枝节。火烧上了眉毛，就得抢救。这是一个非常时期！”当时，有些持重的人用“冷静”的态度“审慎”劝告抨击黑暗腐败现象的青年，先生非常反感，说：“这不是冷静的时候，希望老年人中年人的步调能与青

---

① 闻一多：《家族主义与民族主义》，昆明《中央日报》，1944年3月1日，第2版。

② 闻一多：《五四历史座谈》，原载《大路周报》第5期，转引自孙党伯、袁謇正主编《闻一多全集》第2卷，湖北人民出版社1993年版，第536~537页。

③ 闻一多讲，张友仁记录：《新文艺与文学遗产》，孙党伯、袁謇正主编《闻一多全集》第2卷，湖北人民出版社1993年版，第215~216页。湖北版《闻一多全集》文末注云：“本篇原载刊物未详，现据开明书店1948年《闻一多全集》排印。”西南联合大学经济系学生张友仁对笔者说，此文实为他记录，径交清华大学闻一多遗著编辑委员会，遂编入开明版《闻一多全集》。

年齐一，早点促成胜利的来临!”①

7月7日，是抗日战争七周年纪念日。这天，闻一多出席了西南联合大学壁报协会和云南大学、中法大学、英语专科学校三校学生自治会联合举办的“时事座谈会”，十多位教授就“七年的回顾”“当前的局势”“前途的展望”三个问题做了发言。报载各位教授“大体都认为放眼一看国际，觉得前途很可乐观，但是反视我们自己的国内，不容讳言的，缺点实在太多。一切缺点都可以归之于政治上去。因为我们还缺乏真正的民主，因此在经济、文化、社会、军事等方面都有漏洞。而影响我们抗建的成功至深且巨，此后我们不应一味乐观，沾沾自喜，但是当然也不要悲观颓唐，我们应该集中在对外求自由、对内求民主的努力上。在各教授发言时，一到精彩的地方，同学无不热烈鼓掌，情绪紧张已极”②。这次大会是皖南事变后昆明各大学学生举办的第一次大规模政治集会，从晚8点开到深夜12点，西南联合大学教授潘光旦说：“出席的多至三千余人，会场内外，挤得水泄不通，景况的热闹，真是得未曾有。就昆明一地说，竟不妨说是空前的。”③

这天晚会发言的教授谈到许多问题。邵循正教授认为，国家对战争的政治教育不够，潘大逵教授讲到贪污问题，杨西孟教授认为中国眼下最大的经济症结是分配不公，潘光旦指出学人应该对现实负起责任，李树青认为要克服的是目前流行而且普遍的揩油问题。罗隆基讲到宪政问题时，说：“所谓民主宪政，是民主包括宪政，宪政不一定包括民主，所以我们今天最好不要强调宪政，却可以多谈民主。但如果我们要争民主，首先就要争法治，就要像英国那样，任何人不能在法律以上。”由于他谈到的是非常敏感的现实问题，会场有些沉闷。这时，云南大学校

① 闻一多：《可怕的冷静》，《云南日报》，1944年6月25日，第2版。

② 《四学府昨联合举行七七时事座谈会，参加教授十余学生三千》，《云南日报》，1944年7月8日。

③ 潘光旦：《说学人论政》，《自由之路》，商务印书馆1946年版，第361页。

长熊庆来站起来做了三点说明，强调这次座谈会是学术性的，中国的积弱是由于学术不昌明，要救中国的积弱要昌明学术，我辈做师生的人就应当每人守住他的讲求学术的岗位，不应当驰心政治商业之类于学术以外的事物。①

熊庆来的这番话给关心时局的气氛浇了一盆冷水。本来不准备发言的闻一多这时站了起来，说："今天晚会的布告，写得非常清楚，这是一个纪念抗战七周年的时事报告晚会，我对政治经济问题懂得很少，所以很有兴趣向诸位有研究的先生请教。但是，大家也看得清楚，有人并不喜欢这个会议，不赞成谈论政治。据说，那不是我们教书人的事情。我，修养非常不好，说话也就容易得罪人。今晚讲演的先生，我们都是老同事、老朋友，有什么苦衷，大家不难理解，可是既然意见不同，我还是要提出来讨论讨论。谈到学术研究，深奥的数学理论，我们许多人虽然不懂，这又那里值得炫耀？又那里值得吓唬别人？今天在座的先生，谁不是曾经埋头做过十年、二十年的研究的？谁不希望能够继续安心地做自己的研究？我若是能好好地读几年书，那真是莫大的幸福！但是，可能吗？我这一二十年的生命，都埋葬在古书古字中，究竟有什么用？究竟是为了什么人？现在，不用说什么研究条件了，连起码的人的生活都没有保障。请问，怎么能够再做那自命清高、脱离实际的研究？国家糟到这步田地，我们再不出来说话，还要等到什么时候？我们不管，还有谁管？有人怕青年'闹事'，我倒以为闹闹何妨！'五四'是我们学生'闹'起来的，'一二·九'也是学生'闹'起来的。请问有什么害处？现在我们还要闹！有人自己不敢闹，还反对别人闹；自己怕说，别人说了，呵，又怕影响了自己的地位和自己的前程。真是可耻的自私，云南大学当局是这样的，我们西南联大当局还不是这样的。胆

① 参见潘光旦：《说学人论政》，《自由之路》，商务印书馆 1946 年版，第 361 页。

小，怕事，还要逢迎……这就是这些知识分子的态度！”①事后，熊庆来也有些懊悔，让他聘请到清华大学的华罗庚去做解释工作，说是云南大学训导长让他这样做的，还说：“我上了特务的当，我不该去，你见到一多，帮我解释一下。”闻一多听了，也释然地说：“当时不得不这样啊。自然，我讲话太嫌锋利了一些。”②

熊庆来是抗战爆发前夕才被云南省政府主席龙云从清华大学请到云南大学任校长，闻、熊两家在清华园时经常走动，闻一多到昆明后见到熊夫人，熊夫人第一句话就是问闻一多夫人怎么样。而为了学人应不应该过问现实政治问题就公开批评朋友，这就是闻一多的性格。而两个月后，闻一多更是在国民党第五军军部座谈会上发出让人惊讶的声音。

8月18日，驻昆明的第五军军长邱清泉邀请闻一多和冯友兰、陈雪屏、杨西孟、华罗庚、刘崇鋐、邵循正、曾昭抡、马大猷、陆钦墀、吴晗等十一位西南联合大学教授召开“目前形势与中国反攻问题”座谈会。参加座谈的除邱清泉外，还有代师长罗思扬、昆明防守司令部政治部主任宋文彬、第五军特别党部书记长刘雪松，昆明《扫荡报》社长李诚毅，及军部各处、科长多人。

会上，邱清泉在致辞中强调“文武合一”的意义，罗思扬介绍军事问题，接着请教授发言。当时，正是滇缅反攻时期，大批部队经昆明开往前线，街头经常见到因病被遗弃的士兵，“病兵”成为人们普通议论的现象，因此教授们的发言总离不开士兵的待遇问题。冯友兰、曾昭抡、杨西孟、陈雪屏的发言都质问：国家给军队的给养都到哪儿去了？为什么前线士兵饥饿状况得不到改善？闻一多也做了发言，《云南日报》在报道中写道：闻一多说“兄弟什么都不懂，只有用文学精神提起大家的情绪。今天各位提出各种问题，如果在英美有一于此，一定会

① 王康：《闻一多传》，湖北人民出版社1979年版，第304~305页。王康是这次会议的出席者，他在《闻一多传》中写到的许多史实，均是亲身经历。

② 华罗庚：《知识分子的光辉榜样》，王康、王子光编《闻一多纪念文集》，三联书店1980年版，第141页。

举国哗然，而我们百美俱全，仍然只是一些有心人坐着谈谈。现在好比是房子失火，大家要来抢救。以前我们看一切都可悲观，还希望也许在战略上有点办法。今天在这里听见各位长官的话，才知道战略上也很有问题。我只差要在街上号啕大哭。我们可怜到如此地步仍然在座谈。在英美不是没有坏人，只是他们不敢做坏事，一做坏事，大家群起而攻之。因此也没有什么讨论的，只有干，非常时期要用非常的手段干"①。闻一多的研究生季镇淮与闻家关系最密切，也最了解闻一多，他在《闻一多年谱》中更是直接写到闻一多当时的话是："以前我们看到各方面没办法，还以为军事上有办法。刚才听了各位长官的话，方才知道军事上也毫无办法。……现在只有一条路——革命！"②

第五军政治部副主任吴思珩也参加了这次座谈会，多年后他回忆闻一多在会上讲的话时说："今天我们各方面的专家都有，而军事方面只有主席是唯一的权威，现在听了主席的结论之后，我们谈反攻问题还谈什么呢！老实说，今天政治、经济、社会各方面都已经没有希望，都得重新改革，换句话说，就是要造反！我们唯一还存有一点点希望的只剩下军事，而今连军事都已没有希望，日本人一打，我们就没办法守，那我们还谈什么呢！那么，现在我们只有一条路，就是全面的造反，全面的革命！"③

前面征引的各种报道、档案、记录，说明闻一多从1943年开始在校园里公开称赞共产党，1944年已经公开批评国民党，这种政治转变，正是他走近民盟、参加民盟的思想基础。不过，闻一多摆脱"君子群而不党"观念，成为中国民主同盟的一员，是有一个过程的。大约

① 《目前局势与中国的反攻问题——第五军高级长官、联大十一教授座谈记录》(上)，《云南日报》，1944年8月19日。

② 季镇淮：《闻朱年谱》，清华大学出版社1986年版，第48页。

③ 张朋园、张俊宏访问，张俊宏记录：《吴思珩先生访问记录·昆明学潮》，台湾"中央研究院"近代史研究所口述历史编辑委员会编《口述历史》第8期，台湾"中央研究院"近代史研究所1996年版，第147~148页。

1944年秋天的一个黄昏，已经是民盟盟员的吴晗到闻一多家中做了一次深谈，再次邀请闻一多加入民盟。闻一多起初仍然有些犹豫，经过认真考虑，说了番发自肺腑的感人之话："国事危急，好比一幢房子失了火，只要是来救火，不管什么人都是一样，都可以共事。"①

用"救火"比喻参加政治活动，闻一多已经讲过不止一次，后来也屡次说到。曾经担任民盟云南省支部（以下简称云南民盟）秘书长的赵沨回忆说："在一个文艺界聚会上，大家谈到了文艺和政治的关系。他认为：搞艺术的人现在搞政治毛等于救火。并且，不是邻家火起了，一听见锣响，丢下□笔推开琴谱提着脸盆干起来了。而应该是：是自家房子起火了，并且烧到自己的眉毛。这时还不赶快救火，还等什么。有人认为，并不一定提着水桶泼水才算救火，意思是说搞文艺艺术的有自己专门的工作，专门的行业。他反驳这种说法：火势如果太大，情形十分危急的时候，还是要参加直接战斗的。在最危急的时候，你不能说你写个音乐号召别人来救火，你写幅油画来记下火灾的损害，最危急的时候，就应该挑起水桶来。"②

这些说明，闻一多这时已不再清高了。其实，闻一多的清高是种表象，内心则隐藏着一种苦闷。1944年9月，他在"庄子"课上曾屡次提醒同学们要注意思想与时代的关联，要从战国时代的社会、政治情况来理解《庄子》，并且认为《庄子》一书正反映了战国时代知识分子即"士"的悲哀。当时一位同学是这样记录闻一多的话的。他写道，闻一多说："庄子所处的时代，士底出路是作官，作官实际上是作统治者的走狗，内而榨取民众，外则争夺别国的土地人民，夺取之后来同样地榨取，你想要洁身自好也不行，非要你帮凶不可。你愈有能力，愈要利用你，但即使作帮凶，也不一定能够自保：人君随时可以杀你，不管你帮得好不好。商鞅就是一个例子，士大夫阶层在这个时代最惨最惨！有思

① 引自王康《闻一多传》，湖北人民出版社1979年版，第300页。

② 赵沨：《闻一多先生底回忆》，香港《光明报》新4号，1946年10月18日。

想、有个性、有灵魂的士，只好装傻，这就是所谓‘佯狂’，用装傻来排遣苦闷，用装傻来躲开政治，并且在心理上以藐视政治的清高来自作调适：‘孰弊弊焉以天下为事?’当时这种有思想、有个性、有灵魂的士，心境其实是很苦的，有时恐怕也不免凄凉之感。”说完这些话后，闻一多还说：“今天的国事，不是帝王一家的事，而是全体人民自己的事。”① 上面这些话，表明闻一多已认识到人民要对国家负责，要过问国家大事，参与国家管理，作为人民的一分子，怎么能置身事外呢。

中国共产党的路线政策，这时对闻一多产生了重要影响。说到这里，就需要介绍一下闻一多与华岗的关系。大约 1944 年 6 月前后，受中共南方局派遣到昆明做龙云联络工作的华岗，为了在高级知识分子中开展统战工作，准备建立一个名为“西南文化研究会”的团体，闻一多成为他们争取的重要对象，于是请云南大学教授楚图南、尚钺向闻一多表示有位中共方面的朋友想来看他。闻一多听了立即表示欢迎，甚至还急不可待地想会见这位朋友。② 几天后，华岗在尚钺的陪同下来到闻一多家。华岗曾任《新华日报》总编辑、中共中央南方局宣传部部长，是中共党内有名的笔杆子，他的知识分子的气质，缩短了与闻一多的距离，两人都有相见恨晚的感觉。因此，当华岗邀请闻一多参加正在筹备的西南文化研究会时，闻一多很高兴地表示一定参加，并当即介绍吴晗、潘光旦、曾昭抡等教授参加。③ 不久，楚图南介绍了云南大学教授冯素陶参加了西南文化研究会，作为华岗与龙云联系搭桥人的罗隆基自然也是它的成员。于是，在民盟中央副秘书长周新民的协助下，西南文化研究会诞生了，为民盟作出过重要贡献的李文宜、潘大逵、辛志超、闻家驷、费孝通等，亦是这时相继加入西南文化研究会这一群体。

最初，西南文化研究会侧重讨论学术问题，隔一两周开一次座谈

---

① 寄思：《忆一多教授》，《文萃》第 40 期，1946 年 7 月 25 日。

② 楚图南：《记和华岗同志在一起工作的日子》，《文史哲》1980 年第 4 期。

③ 笔者访问尚钺记录，1977 年 10 月 26 日。

会。罗隆基讲欧洲民主，华岗讲苏联民主，闻一多讲关于儒家问题。①渐渐地，座谈的内容转移到学习上面，其中学习过中国共产党的政策，有时也分析时事。吴晗回忆说："在这些会上，我们初步知道中国社会两头小中间大、统一战线政策、个人和集体的关系等等道理。以后我们又得到《论联合政府》、《新民主主义论》、《论解放区战场》等党的文献和《新华日报》、《群众》等刊物，如饥似渴地抢着阅读，对政治的认识便日渐提高了。"②

参加西南文化研究会对闻一多的政治生活具有标志性意义，他想参加共产党的念头就是这时产生的。这个想法他曾经告诉过华岗、张光年等人，也正因如此，罗隆基、潘大逵邀请闻一多参加民盟时，闻一多表示"如果要加入组织，就参加共产党"。不过，华岗、张光年都对他说，如果加入共产党，就会被戴上红帽子，也就发挥不了作用了。听了这话，闻一多才下决心加入民盟。

加入中国民主同盟是闻一多一生的重大转折。入同盟后，他和罗隆基有过一次有趣的对话，在场的吴晗对此记忆犹深。他说："大概是一九四四年的冬天吧，在朋友家谈天，罗隆基先生笑着指一多先生说：'一多是善变的，变的快，也变的猛，现在是第三变了，将来第四变不知道会变成什么样子？'一多先生也大笑说：'变定了，我已经上了路，摸索了几十年才成形，定了心，再也不会变了！'"③ 后来担任上海师范大学历史系教授的程应镠，与闻一多关系很近，他在回忆中也写到过闻一多的变化。那是一天晚上，程应镠去看望闻一多，闻一多兴奋地告诉他"我从'人间'走入'地狱'了"。沉默了一会儿，闻一多接着说："以前，我在龙头村，每回走进城，上完了课，又走着回去；我的太太总是带了小孩到半路上来接我，回到家，窗子上照着的已是夕阳

① 笔者访问尚钺记录，1977年10月26日。

② 吴晗：《拍案而起的闻一多》，《人民日报》，1960年12月1日。

③ 参见史靖：《闻一多的道路·序》，生活书店1947年版。史靖，王康的笔名。

了，孩子围在身边，我愉快地洗完脚，便开始那简单而可口的晚餐，我的饭量总是很好的，那一天也总过得很快乐。”但是，“现在，这种生活也要结束了”①。

闻一多的转变让有些人感到意外。闻一多在中法大学兼课时，有个非常喜爱的学生杨明，他把入盟的事告诉杨明时，杨明认为没有必要。闻一多听了生气地说：“什么？没有必要？告诉你，中国人都有必要！”后来又和缓地说：“孙毓棠先生也这样劝我。唉，以前我们讲清高，故意表现□介，其实这才是上当。历代的统治者们有意的提倡这一套，目的就在使大家都不去过问政治，好让他为所欲为。今天我们不能再自己上当了。”杨明解释说：“我的意思是，你站在外面说话更有力量，更有影响！”闻一多说：“力量？团结才有力量，有组织才有影响！我不仅不接受你的劝告，而且，我倒要劝你也参加同盟！”

接下来两人的对话也很能说明问题。闻一多：“你要不要过问国事？”杨明：“当然要过问！”

闻一多：“那么你觉得一个人的力量大，还是团体的力量大？只要你承认团体就是力量，你就得参加一个政治团体。”闻一多：“产生这个民盟的历史原因你想过没有？”杨明：“当然想过，但是我不一定参加它。”闻一多：“可见你没有想通，你再想想，像你我这样的人，你参加共产党？”杨明：“不。”闻一多：“你参加国民党？”杨明：“当然更不！”闻一多：“这就对了。像我们这类人，就一定要参加民盟这是一定的，不能说不一定。”② 这次谈话对杨明促动很大，不久，他在闻一多的介绍下加入了民盟。中华人民共和国成立后，杨明成为民盟云南省委主任委员，并当选为云南省人民代表大会副主任、全国人民代表大会常务委员会委员。

---

① 流金：《人之子——怀念闻一多先生》，《文汇报》，1947 年 3 月 24 日。流金，程应镠的笔名。

② 柳映光：《闻一多就是我们的旗子》，昆明《民主周刊》第 3 卷第 19 期，1946 年 8 月 2 日。柳映光，杨明的笔名。

选择什么样的政治道路，是当时许多青年都在思考的问题，也是大家经常议论的一个话题。一次，闻一多和几位青年人在云南民盟机关刊民主周刊社，谈这个问题时，他带着现身说法的口吻娓娓地说："以前我们知识分子都多少带着洁癖，不过问政治；现在却是政治逼着我们不得不过问它了。这也［就］是说，我们是应该参加政治活动的。在中国当前的政治情势中，要参加有组织有纪律的政治活动，只有参加共产党或民盟。有些人没有勇气参加共产党，因为那种战斗生活是异常艰苦的。又有些人还不了解共产党，因为反动派在各方面封锁得太严苛了。在这种情势下，我们参加民盟，在争取民主的斗争实践中锻炼，逐步改造自己，提高自己，也是很好的。"①

三、贡献民盟

保卫大西南

闻一多在多种场合说现在是个非常时期，已经火烧上眉毛了就得抢救。这里的"救火"，是对挽救严重局势的一种形容。

闻一多入盟时，西南大后方正面临着严重的危急。1944年初，日军在太平洋战场接连失利，美军的胜利把几十万日军和丰富资源与日本本土隔绝开来。海上的失败迫使日本大本营决定打通北京至广州的陆路交通，并制定了"一号作战"计划，企图占领确保湘桂、粤汉及京汉铁路南部要冲，摧毁中国空军主要基地，制止中国空军袭击日本和破坏海上交通。"一号作战"是抗战以来日军在正面战场发动的第二次大规模军事行动。4月中旬，河南战役首先拉开，担任黄河河防和正面防御的国民党18个军，未经有力抵抗便后撤，致使中牟、尉氏、新郑、郑州相继失守。5月，许昌、洛阳亦入敌手，重要的交通枢纽均被日军占

① 凌风：《回忆闻一多同志》，《光明日报》，1950年7月15日。

领。6月初，日军又发动湘桂战役，18日占领长沙。接着，日军进逼粤汉、湘桂交会点也是美国第十四航空队在华重要基地衡阳，8月8日这一战略要冲也陷落了。9月上旬，日军自湖南、广东及越南向广西发动桂柳会战，如果得手，贵州便成为前线，滇川必受严重威胁，因此大后方人心惶惶，纷纷收拾细软，准备再次撤退。

在这种形势下，保卫大西南摆在了每个人的面前，闻一多加入中国民主同盟后的第一次亮相，就是在云南民盟以昆明学术界宪政研究会名义，与文化界、教育界联合举办的双十节纪念会呼出这一口号。这次大会是皖南事变后云南各界组织的第一次大规模群众集会，闻一多作为主席团成员登上讲台，这是他自抗战爆发以来第一次走出校门，来到五千多名群众面前。大会开始后，闻一多第一个演讲，开头就说："诸位！我们抗战了七年多，到今天所得的是什么？眼看见盟军都在反攻，我们还在溃退，人家在收复失地，我们还在继续失地。"接着，闻一多反问："不是有几十万吃得顶饱，斗志顶旺的大军，被另外几十万喂得也顶好，装备得顶精的大军监视着吗？这监视和被监视的力量，为什么让他们冻结在那里，不拿来保卫国土，抵抗敌人？"这话，显然是对胡宗南几十万大军虎视眈眈监视着延安，却不用来抗日的谴责。闻一多沉痛地说："几个月的工夫，郑州失了，洛阳失了，长沙失了，衡阳失了，现在桂林又危在旦夕，柳州也将不保，整个抗战最后的根据地——大西南受着威胁。如今谁又能保证敌人早晚不进攻贵阳、昆明，甚至重庆？到那时，我们的军队怎样？还是监视的监视，被监视的被监视吗？到那时我们的人民又将怎样？准备乖乖地当顺民吗？还是撒开腿逃？逃又逃到哪里去？逃出去了又怎么办？"闻一多越说越有气，厉声说："用人民的血汗养的军队，为什么不拿出来为人民抵抗敌人？以人民的子弟组成的队伍，为什么不放他们来保卫人民自己的家乡？""我们要抗议！我们要叫喊！我们要愤怒！我们的第一个呼声是：拿出国家的实力来保卫大西南——这抗战的最后根据地的大西南！"结尾时，闻一多把话题转移到国内政治上，说："我们从今更要努力发扬民主自由的精神。……今天政府不给人民自由，是他不要人民。……我们今天要争民主，我们便当赶紧组织起来，……有了这个基础，我们便更有资格，更有力量来争取更普遍的、完整的和永久的民主政治。”①

继闻一多之后，楚图南、吴晗、李公朴、罗隆基分别做了“言论自由与身体自由”“中苏邦交与国共问题”“改善士兵生活与当前政治问题”“改革政治的方案”演讲。大会进行中，人群中突然响起两声巨响，有人喊道：“手榴弹！手榴弹！”会场随之出现一阵骚动。原来，是国民党特务放了两个爆竹，幸亏李公朴沉着应付，同情民盟的龙云也派出了宪兵把特务扣了起来，秩序才得以恢复。

大会结束前，闻一多以响亮的声音宣读了罗隆基起草、闻一多自己数次修改润色的《昆明各界双十节纪念大会宣言》。这个宣言的底稿是闻一多和李公朴誊录的，它严正指出：“国家所以造成今日局面，绝非偶然。全国人民固应深自愧悔，而专权在位十余年的国民党尤当引咎自责。”认为：“今日彻底改革的要图，首先应由专权在位的国民党立即宣布结束党治，还政于民。”其次是“政府应立即召集国是会议，组成全民政府”。再其次是“认定西南的川、桂、滇、黔几省，是今日全国家仅存的托命寄身的根据地，我们必拼全力保持，虽战到一兵一卒，亦必死不失”②。很明显，宣言提出的要求，尤其是在“召集国是会议，组成全民政府”问题上，明确提出“全民政府既向国是会议负责，即应由国是会议产生。新政府的人选应包括全国各党派之代表及全国无党无派才高望重之人”，与9月间林伯渠代表中国共产党在国民参政会上提出成立联合政府建议的精神完全一致。

昆明各界双十节纪念大会是昆明人民空前盛大的誓师大会，闻一多

① 闻一多：《组织民众与保卫大西南》，孙党伯、袁謇正主编《闻一多全集》第2卷，湖北人民出版社1993年版，第387~390页。原载昆明各界双十节纪念大会专册《人民的呼叫声》，《闻一多全集》所收者刊于《真报·评论周刊》第16期（1944年10月22日），文末编辑说明云“本文中各段遵检约五百字”。

② 《昆明各界双十节纪念大会宣言》（手稿），中国国家博物馆藏。

在会上的姿态受到许多人的赞扬。在敌后从事抗日活动的赵俪生，是闻一多在北平清华大学的学生，他曾接他的同学、当时在西南联合大学读研究生的王瑶来信，信中称闻一多“老当益壮”，“对国事颇多进步主张”，“为弟十年来所仅见”。① 云南民盟的言行，引起国民党云南省党部的注意，他们在给国民党组织部部长陈果夫的报告中写道：“该会讲演人员为闻一多、楚图南、吴晗、李公朴、罗隆基等。演讲内容，均系反对本党及攻击现政府之荒谬论调。……该等最后并通过宣言，内容多系攻击现政府，极尽狂妄之言词。”② 云南省党部的这个报告，从反面证明了云南民盟在推动民主进程中的作用与影响。

护国起义纪念

1944年底，云南人民迎来了一个光荣的节日——纪念护国起义29周年。1915年12月中华民国大总统袁世凯宣布称帝，推翻了人民用鲜血换得的共和制度。12月25日，云南人民在蔡锷、唐继尧领导下首揭起义旗帜，吹响埋葬袁世凯帝制的号角。袁世凯死后，北京政府根据国会议决，公布以云南起义的12月25日为护国起义纪念日。但是，1942年国民政府取消了这一节日，将护国起义并入1915年12月5日中华革命党策动的肇和兵舰起义一同纪念。这件事深深刺痛了云南民众的心，考虑到云南人民对恢复护国起义纪念的愿望，云南民盟经过数次讨论，决定要求政府恢复25日的纪念日，借以表达建立民主政治的要求。民盟支部的曾昭抡、罗隆基、潘光旦、潘大逵、周新民等都是“昆明学术界宪政研究会”的成员，他们与云南上层人士有较多的联系，经过

① 王瑶致赵俪生，转引自冯夷（赵俪生）:《混着血丝的记忆》,《文艺复兴》第2卷第4期，1946年11月1日。冯夷，赵俪生的字。

② 《国民党组织部部长陈果夫为一九四四年十月十日群众集会事致军事委员会办公厅函》中引云南省党部组正二字第八六四号呈文，南京中国第二历史档案馆藏，转引自云南师范学院一二·一运动史编写组编：《一二·一运动史料汇编》第3辑，1980年3月印行，第216页。

奔走，12月19日在云南省第二届临时参议会上决议建议省政府向国民党中央说明云南起义与肇和起义各有不朽价值，恳请依原案分别举行庆祝。22日，国民党中央党部和国民政府行政院复电照准，云南各界立即筹备召开护国起义纪念大会。

护国起义纪念大会对外报道使用了学术界宪政研究会名义，实际组织筹备是云南民盟，目前保存的12月5日、19日、22日在西南文献研究室召开的三次筹备会会议记录，记录了会上分工由闻一多和潘大逵、吴晗、曾昭抡、罗隆基、潘光旦、周新民、楚图南等人，分别联系云南大学、西南联大、中法大学、男女青年会、昆明学术界宪政研究会、民主周刊社、自由论坛社、评论报社、真报社、文协昆明分会、中苏友协昆明分会等团体。① 22日最后一次筹备会由潘大逵主持，会上决定吴晗、闻一多和参护国起义元老及后人担任讲演，推选吴晗起草大会宣言，闻一多负责润色，宣言中心为发扬云南首先反对袁世凯称帝的反帝反封建精神。

1944年12月25日，昆明全城喜气洋洋，机关学校放假一天。上午省政府举行官方的扩大纪念会，下午是各界群众的纪念大会。后者由闻一多与李公朴、罗隆基，吴晗、潘光旦、潘大逵等人组成主席团，潘光旦担任大会主席。

当时，柳州已于10月11日陷入敌手，广西重镇桂林也于11月10日失陷。12月2日，日军快速纵队占领贵州、四川门户独山，使西南大后方直接置于日寇的俯视之下，云贵川人心浮动，市面混乱，直至12月8日中国军队收复独山，局势才稍有缓和。吴晗的讲演《护国纪念之历史意义》和闻一多的讲演《护国起义与民主政治》，均指出这种危急的局势与当年袁世凯称帝的性质同样严重。吴晗在演讲中以历史学家的眼光，强调护国运动的不朽精神在于维护了中国的民主制度。

闻一多的讲演《护国起义与民主政治》，开门见山就直点主题，

① 据《云南护国起义纪念大会筹备会记录》（手稿），中国国家博物馆藏。

说:“我们是应该惭愧的,应该对护国的先烈们惭愧,应该对在座的护国英雄们惭愧!三十年了,居然国家还像三十年前一样,难道袁世凯没有死吗?”台下发出“是的,没有死”的洪亮回答。闻一多接着说:“护国起义的经验告诉我们:要民主就必须打倒独裁。因为全国人民都要求民主,就可以得到全国的响应;因为有广大人民的支持,就能够打倒袁世凯!”闻一多尖锐地把矛头对向现实,高声道:“三十年后,我们所要的依然是民主,要打倒独裁!”“现在毕竟和三十年前不同了。我们相信人民的力量是更强大了。让我们就从昆明开始。”他为在场的人做出展望和指明方向:“继承护国精神,扩大民主运动,争取更大的胜利!”①

大会结束前,全体通过了《云南各界护国起义纪念大会宣言》。这个《宣言》由吴晗起草,闻一多润色并誊录,它是中国民主运动史上非常珍贵的历史文献。宣言历数了抗战以来政治上的纲纪废弛、财政上的通货膨胀、外交上的得罪友邦、教育上的党化奴化、军事上的一溃再溃,强调在这样的时刻纪念护国起义,意义就在于“它曾在全民族反对独夫政治,反对封建余毒的胜利中,为我们奠定了民主政治的基础”。因此,纪念护国起义“不能不更关怀于当前的救国抗战”,“不能不更焦心于今天救国抗战的胜利”。宣言认为“保证抗战胜利唯一的方法还是民主政治”,为此郑重提出三项要求:“一,结束一党训政。化一党的国家为全民的国家,以期实现真正的全民动员。二,召集人民代表会议。集全国各党各派及无党无派的优秀人才于一堂,群策群众力,共赴国难。三,组织联合政府。由人民代表会议选举各党各派代表人物及全国众望所归的领导人才,负国家民族安危的重任。”② 三项要求表明完全接受中国共产党的政治主张,实现三项要求应当是眼前云南民主运动的主要任务。

---

① 转引自王康:《闻一多传》,湖北人民出版社 1979 年版,第 330 页。王康是昆明民主运动的积极参加者,他的记录均来自亲历亲闻。

② 《云南各界护国起义纪念大会宣言》(手稿),中国国家博物馆藏。

纪念大会后，人们举行了盛大游行，闻一多一直走在队伍中。这次游行是皖南事变后昆明乃至整个大后方的第一次大规模群众游行，人们高呼“发扬护国精神，消灭法西斯蒂!”“打倒专制独裁，实行民主政治!”“动员民众，武装民众，保卫大西南!”游行结束前，闻一多被人群拥到一个高处，他激动地对四周的人们高声道：“我们胜利地纪念了护国纪念二十九周年。你们看，我们的队伍这么长！这是人民的力量。因为是人民的力量，所以他是伟大的，谁也不敢抵挡！这是时代的洪流，它要冲垮一切拦在路上的障碍。一九四四年就要过去了，我们要更好地迎接一九四五年！让那些嫉妒我们，害怕我们的人发抖吧!”①1944年是国内政治形势重大转折的一年。昆明从学生展开“五四”运动纪念后，其后是各学校师生们举行七七抗战纪念座谈会，接着是社会各界的双十节纪念大会，最后是全市民众联合进行护国起义纪念，一连串活动，从校园到社会，由小到大，把云南民主运动推向高潮。在这一浪高一浪的斗争中，闻一多和民盟战友们一起推波助澜，共同为民盟历史书写了光辉的诗篇。

闻一多与民盟关系还有许多故事。如：闻一多于1945年被增选为民盟中央执行委员，却没有赴重庆参加10月1日召开的临时全国代表大会。临时全国代表大会闭幕后，云南民盟12月23日召开盟员大会，除贯彻大会精神外。还改选成立了新的执行委员会，闻一多当选为宣传部部长，与主任委员楚图南、组织部部长冯素陶共同负责支部工作。新支部成立后，接受了筹建民盟缅甸支部的任务，闻一多动员他在昆华中学兼课时的学生董康去缅甸，并带着董康到冯素陶家里办理了有关手续，后来还向筹建仰光支部的萧刚介绍了董康的情况。再如，1946年1月10日召开旧政治协商会议时民盟曾组织了34人的政协代表顾问团，闻一多与潘光旦、陶行知、侯外庐、董谓川、杨卫玉六人担任教育文化组顾问，但他也没有赴重庆，而是留在昆明当顾问。

① 转引自王康：《闻一多传》，湖北人民出版社1979年版，第331页。

反对民盟中央领导人赴延安

闻一多为民盟所做的工作还有许多，这里不多介绍，但有一件事不能不说。这就是1945年7月1日，云南民盟联络一些民主人士发表的《昆明文化界致国民参政会电》。这件事要从头说起。1945年四五月间，中国召开了两个为中外人士瞩目的大会，一是4月下旬在延安开幕的中国共产党第七次全国代表大会，一是5月初在重庆召开的国民党第六次全国代表大会。前者，毛泽东在会上做了《论联合政府》政治报告，指出“惟有成立联合政府（而绝对不是为全国人民所绝对反对的国民党当局一手伪造的所谓国民大会）才是目前中国时局的出路”。① 后者则拒绝建立联合政府建议，说是共产党搞“武装割据”“破坏抗战”。国民党的第六次全国代表大会按照蒋介石旨意，通过了将于11月12日召开由其一手包办的“国民大会”的决定。国民党的大会，制定了与共产党针锋相对的路线，由于即将于7月7日召集的四届一次国民参政会，将讨论国民党包办“国民大会”问题，中共决定给予抵制，6月16日中共中央负责人声明不出席此次国民参政会。

但是，民盟中央的某些人却认为要以团结为重，任何分歧都可以商量，于是就有了民盟中央领导人黄炎培、冷遹、左舜生、章伯钧决定赴延安说服中共代表参加这次国民参政会之行。

6月中下旬，黄炎培等人将赴延安的消息传到昆明，令云南民盟大为不解。他们立即召开专门会议，一致认为民盟不应替国民党做说客。鉴于黄炎培等人行期将至，云南民盟特派常任侠持函赶往重庆，向民盟中央表示反对。然而常任侠到重庆时，黄炎培等人决意已定，难以改变。另外，黄炎培等人认为自己有责任促成团结，且此行为个人行为，不代表民盟组织。还有，民盟主席张澜和民盟中央一些负责人亦持赞成

① 《中国共产党举行第七次全国代表大会》，《解放日报》，1945年5月1日。

态度，认为此行并不违背民盟宗旨。① 云南民盟的信没有起到应有的作用，但也不能说对黄炎培等人没有影响。最明显的事实，就是黄炎培数次强调他去延安“是用个人名义”，既“没有受参政会公推”，“更不管有党无党”，所以也“不受任何约束”。② 这些话，不知底细的人很难发现其中的奥妙。更重要的是，黄炎培等人到延安后只谈团结问题，并没有敦劝中共代表参加国民参政会，所以我在一篇论文中认为这是一次背离初衷之行。③

云南民盟得知他们的意见没有收到预期效果，决定向社会公开表明他们的态度，这便是《昆明文化界致国民参政会电》，发表时恰为黄炎培等人启程的7月1日。目前保存的《昆明文化界致国民参政会电》电文，前后的三份底稿均有闻一多参与。其中初稿为罗隆基起草，闻一多修改；二稿为闻一多钢板刻印，落款为6月28日；三稿为闻一多在油印稿上再做修订，并附有146人签名。这三份底稿，均为笔者在时为中国历史博物馆档案室查找到资料时偶然发现。

《昆明文化界致国民参政会电》很有哲理性，它首先分析了参政会的人员构成，指出执政党的代表占全体人员十分之八以上，而且无党派代表与社会贤达代表亦由政府圈定，致使在野党派代表已不足法定的提案人数。因此，参政会并未团结各党派。其次，参政会自第二届改组后，规定大部分参政员由省参议会选举，而诸省参议会均为一党包办下成立之，即便省参议会选出的代表，实际上也是事先早由政府指定者。至于参政会的职权，仅限于咨询顾问，一切决议概无法律效力，必经最高国防委员会核准。此外，参政员的提案，亦事前必由秘书处审核，且

① 据《民盟昆明代表常任侠就其抵渝后与各方接触听取意见等事致罗努生周新民函》（1945年7月7日，手稿），中国国家博物馆藏。

② 黄炎培：《延安归来》，四川大学马列教研室编《国民参政会资料》，四川人民出版社1984年版，第465页。

③ 参见笔者：《六参政员访问延安再研究》，《抗日战争研究》1999年第2期。

主席团还有禁止某议案提至大会讨论的权力。这样的规定，又何以表现出民主呢？由是观之，“今日，中国之国民参政会，不过独裁者用以蒙蔽世人视听，粉饰国家门面之一套手法，此种机构，不特已阻碍中国人民民主生活之发育，抑且将繁殖法西斯细菌于无穷”。为此，希望黄炎培等“顾名思义，毅然决然，对此妨碍民主之国民参政会，拒绝出席，并迅即回返民间，一面扩大人民民主运动，一面促成正式民意机关之建立。与夫民主联合政府实观，则庶几诸公因历年受人利用，而致贻误国家民主前途之宿愆，犹不失其最后自赎之机会也。亡羊补牢，转祸为福，惟诸公实利图之！”① 这件事在民盟史上鲜有提及，但闻一多和李公朴、吴晗、尚钺、冯素陶、常任侠、费孝通、曾昭抡、楚图南、闻家驷、赵沨、张光年、潘光旦、潘大逵等都签了名的《昆明文化界致国民参政会电》，无疑是民盟历史的一份重要文献。

云南民盟不仅反对黄炎培等人赴延安，还反对民盟领导人出席讨论国民大会的四届一次的参政会。7 月 7 日，四届一次国民参政会开幕，黄炎培、冷遹、左舜生出席了大会，云南民盟闻知极为不满，致函质问。信中说：“数年以来，同盟在政治策略上既已与其他在野政党相约合作，则我方一切政治行动，更应力求与他党配合，藉免自乱阵线，自损实力。此次中国共产党拒绝出席参政会，其主张实与民主同盟云南省支部全体盟员见解不约而同。而最近一年以还，一面坚持目前所谓民意机关实不足以真正代表民意，一面主张召开党派会议，组织联合政府，再从而努力于真正民意机关之树立。在此以前，对一切迹近假托民意之集体行动，自应严加推绝，不予妥协。……迩者左舜生先生率先赴蓉，约请同盟主席张表方来渝出席参政会，其后三公与同盟组织部部长章伯钧先生联袂飞赴延安，代政府邀约中共参政员来渝出席参政会，最后三公又径自出席参政会，因三公之一切行动，致使社会对同盟之立场及主张，谣诼四起，疑窦丛生，而以此事向同人等询问真相者，更不计其

① 《昆明文化界致国民参政会电》第三稿（手稿），中国国家博物馆藏。

数。……三公德高望重，经验宏富，同人等最所钦仰。此次一切行动，自有诸公之高见，惟系出诸三公各人原有之政治党派之立场，仰系出诸代表民主同盟之立场，此则请求明白赐覆也。此事所关匪细，大之影响同盟团结与政治内纪之前途，小之涉及诸公进退出处之大节，谨掬至诚，故冒昧陈言诸公，请恕谅。”①

这封信用辞十分率直尖锐，黄炎培深知其分量，因此7月14日参政会讨论国民大会问题时，他与冷御秋都没有参加，而是声明讨论国民大会问题“必须在全国和谐之空气中进行”，言外之意就是既然共产党不参加，国共矛盾没有解决，讨论国民大会问题的时机就不成熟。左舜生虽然参加了这次讨论，但与青年党参政员提出《请先实施民主措施缓召国民大会以保团结统一而利抗战建国案》，表示反对年内召开国民大会。在提案说明中，他们还称如果国民党坚持召开国民大会的话，他们“只好采取另一步骤，保留提出另一最后声明”②。

综上所述，我们可以看出，闻一多首先认识到“抗战”与“建国”密不可分的关系，认识到抗日战争不仅要赢得军事上的胜利，更要建设一个政治、经济、文化上的现代化国家。为了救国，就必须有目标明确的政党，知识分子应该走出象牙塔，参加一个政治组织。

其次，中国民主同盟是在坚持抗战这一总目标下建立的政党，但无可讳言，发起的六个党派成分复杂，它们对外一致反对日本帝国主义侵略，但在如何建立现代化国家的路线政策上则各有主张。就政党而言，青年党的成立本是要与共产党争夺青年，据说党员有两万余人。国家社会党从名称上看就知道其宗旨，但人数远不如青年党，张君劢在上海创建政治大学，目的就是网罗培养其党人才。第三党原是1930年8月国民党左派邓演达等为贯彻孙中山“联俄、联共、扶助农工”三大政策

---

① 《民主同盟云南省支部致冷御秋黄任之左舜生函》（手稿），中国国家博物馆藏。

② 《左舜生等对提案的说明》，孟广涵主编《国民参政会纪实》（下卷），重庆出版社1985年版，第1474页。

建立的中国国民党临时行动委员会，1935 年 11 月改名中华民族解放行动委员会，党员主要是国民党中上层的反对派，人数也有限。从政治学上讲，建立政党的目的是参加政权、夺取政权，民盟的三个政党亦不例外。至于中华职教社、乡村建设派，都是从事和接受职业教育、城乡建设活动的团体，尚无严密的组织。救国会是九一八事变后呼吁“停止内战，一致抗日”的团体或个人成立的联合性组织，人数众多，影响较大，但它虽主张坚决抗日，但在国家政治建设上没有提出过明确的目标和途径，而且基层组织也相对松散。所以，以“只要救火不管什么人都可以共事”的态度加入民盟的闻一多，在对待“救火”的步骤、程序等具体问题上，与民盟中的三党三派并不完全一致，而是有着自己的立场。他在与华岗的接触和参加西南文化研究会的学习讨论中，接受的是共产党的主张，而不是在民盟中占主流地位的“第三条道路”。因此，在拥护联合政府问题上，他与民盟是一致的，但民盟领导层出现“不偏不倚”时，他则坚决反对，站在维护共产党利益的立场。因此，闻一多在民盟的“左、中、右”三种倾向中，明显属于“左”的阵营，而他一直向往的是亲自到共产党领导的解放区看看，后来更是几次提出参加共产党。

闻一多对中国民主同盟认可、接受、奉献的过程，既是他个人的奋斗历程，也反映了爱国知识分子为实现中国现代化的政治选择与归宿。认识到这一点，才能理解闻一多与中国民盟同盟的关系，认识他在现代中国的政治地位与启迪意义。

为中华人民共和国诞生而献身的民主斗士

吴宝璋
（云南师范大学）

2019 年是中华人民共和国成立 70 周年隆庆之年。2009 年闻一多入选全国“百位为新中国成立作出突出贡献的英雄模范人物”。闻一多出生于 1989 年，2019 年是他诞辰 120 周年的年份。

谨以本文纪念中华人民共和国 70 周年华诞，纪念闻一多的 120 周年诞辰。

一、为中华人民共和国诞生而献身的英烈

1. 西南联大九年间牺牲的唯一教授

我们常说西南联大 1946 年 5 月 4 日举行结束典礼，实际上 7 月 31 日，联大常委会召开了最后一次会议（第 385 次会议），才宣告了联大的最后结束。而这时，中国的第三次国内革命战争（一般称解放战争）已于 1946 年 6 月 26 日开始。也就是说，西南联大最后的结束是在解放战争之初。

西南联大成立将近九年间，300 余名教授，除了几个因贫病逝世外，没有一人牺牲于敌机的轰炸。然而，就在抗战胜利后将近一年，1946 年 7 月 15 日，联大教授却在光天化日之下倒在了国民党反动派的

枪口前。他，就是闻一多！

16日，西南联大随即成立闻一多教授丧葬抚恤委员会（5人组成），黄钰生任主席。

18日，在重庆候机北上的金岳霖、汤用彤、冯友兰、叶企孙、马大猷等34位西南联大教授联名致电教育部：闻一多“一代通才竟遭毒手，正义何在，纪纲何在”，要求缉凶归案，以平民愤。

24日，联大留昆师生在昆北院教室举行闻一多追悼会。梅贻琦主祭，雷海宗宣读由罗庸起草的祭文并报告生平。

27日，复员北上途经上海的联大及上海校友200余人举行了闻一多先生追悼大会，并致函蒋介石、杜鲁门、马歇尔，要求缉办凶犯，严惩祸首，以平民愤。

闻一多是西南联大九年间牺牲的唯一的教授。

2. 西南联大革命烈士中唯一的教授

1995年12月1日，云南师范大学在一二·一“四烈士”墓旁树立起“国立西南联合大学和国立昆明师范学院革命烈士纪念碑”，基座上镌刻着27位烈士名录。他们是从抗日战争到1950年巩固新生政权时期的联大共产党员、民青成员和进步师生，他们是为中华民族的解放事业而英勇献身，被政府批准为革命烈士的。

其中，西南联大革命烈士有15名。他们是（按牺牲时间排序）：何懋勋、潘琰、李鲁连、闻一多、王昊、钱泽球、曾庆铨、钟泉周、吴国珩、江文焕、齐亮、刘国鋕、荣世正、陈海、陈虞陶。①

15名烈士中，闻一多是唯一的教授，其余均为学生。

---

① 西南联大还有从军学生牺牲英烈16人，除何懋勋外还有：黄维、缪弘、曾仪、吴若冲、朱谌（以上名字镌刻在“国立西南联合大学抗战以来从军学生题名”碑上）、戴荣钜、王文、吴坚、崔明川、李嘉禾、朱晦吾、沈宗进、杨大龄、雷本瑞、艾光曾。（见吴宝璋：《享誉世界的西南联大》，云南教育出版社2017年版，第155页。）

3. 入选“为新中国成立作出突出贡献的英雄模范”

2009年，中华人民共和国成立60周年，经中共中央批准，中宣部、中组部、中央统战部、中央文献研究室、中央党史研究室、民政部等11个部门联合开展评选“100位为新中国成立作出突出贡献的英雄模范人物”。

“李闻惨案”的李公朴、闻一多两位烈士均入选百名“为新中国成立作出突出贡献的英雄模范”名单。

二、伟大的转变

闻一多是近代中国著名诗人、学者。到1938年上半年在西南联大蒙自分校任教时，还在象牙塔里埋头钻研学问，被同事送了一个“何妨一下楼主人”的雅号。后来，随着历史的发展，他转为著名的民主斗士。这是一个伟大的转变。

是什么原因使闻一多发生了这一伟大的转变？经笔者考察，主要有以下三个方面原因。

1. 抗战前后，经济地位的巨大落差

闻一多留美回国后，先后任教于武汉大学、青岛大学，1932年回到母校清华大学，受聘为中国文学系教授。在清华大学期间，他的生活十分优裕，享有当时中国最好的教授待遇。所以如此，还要从清华大学实力崛起开始说起。

1931年10月梅贻琦就任清华大学校长。他在就职演说中说：“所谓大学者，非谓有大楼之谓也，有大师之谓也。”这段有名的讲话，后来被称为“大师说”。基于这一深刻的认识，他决定吸引高水平的教授。他为教授创造了优厚的生活工作保障：将教授的月薪由160元至360元提升到300至400元，最高达500元；每位教授可以独有一幢住

宅；将过去清华已有的关于教授工作 5 年休假出国半年的待遇落到实处。很快，这些措施就大见成效，到 1936 年“清华大学教授阵容之强在国内是无与伦比的”①。

闻一多 1932 年 8 月到清华大学，工资初为 340 元，后来增至 400 元。居住条件不断改善。先住达园，风景甚为优美；次年春搬到新建的西院 46 号，这是当时清华大学最好的教授住房。1934 年 11 月，闻一多又迁到新南院 72 号，这是清华专为教授建造的一片高标准的西式宿舍，共 30 套，入住的教授还有潘光旦、陈岱孙、吴有训、周培源、王力、赵忠尧、施嘉炀等。72 号是新南院三套最大的住宅之一，有卧房、书房、客厅、餐厅、储藏室、仆役卧室、厨房、卫生间等大大小小 14 间，电灯、电话、电铃、冷热水等设备一应俱全，房前甬道两侧有绿茵草坪，周围是冬青矮柏围墙，草坪中央置一大鱼缸；书房宽敞明亮，四壁镶以上顶天花板的书橱，窗下是书桌。这里是闻一多一生中所住的最佳环境。② 也可以说是当时中国知识分子最好的居住条件。

全面抗战爆发后，闻一多经济状况不断下降，生活水平发生了巨大变化。1938 年 2 月从长沙临时大学西迁昆明，他“因费用过巨之故，仍改偕学生步行”。③

西南联大到了昆明，因为物价飞涨，货币贬值，教职工的生活每况愈下。“教授们的月薪，在 1938、1939 年还能够维持三个星期的生活，到后来就只够半个月用的了。不足之处，只好由夫人们去想办法，有的绣围巾，有的做帽子，也有的做一些食品，拿出去卖。”④ 梅贻琦的夫

① 梅祖彦：《西南联大与梅贻琦校长》，《梅贻琦日记》，清华大学出版社 2001 年版，第 262 页。

② 闻黎明、侯菊坤：《闻一多年谱长编》，上海交通大学出版社 2014 年版，第 410~411 页。

③ 闻黎明、侯菊坤：《闻一多年谱长编》，上海交通大学出版社 2014 年版，第 458 页。

④ 韩咏华：《同甘共苦四十年 · 记我所了解的梅贻琦》，《笳吹诵弦在春城》，云南人民出版社、北京大学出版社 1986 年版，第 60 页。

人就和潘光旦的夫人做米糕，拿到冠生园寄卖。梅夫人有时为了筹措一顿应酬请客的饭钱，还将一些衣物拿到大西门旁摆地摊卖。①

著名统计学家、西南联大经济系教授杨西孟曾分析：昆明的大学教授“到三十二年（1943）下半年薪津的实值只等于战前法币八元。由三百数十元的战前待遇降到八元，即是削减了原待遇98%”；“昆明的薪津实值要算后方最低的了”；“在抗战后期大学教授以战前八元至十元的待遇怎样维持他们和他们家庭生活呢？这就需要描述怎样消耗早先的储蓄，典卖衣物及书籍，卖稿卖文，营养不足，衰弱、疾病，儿女夭亡，等等现象。换句话说，经常的收入不足，只有消耗资本，而最后的资本只有健康和生命了”。②

西南联大教授在昆明的生活都很艰辛，而闻一多由于人口多（8口），其艰辛又是有了名的，可谓是饥寒交迫。起初，一家每天还吃三餐，后改为两餐，不久两餐干饭又改为一干一稀。为了省钱，吃的面粉是买小麦自己磨、筛。为了糊口，家里除了必用品外，暂时不用的物件不断寄卖。连从北平好不容易带来的几部线装书也忍痛卖给学校图书馆，卖时还辛酸地说，将来回北平我还要赎回的。冬天，他把仅有的一件皮大衣送到寄卖行，回来就重感冒发高烧，经妻子的苦苦哀求才追索回来。闻一多在昆明住过好几个地方，其中最艰苦的是住在陈家营。但在华罗庚十分困难的情况下，还邀华家（6口）与他家住在一起，“挂布分屋”。

1942年，闻一多家可以说到了度日如年的地步，时时受到断炊的威胁。1944年，经同事朋友的劝说，挂牌治印，以解燃眉之急。浦江清起草了一张《闻一多教授金石润例》，梅贻琦、蒋梦麟、熊庆来、冯友兰、朱自清、潘光旦等12位联大著名教授联合署名。刻图章确实为

① 韩咏华：《同甘共苦四十年·记我所了解的梅贻琦》，《笳吹诵弦在春城》，云南人民出版社、北京大学出版社1986年版，第61页。

② 杨西孟：《九年来昆明大学教授的薪津及薪津的实值》，《观察》第1卷第6期（1946年9月14日）。

闻家解决了生活的大问题。然而他对此满含心酸，在当时的一封家信中写道："弟之经济状况，更不堪问。两年前时在断炊之威胁中度日，乃开始在中学兼课，犹复不敷，经友人怂恿，乃挂牌刻图章以资弥补。最近三分之二收入，端赖此道。"①

1944年春，经何炳棣、李埏介绍，闻一多到昆华中学兼教国文课。慷慨的校长徐天祥不仅给闻一多专任老师的待遇，每月1石（100斤）平价米和20块"半开"，还提供了住房。② 这的确帮了闻一多的大忙。

闻一多前后经济地位的巨大落差、生活的艰难困苦，在西南联大教授中是非同一般的。这在思想上给他的压力、冲击和影响是巨大的。经济基础往往决定着人们的思想。毫无疑问，经济状况的巨大变化是促使他思考进而发生思想转变的重要因素。

2. 国民党统治的专制与腐败

早期，闻一多对国民党蒋介石统治并无反感，甚至还公开表示拥护。

1936年12月12日，张学良、杨虎城发动西安事变，扣留蒋介石，迫其抗日。闻一多参与起草《清华大学教授会为张学良叛变宣言》。宣言认为："张学良此次之叛变，假抗日之美名，召亡国之实祸，破坏统一，罪恶昭著。"闻一多还在课堂上怒声斥责："真是胡闹，国家的元首也可武力劫持！一个带兵的军人，也可以称兵叛乱！这还成何国家？我要严厉责备那些叛徒，你们这样做是害了中国；假使对首领有个好歹，那么就不必再想复兴，中国也要再退到民国二十年前大混乱的局面，你们知道么？"③

---

① 闻立鹏、张同霞编：《闻一多印选》，韦英（闻立雕）序言，文物出版社1990年版。

② 闻黎明：《闻一多传》（增订本），人民出版社2016年版，第338页。

③ 闻黎明、侯菊坤：《闻一多年谱长编》，上海交通大学出版社2014年版，第434页。

后来一个很长时期，闻一多对国民党领导抗日，尚抱有相当信心。一次，他送长子进城，两人边走边谈，既谈到当时的国际国内时事，也谈到国民党领袖蒋介石。他说：此人一生经历了多次艰难曲折，“西安事变”时冷静沉着，化险为夷，人格伟大感人，抗战得此人领导，前途光明，胜利有望。①

1943年，闻一多思想发生了巨大变化，变化是从蒋介石《中国之命运》引发的。这一年3月23日，昆明各报报道蒋介石《中国之命运》在昆明开始发售。国民政府规定每人都必须阅读。闻一多读后很反感。② 他后来说：“《中国之命运》一书的出版，在我一个人是一个很重要的关键。我简直被那里面的‘义和团精神’吓一跳，我们的英明领袖原来是这样的想法吗？‘五四’给我的影响太深，《中国之命运》公开的向‘五四’宣战，我是无论如何受不了的。”③

1943年，世界反法西斯力量相继实行大反攻。日军在太平洋战场连连失利。到了1944年，国际国内形势发生了重大变化，这些变化极大地促进了闻一多思想上的变化。

1944年4月至12月，日军发动打通大陆交通线的“一号作战”，即豫湘桂战役。国民党军队丧师失地，一溃千里。日军迅速推进，长驱直入，一直打到贵州的荔波、独山，地处大后方的川滇也岌岌可危。这使闻一多等许多联大教授和大后方民众对蒋介石英明领袖的美好形象完全破灭。

国民党军事上的溃败，实际上是政治腐败的必然恶果。针对这种情况，这一年9月15日，中共代表林伯渠在国民参政会上公开提出成立

① 闻黎明、侯菊坤：《闻一多年谱长编》，上海交通大学出版社2014年版，第589页。

② 闻黎明、侯菊坤：《闻一多年谱长编》，上海交通大学出版社2014年版，第580页。

③ 闻一多：《八年的回忆与感想》，载于西南联大《除夕副刊》主编的《联大八年》，1946年刊印。

“联合政府”的主张。这一主张如巨石投水，掀起波澜，纷纷得到各个民主力量的支持和拥护。

面对国民党军队的大溃败，闻一多愤怒了。1944 年 10 月 10 日昆明地区在昆华女中召开“双十节纪念大会”。闻一多参加了纪念大会并第一个发表演讲。这是抗战以来，他第一次走出校门来到人民当中。闻一多说：“我们抗战七年多了，到今天所得到的是什么？眼看见盟军都在反攻，我们还在溃退，人家在收复失地，我们还在继续失地”；“不是有几十万吃得顶饱，斗志顶旺的大军，被另外几十万喂得也顶好，装备得顶精的大军监视着吗？这监视和被监视的力量，为什么让他们冻结在那里，不拿来保卫国土，抵抗敌人？”“我们要抗议！我们要叫喊！我们要愤怒！我们的第一个呼声是：拿出国家的实力来保卫大西南——这抗战最后根据地的大西南！”

大会结束时，闻一多宣读了《昆明各界双十节纪念大会宣言》。这是闻一多投身民主运动后参与起草的第一份文献。《宣言》指出：“今日彻底改革的要图，首先要由专权在位的国民党立即宣布结束党治，还政于民”，“政府应立即召集国是会议，组建全民政府”，“新政府的人选应包括全国各党派之代表，及全国无党派才高望重之人”。宣言的主张，与中共提出的建立联合政府的主张精神是完全一致的。①

3. 思想基础：对祖国和人民深挚的爱

闻一多青年时期就说过一段十分有名的话：“诗人主要的天赋是爱，爱他的祖国，爱他的人民。”② 他不仅这样说，也是这样做的。

闻一多在清华大学就读时即表现出鲜明的爱国思想。1919 年 5 月 4 日，北京大学学生在天安门集会、游行示威，抗议北洋政府卖国屈辱的罪行，“五四”运动爆发。当晚，清华进城的同学返校，讲述了白天北

---

① 闻黎明：《闻一多传》（增订本），人民出版社 2016 年版，第 403 页。
② 闻黎明：《闻一多传》（增订本），人民出版社 2016 年版，第 156 页。

京城的爱国行动。闻一多听后，心潮难平，连夜抄了岳飞的《满江红》，张贴在食堂门口，借以表达自己的爱国情怀。

留学美国后，闻一多的爱国思想发展得日益强烈。1922年7月，到美仅两个月，他给友人写信就流露出浓烈的思乡爱国之情："不出国不知道想家的滋味……我想的是中国的山川，中国的草木，中国的鸟兽，中国的屋宇——中国的人。"

之后，他经常深切地感受到美国的种族歧视和排外观念。1923年6月，在芝加哥美术学院读完一年级，成绩优等，按例可以送欧洲（巴黎、罗马）深造。然而，学校说此例仅限于美国人。1924年，他从科罗拉多大学毕业。在毕业典礼上，排队领取毕业证书，竟没有一个美国女生愿和中国学生排在一起。一次，清华来科罗拉多大学读书的陈长桐去理发。理发匠见他是黄种人而不为他理。陈长桐告了一状，赢了。结果，理发匠说下次你要理发请通知我，我到你府上为你理，你千万不要到我店里。有一次，梁实秋汽车被撞坏了，警察不问是非竟强罚梁实秋的款。凡此种种，使闻一多的民族自尊心受到极大的刺激和伤害。

然而，同时代中国留美学生中，许多人对上述种种却熟视无睹，甚至崇洋媚外。闻一多对此十分鄙视，1923年他在给其弟家驷的信中说："处处看到些留学生们总看不进眼，他们的思想浅陋得可笑。""我来美后，见我国留学生不谙国学，盲从欧西，致有怨造物与父母不生之为欧美人者，至其求学，每止于学校教育，离校则不能进步咫尺，以此虽赚得留学生头衔而实为废人。"①

1923年，闻一多在给父母的信中写道："一个有思想的中国青年留居美国之滋味非笔墨所能形容……我乃有国之民，有五千年之历史与文化，我有何不若彼美人者？将谓吾国人不能制杀人之枪炮遂不若彼之光明磊落乎？总之，彼之贱视吾国人者一言难尽。"②

---

① 闻黎明、侯菊坤：《闻一多年谱长编》，上海交通大学出版社2014年版，第214、217页。

② 闻黎明：《闻一多传》（增订本），人民出版社2016年版，第20页。

怀着深深的忧思，闻一多在美国写下了不少充满爱国思想的诗歌。1925 年 3 月，有感于祖国的澳门、香港、台湾、威海卫、广州湾、九龙、旅顺大连先后被列强掠夺，写下了《七子之歌》，“以抒其孤苦亡告，眷怀祖国之哀忱”。1999 年，澳门回归，其中的澳门一曲唱响海内外。

清华学生留美，按规定可学习五年，闻一多仅在美三年就提前于 1925 年 5 月回国。事实上，闻一多强烈的爱国思想是贯穿其一生的。

闻一多热爱人民，具有正确的“人民观”。在同时代中国知识分子中，闻一多这种思想是十分突出的，难能可贵的。中国知识分子中，不少人读了一些书就自视甚高，总认为比人民群众尤其是劳苦大众高明。对此，闻一多持批判态度，他强调要了解人民，认识人民。

1938 年 2 月，长沙临时大学西迁昆明，闻一多参加湘黔滇旅行团徒步入滇。途中，有学生问他吃得消么？他说：“国难时期，走几千里路算不了受罪，再者我在十五岁以前，受着古老家庭的束缚，以后在清华读书，出国留学，回国后一直在各大城市教书，过着假洋鬼子的生活，和广大的农村隔绝了。虽然是一个中国人，面对中国社会及人民生活，知道得很少，真是醉生梦死呀！现在应该认识认识祖国了！”①

闻一多心中有人民，心中有群众。在课堂上，投身民主运动中，他总是强调人民群众的力量和重要性。

1944 年 12 月 25 日，昆明集会纪念护国起义 29 周年，闻一多在会上演讲说道：“我们胜利地纪念了护国纪念二十九周年。/你们看，我们的队伍这么长！/这是人民的力量。/因为是人民的力量，所以它是伟大的，谁也不敢阻挡！”②

在 1945 年“五四”纪念周，闻一多曾写下一篇《人民的世纪——今天只有“人民至上”才是正确的口号》。可以说，闻一多的“人民

---

① 闻黎明:《闻一多传》（增订本），人民出版社 2016 年版，第 262 页。
② 闻黎明:《闻一多传》（增订本），人民出版社 2016 年版，第 431 页。

观”已经树立起来了。①

1945年7月28日，西南联大参加青年远征军的学生从印度驾驶美国援华汽车回国，在昆明的欢迎会上，闻一多也发表了讲话。其中明确提出知识若不配合人民的力量，就决无用处：

“还有一点，以为只有知识分子，才有办法，别人一概不成。这种想法是错的。不要以为有了知识分子就有力量，真正的力量在人民。我们应该把自己的知识配合他们的力量。没有知识是不成的，但是知识不配合人民的力量，决无用处！我们知识分子常常夸大，以为很了不起，却没想到人民一觉醒，一发动起来，真正的力量就在他们身上。一班人活不好，吃不好，联大再好，也没有用的。我们是知识分子，应有我们的天职。我们享受好，义务也多，我们要努力。但以为自己努力就成了，就根本错！……因为真正的力量在人民，所以越压迫，越吃苦，报复起来就越厉害！因此我希望诸位无论干那种工作，不要以为自己是大学生。这不该看成普通的谦虚，一种做人的手段，因为我们确实不如他们。不但口里说，而且心里也硬是要想：我们是不如他们的。我们的知识是一种脏物，是牺牲了大多数人的幸福而得来的。”②

4. 心向共产党，组织入民盟

1943年底，应龙云的要求，中共南方局周恩来、董必武派华岗到昆明与龙云联系，同时开展团结知识分子的工作。华岗曾任《新华日报》总编辑、南方局宣传部部长。此前，南方局已派周新民、李文宜到云南帮助建立中国民主政团同盟昆明支部。1943年5月，云南民盟支部成立。7月，在周新民等人介绍下，吴晗加入民盟，同时接受中共

---

① 闻黎明：《闻一多传》（增订本），人民出版社2016年版，第553页。

② 闻黎明、侯菊坤：《闻一多年谱长编》，上海交通大学出版社2014年版，第771页。

的领导。①

华岗到昆后，在周新民及楚图南（云南大学教授，1926 年加入中共）的帮助下，以在云南大学任教的身份开展工作。为了把昆明进步知识分子组织起来，华岗建议成立一个学术研究会。筹备中，他对楚图南等人提出邀请闻一多参加，还将周恩来给他的亲笔信给楚看。楚回忆说：当时我们一些同志对争取团结像闻一多这样的知识分子有偏见，认为他早年站在新月派一边，信奉过国家主义。到了云南，又钻进小楼，醉心于经史楚辞的研究。周恩来的“信大意是：像闻一多这样的知识分子，对国民党反动派的腐败是反抗的，他们也在探索，在找出路，而且他们在学术界，在青年学生中，还是有广泛的社会联系和影响的，所以应该争取他们，团结他们”②。

1944 年夏秋之际，楚图南和尚钺（云南大学教授）先到昆华中学访问了闻一多，之后尚钺又陪华岗看望闻一多。华岗邀请闻一多参加正在筹备的西南文化研究会，闻欣然同意，还当即介绍吴晗、潘光旦、曾昭抡等联大教授参加。不久在周新民的协助下，西南文化研究会正式成立，成员还有冯素陶、罗隆基、李文宜、潘大逵、辛志超、闻家驷、费孝通、唐筱蓂等。研究会隔一两周开一次座谈会，起初主要讨论学术，后来转到时事政治学习、中国社会分析，还阅读《新华日报》《群众》等报刊和一些中共文献《论联合政府》《新民主主义论》《论解放区战场》等。学习中，闻一多逐渐认识到个人力量微不足道，要加入一个组织才有力量。1944 年夏，吴晗曾动员闻一多加入民盟。闻答应考虑考虑。

1944 年秋，中共南方局派到云南参加省工委工作的刘浩在张光年的陪同下，代表省工委看望闻一多。张光年（曾用笔名光未然）是闻

① 苏双碧、王宏志：《吴晗传》，上海人民出版社 1998 年版，第 104 ~ 105 页。

② 楚图南：《记和华岗同志在一起工作的日子》，《文史哲》1980 年第 4 期。

一多的湖北老乡，1929年加入中共，1939年在延安创作过《黄河大合唱》。刘浩和闻一多进行了长谈，他后来回忆说："我和闻先生很亲切地畅谈了大约两个小时。向他介绍了敌后抗日根据地、我党的主张，同时讲了国民党反动派阴谋对日妥协，准备反共的情况。闻先生很激动地说国民党专制腐败，没有希望，中国的事情完全寄托在共产党身上。并说，现在有些人还看不清国民党是没有希望的，我们要大声疾呼，像孙中山讲的唤起民众，反对国民党的一切反动政策。闻先生说他在黑暗中探索了半辈子，现在才看到中国的光明之路就是共产党指明的道路，他愿为此奋斗不息。闻先生还说有人邀请他加入民盟，他正在考虑加入民盟好不好，他想参加民盟不如参加共产党。我对闻先生说，参加民盟活动方便，有利推进民主运动。此后不久，我奉调回重庆南方局，曾把闻先生这些情况向董老作过汇报。"①

此后，闻一多改变了态度。不久，经吴晗等介绍加入民盟。他还向吴晗表示，自己是一个马列主义者，将来一定要加入中国共产党。闻一多加入民盟后，还动员了自己的师友、学生入盟。他对中共的敌后抗战、解放区产生了极大兴趣，曾向张光年提出想到延安去看看。②

加入民盟后，闻一多以积极的战斗姿态投入民主运动。由于他具有诗人的气质和激情、学者的思辨和智慧、战士的勇敢和拼杀，他的演讲具有很强的战斗性和感染力。1945年5月4日在云南大学操场"五四"纪念大会上，他给人留下了深刻印象。大会"正当开始的时候，天不作美，在下雨了，参加的男女青年在移动，找一个荫有，会场在动乱了。你（闻一多）掀髯作狮子吼，'这是天洗兵！不怯懦的人上来，走近来，勇敢的走拢来！'在你的召唤下，群众稳住了，大家都红着脸走

① 闻黎明、侯菊坤：《闻一多年谱长编》，上海交通大学出版社2014年版，第668页。

② 张光年：《为革命真理而献身》，《闻一多选集》代序，四川文艺出版社1987年版。

近讲台，冒着雨，开成了这个会”①。西南联大学生诗人杜运燮回忆说：“那是非常动人的场面，所有听众莫不以得能参加那感情泛滥的狂潮为荣。”②

三、为中华人民共和国诞生而奋斗

1. 胡子剃早了，再留起来

1945 年 8 月 11 日，闻立鹤和王瑶一路飞跑到司家营清华文研所，他们拿着头天晚上昆明报纸的号外：日本投降了！闻一多看后，二话没说跑到龙头街小理发铺把胡子剃了。全面抗战爆发之初，他立誓抗战不胜利决不剃须。

当他们回到昆明西仓坡的联大宿舍时，住在对面的吴晗对还沉浸在胜利喜悦的闻一多说：你那把胡子剃得太早了！③ 吴晗预感到，抗战的胜利，不等于人民的胜利；蒋介石就要发动内战了。

在与李公朴见面时，李也说：“你的胡子是不是剃得早了些！”闻一多说：“那就把它再留起来！”这个回答表明了闻一多迎接新的战斗的决心。他很快就投入了新的战斗！

9 月 4 日，西南联合大学、云南大学、中法大学三校学生自治会及文协昆明分会、民主周刊社等人民团体在西南联合大学新校舍东食堂举办“从胜利到和平”盛大晚会。晚会由闻一多主持，李文宜讲和平，曾昭抡讲民主，吴晗讲团结、希望国共和谈成功，当冯素陶讲胜利时，有人起哄捣乱。闻一多大声呵斥：“请你出来，我向你挑战！”顿时会场静肃。他拿着扩音器，像武器，狠狠地摇动着说：“谁不要人民，人

① 吴晗：《哭一多父子》，转引自闻黎明、侯菊坤编著《闻一多年谱长编》，上海交通大学出版社 2014 年版，第 747 页。

② 杜运燮：《时代的创伤》，《萌芽》第 1 卷第 2 期（1946 年 8 月 15 日）。

③ 王康：《闻一多传》，湖北人民出版社 1979 年版，第 354 页。

民就不要谁!”这两句话使会场激动、狂热鼓掌持续了好几分钟。①

之后，闻一多宣读了他参与起草的《昆明教育文化界庆祝胜利大会宣言》，呼吁根绝内战危机!

2. 在一二·一运动中发挥重要作用

1945年10月10日，“国共和谈纪要”签署。然而，“双十协定”墨迹未干，蒋介石以为发动内战的准备已完成，遂颁发《剿匪手本》，密令国民党军队进攻解放区。

11月5日，中共中央发出号召：“全国人民动员起来，用一切方法制止内战。”昆明学生迅速响应，西南联大、云大、中法大学、英专等校学生自治会，决定召开“反内战、争民主”集会。西南联大“民青”负责人洪德铭来找闻一多、吴晗商议。闻一多根据华岗离昆前的叮嘱，要注意斗争策略，建议集会演讲人请几位平时态度较为温和的教授(还提出几个人的名字)，这样可以团结中间力量。吴晗随即表示同意。昆明学联采纳了他们的意见。11月25日，时事晚会在西南联大大草坪召开，邀请了钱端升、伍启元、费孝通、潘大逵四位教授演讲。闻一多还提出自己不参加这次集会。这是九年来他第一次没有参加民主集会。当晚他去看望伤寒刚愈的罗伯特·白英，但一直牵挂着大会。在革命斗争中，闻一多已经成熟老练起来。

洪德铭是联大学生，中共党员，昆明“民青”组织的创建者，一二·一运动一线指挥者。根据他的回忆②，闻一多在这运动中发挥了极其重要的作用，除了前述关于11·25晚会的建议之外，突出的还有几个方面。第一，当中共西南联大地下组织负责人袁永熙与闻一多联系后，闻一多和吴晗一起，与联大中共组织及省工委密切合作，保持一

① 闻黎明、侯菊坤：《闻一多年谱长编》，上海交通大学出版社2014年版，第785页。

② 洪德铭：《风雨同舟，情兼师友——忆闻一多、吴晗和昆明学生运动》，《红岩春秋》1994年12月第6期。

致，坚定地支持学生的罢课斗争。第二，在西南联大教授会中发挥作用，起草文件，团结广大教授，协调师生关系，支持学生罢课（这在中国学生运动中是前所未有的）。第三，傅斯年衔蒋介石之命而来，作为北京大学代校长、联大最高负责人在教授会中挑动教授施压学生复课，闻一多与之进行坚决的斗争。第四，竭力做梅贻琦的工作，使之兼顾了罢课学生合理的要求，使当局调离李宗黄等罪魁祸首，较好地解决了一二·一惨案问题。第五，既有原则的坚定性，又有策略的灵活性，有理有利有节地参与组织好斗争的各个环节，使运动最终取得了胜利。

1946 年 2 月，闻一多亲自撰写了《一二·一运动始末记》，镌刻在四烈士墓道前火炬柱的基座上。文章的最后写道：

“愿四烈士的血是给新中国的历史写下了最初的一页，愿它已经给民主的中国奠定了永久基石！”

一二·一运动在 1946 年 3 月 17 日为四烈士大出殡之后胜利结束。它作为国民党统治区民主运动的“标志”，拉开了解放战争时期第二条战线斗争的序幕；在中国青年运动历史上，继“五四”、一二·九运动之后，树起了第三个里程碑。闻一多为运动的胜利作出了极其重要的贡献。

3. 义无反顾，英勇献身

在向国民党反动派的斗争中，李公朴、闻一多英雄顽强、毫不妥协。反动派对他们恨之入骨，欲除之而后快。1946 年 7 月 11 日，反动派暗杀了李公朴。

7 月 15 日上午，在云南大学至公堂举行李公朴殉难报告会。闻一多不顾危险毅然出席报告会。报告中李公朴夫人张曼筠泣不成声，特务们乘机捣乱，气焰嚣张，与会群众极为愤怒。本来不准备讲话的闻一多，抑制不住心中的怒火，拍案而起，发表演讲。

他的演讲如火山喷发，似投枪掷敌，像正义的审判，令敌胆寒。演讲展现了视死如归的大无畏英雄气概，他说：“我们随时像李先生一样，前脚跨出大门，后脚就不准备再跨进大门！”

反动派再也按捺不住内心的恐惧和仇恨，当天下午在光天化日之下将闻一多枪杀在他归家的门口。他《最后一次讲演》作为为中华人民共和国诞生而奋斗的钢铁宣言，深深地镌刻在中国革命的史册上！

李闻惨案是继一二·一惨案之后，在昆明发生的又一震惊国内外的重大事件。和国民党反动派的愿望相反，烈士的鲜血唤起更多的群众丢掉幻想，投入埋葬蒋家王朝的战斗。

四、弘扬闻一多精神

1. 毛泽东：我们应当写闻一多颂

1946年7月17日，毛泽东、朱德给闻一多夫人高真发来唁电：“惊悉一多先生遇害，至深哀悼。先生为民主而奋斗，不屈不挠，可敬可佩。今遭奸人毒手，全国志士，必将继先生遗志，再接再厉，务使民主事业克底于成。”

10月4日，上海各界人士举行李公朴、闻一多两烈士的公祭大会。周恩来亲撰悼词，由邓颖超代为宣读：“今天在此追悼李公朴、闻一多两位先生，时局极为险恶，人心异常悲愤。但此时此地，有何话可说？我谨致以最虔诚的信念，向殉道者默誓——心不死，志不绝，和平有期，民主有望，杀人者终必覆灭！”

1949年8月18日，美蒋反动派行将覆灭，中华人民共和国马上就要成立之际，毛泽东在《别了，司徒雷登》中写道：“我们中国人是有骨气的。许多自由主义者或民主个人主义者的人们，在美帝国主义及其走狗国民党反动派面前站起来了。闻一多拍案而起，横眉怒对国民党的手枪，宁可倒下，不愿屈服。朱自清一身重病，宁可饿死，不领美国的‘救济粮’。……我们应当写闻一多颂，写朱自清颂，他们表现了我们民族的英雄气概。”

2. 闻一多精神在今天的意义

闻一多牺牲已经73年了。在隆重纪念中华人民共和国成立70周年之际，可以告慰先烈的是：你们为之奋斗的中华人民共和国早已屹立在东方，而且作为世界第二大经济体，已经走向世界舞台中央。

习近平说："一个有希望的民族不能没有英雄"，"崇尚英雄才会英雄辈出"。

事实告诉我们，毛泽东说的"自由主义者或民主个人主义者"，不仅当年有，20世纪50年代有，改革开放时期有，现在也有，今后还会有。他们推崇西方价值观，崇洋媚外。美国也正是以此到处搞"颜色革命"，颠覆他国政权。

1946年4月在西南联大结束前夕，闻一多对这种思想曾进行尖锐的批评："组成西南联大的清华、北大、南开，这三个大学都和美国关系很密切，我们都是在美国式的教育里培养出来的，固然也可以学得一些知识技术，但是经过这八年的检验，可以说，过去受的美国教育实在太坏了。它教育我们只顾自己，脱离人民，不顾国家民族，这就是所谓的个人主义吧，几乎害了我一辈子！"①

可以说，闻一多73年前的这段话，在今天仍然发人深省。

① 闻黎明、侯菊坤：《闻一多年谱长编》，上海交通大学出版社2014年版，第872页。

神话与戏剧

——闻一多的戏剧活动①

牧角悦子

（日本　二松学舍大学）

闻一多对戏剧怀有强烈的兴趣，在其生涯中坚持对戏剧进行各种尝试，但其在戏剧方面的成就目前还鲜为人知。晚期闻一多尝试以话剧的形式将《楚辞·九歌》再现于舞台。遗憾的是，直到闻一多身中特务子弹牺牲前的一个月，这一话剧的上演计划才最终确定下来。

现在当我们翻阅闻一多留下的《九歌古歌舞剧悬解》的脚本时，我们看到的是既热情洋溢又典雅美丽的古代神话。在绚丽多彩的背景里，古代精心装扮的众神们粉墨登场，与人间的男男女女一起歌唱，共同起舞。散发着诱惑的神、悲哀地叹息的神、充满着憧憬的少女以及陷入思慕的男人，无论是神灵还是人类都歌唱着生机勃勃、朴素大方的情感。闻一多一生最后的作品，就这样轻松自如地从动荡的现实里脱颖而出，用浓重而又舒畅的笔墨再现了古代神话。

一、作为戏剧的《楚辞·九歌》

《楚辞·九歌》基于楚国风俗性的祭祀，这是后汉的王逸早已在

① 本文由日本大学艺术学部的益西拉姆译成中文。

《楚辞章句》里记述过的。① 《楚辞》本来是祭祀各种神灵的祭祀歌。最先在《九歌》里发现戏剧性的是清代的王国维。② 到了民国，随着卜辞研究的进展，很多学者开始从古代文化史的角度研究《楚辞》。胡适将《九歌》作为湘江民族的宗教歌舞，③ 郭沫若尝试以屈原的人格为中心，接近《楚辞》的真相。更有游国恩、闻一多从踏实质朴的字句训诂开始，留下了可靠的成果。④ 其中闻一多对楚辞的研究，具有将绵密的考证和大胆的假设融为一体的特色，是与其《诗经》研究相通的。有关具体内容将在后文陈述。闻一多不仅依据文献考证对《楚辞》进行学术上的训诂，还尝试了在现实舞台上的表现演出。《九歌古歌舞剧悬解》⑤ 便是演出的脚本。当然在文本解释上，其内容是基于考证的，但更重要的是，其写作目的是为了表演。因此闻一多天生的想象力可以在这里自由飞翔。在这里我想从《九歌》的众神里，从太一神、太阳神、水神等这些一个接一个登场的自然之神里，举出河神“河伯”，以“河伯”为例进行考察。

河伯

景是河身的横切面，像我们常在银幕上看见的一样。

河伯，跨着一头白鼋，像一具白石的裸体雕像，半个身子露在

① 王逸《楚辞章句·九歌》有“昔楚国南郢之邑，沅、湘之间，其俗信鬼好祠。其祠，必作歌乐鼓舞以乐诸神。屈原放逐，窜伏其域，怀忧苦毒，愁思沸郁。出见俗人祭祀之礼，歌舞之乐，其词鄙陋。因为作《九歌》之曲”。见（宋）洪兴祖：《楚辞补注》，《中国古典文学基本丛书》，中华书局 1983 年版，第 55 页。

② 王国维《宋元戏曲考》第一章所写《楚辞·九歌》里唱的有关“灵”的婆娑之舞，就是后世戏剧的萌芽。

③ 胡适在《读〈楚辞〉》（《胡适文存》第二集，台北远东图书出版社 1961 年版）里，批判了将屈原置于中心的汉代楚辞解释，对屈原的存在本身也提出了疑问。关于《九歌》，他说“与屈原传说绝无关系”，仔细阅读内容，此九篇可能是最古的作品，是当时的“湘江民族的宗教舞歌”。

④ 收录于《闻一多全集》第一卷，开明书店 1948 年版。

⑤ 收录于《闻一多全集》第一卷，开明书店 1948 年版。

水上。时而有鱼虾一类的水族从他身边游过。

从河右岸上伸出一座悬崖，恰好与河面构成一个正角。崖端蹲着一座小庙，庙前的旗杆下攒集着一群白衣少女。崖身和崖上的一切，(人物和庙宇）都正浸在血一般的夕阳中。

景中的人物差不多完全没有动作。除了沉闷的鼓声以外，我们只听见他们（少女们和河伯）一往一复的歌声。

少女

鱼鳞屋兮龙堂，紫贝阙兮珠宫。

灵何为兮水中，乘白鼋兮逐文鱼？①

河伯

与女游兮九河，冲风起兮横波，

乘水车兮荷盖，驾两龙兮骖螭。

少女

登昆仑兮四望，心飞扬兮浩荡……

灵何为兮水中，乘白鼋兮逐文鱼？

河伯

与女游兮河之渚，流澌纷兮将来下。

子交手兮东行，送美人兮南浦。

少女

日将暮兮怅忘归，惟极浦兮顾怀。

灵何为兮水中，乘白鼋兮逐文鱼？

河伯

子交手兮东行，送美人兮南浦。

波滔滔兮来迎，鱼鳞鳞兮媵予。

少女

① 少女和河伯的对话，与《楚辞》的文本相同。拙译的解释参考了王逸以及其他诸本，最终解释依据闻一多的《楚辞校补》。

登昆仑兮四望，心飞扬兮浩荡。
日将暮兮怅忘归，惟极浦兮顾怀。
鱼鳞屋兮龙堂，紫贝阙兮珠官。
灵何为兮水中，乘白鼋兮逐文鱼？
(幕下)①

为了参考，这里依据洪兴祖的《楚辞补注》来考察一下《楚辞·九歌》《河伯》的原文：

与女游兮九河
冲风起兮横波
乘水车兮荷盖
驾两龙兮骖螭
登昆仑兮四望
心飞扬兮浩荡
日将暮兮怅忘归
惟极浦兮寤怀
鱼鳞屋兮龙堂
紫贝阙兮朱宫
灵何为兮水中
乘白鼋兮逐文鱼
与女游兮河之渚
流澌纷兮将来下
子交手兮东行
送美人兮南浦
波滔滔兮来迎

① 闻一多：《九歌古歌舞剧悬解》，《闻一多全集》第一卷，开明书店 1948 年版，第 326 页。

鱼隣隣兮媵予①

将这段文字和闻一多的《九歌古歌舞剧悬解》（以下简称《悬解》）进行比较，首先原著里当然没有登场人物和场面设计。其中被反复演唱的那些少女的叠句（副歌），在原著里仅夹杂在诗句中。如果进行更加细微的考察，《楚辞补注》里的“寤怀”“朱宫”“隣隣”这些词语在《悬解》里变成了“顾怀”“珠宫”“鳞鳞”。

这些词句的异同有根有据。参看闻一多的《楚辞校补》②，关于《九歌·河伯》一共有六条校勘，关于这三个词，里面也有说明。按照《悬解》的顺序考察，“紫贝阙兮朱宫”的“朱宫”，有文本作“珠宫”（《文苑》），如《九叹·逢纷》里有“紫贝阙而玉堂”，“紫阙”成对偶，以及很多类书和注释里引用的相关部分，都将“朱”作“珠”，而苏轼的《海市诗》里也有“岂有贝阙藏珠宫”的诗句，因此这是将“朱宫”作为“珠宫”即珍珠的宫殿。关于“寤怀”，字面意义不通，因此推测“寤”就是“顾”，音误造成字异。作为依据的例句有《九歌·东君》里的“心低徊兮顾怀”、扬雄《反离骚》里的“览四荒而顾怀”、魏文帝《燕歌行》里的“留连顾怀不能存”等，从这些例句看出“顾怀”作为词汇已经成熟，而《礼记·大学》的郑玄注里有“顾念也”，而“怀”也是“念”，就是心有所思，因而“寤怀”只是“思”的意思。王逸之所以将“寤”训为“觉”，是由于他看到的文本已经有错。关于“隣隣”，有的文本作“鳞鳞”，将“鳞”视为正确的。洪迈的《容斋三笔》、戴埴的《鼠璞》等都引用这一部分，来作为“鳞”字的依据。

《悬解》就是如此，将闻一多从《楚辞校补》开始的楚辞研究作为

① （宋）洪兴祖：《楚辞补注》，《中国古典文学基本丛书》，中华书局1983年版，第77页。

② 收录于《闻一多全集》第二卷，开明书店1948年版。

背景，不断对之前的文本加以改变，大胆地对整个舞曲进行重新组合而完成。白衣少女大概本来是召唤神灵的巫女吧。不知道原文中语句是否都是河伯和少女之间的对话。也许很难说《悬解》所有的解释都是《九歌·河伯》本来的含义，但是在《九歌》诞生和被歌唱的当时，无疑曾在舞台上如此表演过。在这里，闻一多并非只是作为一个学者，还是作为一个剧作家，将《九歌》作为戏剧重新加以组织。

闻一多在很早的时候就认识到了戏剧这一体裁具有的魅力，并且一直对其保持着浓厚的兴趣。除了自身的兴趣之外，戏剧也是基于与其他文学体裁相关联的闻一多最根本的文化意识。

下面我想追随时代考察闻一多与戏剧的关联。

二、清华学校时代和美国留学期间的戏剧活动

1912 年，14 岁进入清华学校的闻一多，在当时差不多可以说是在美式化的教学环境里，积累了全新的经验。这些经历里，闻一多最先体验到的是全校分班参与的戏剧大会。闻一多所在的班级参加了一幕名为《革命军》的戏剧，他扮演了一名革命党人，这个剧获得了全校第二的成绩。对于闻一多来说，这是初次体验有关戏剧的经历。其后，他沉浸于戏剧的魅力，每年在戏剧大会上，他都作为有关脚本和演出的关键人物积极参与。1916 年 9 月，他组织了文艺团体“游艺社”，担任了副社长。这个游艺社于 1919 年改名为“新剧社”，成为专门演出新剧的社团。对于在书法、绘画、诗作、辩论等方面都施展出才能的闻一多来说，虽然在就学初期参加的各种活动里，戏剧还只是其中之一，但已经占据了很重要的位置。1919 年，闻一多又与友人杨廷宝一起组织了“美术社”，这个美术社在不断学习国内外美术的同时，以开展实际创作训练为宗旨。闻一多在这里磨练了自己的技术。这段经历成为日后舞台背景技术的基础，这时的友人杨廷宝，后来在闻一多戏剧活动里也成为极其重要的同志之一。杨廷宝与梁思成并称为近代建筑巨匠，他对近

代空间的理解力，可能对闻一多的表演技术产生了重大影响。

此后，闻一多的最大兴趣转移到了文学上。直到留学美国后，戏剧才又重新唤起他的极大兴趣。

1922年7月，留学美国的闻一多首先在芝加哥美术学院学习美术。1923年9月转到科罗拉多大学，1924年9月又转入纽约艺术大学。在纽约艺术大学里，闻一多认识了余上沅，这次相识使闻一多对戏剧的热情被再次点燃。余上沅是闻一多的同乡，比闻一多大两岁，在“五四”运动中做过武汉的学生代表，是参加过上海的全国学生联合会的活动家。陈独秀将余上沅介绍给了胡适，他在北京大学英文系学习，后来在清华大学当助手。之后，余上沅与梁实秋等人一起渡美。闻一多认识余上沅的时候，余上沅正在哥伦比亚大学大学院学习西洋戏剧和剧场艺术。闻一多在这个时期认识的熊佛西也是在哥伦比亚大学学习戏剧的学生。闻一多先跟他一起编导了一幕剧。熊佛西曾经和茅盾、欧阳予倩一起组织民众剧社，出版了《戏剧》杂志。闻一多和这些同仁一起，先于1924年中秋节上演了《牛郎织女》，并且开始准备《杨贵妃》的演出。

同年12月，在纽约公演的《杨贵妃》获得了巨大成功。对于闻一多来说，这次的成功是这一时期的重大事件。在这几个月的时间里，他把学习放在一边，不只是热衷于创作戏剧，也忘我地奔走，忙碌于脚本、舞台装置、服装筹集。通过这一次的经验，闻一多和他的同仁们感受到了戏剧所具有的强烈感染力，确信必须把这一力量引入到中国的新文化教育中去。他们高呼“回国去发起国剧运动”，并且立即开始筹备。他们一方面努力筹划杂志和学校，另一方面奔走于纽约，广泛寻求收集剧场以及与剧场经营、场景布置相关的电力、颜料、服装、照明等方面的一切资料和知识。①

① 关于此间的状况，余上沅《一个半破的梦——致张嘉铸君书》（《晨报·剧刊》第15号，1926年9月）里记录得比较详细。转引自闻黎明、侯菊坤编：《闻一多年谱长编》，湖北人民出版社1994年版，第250页。

1925 年 1 月，闻一多参与了发起成立“中华戏剧改进社”的活动，这个会以余上沅、梁实秋为首，梁思成、林徽因等也参加了。当时与梁思成有婚约的林徽因，出生于清末外交官的家庭，是一位很有才华的女性，泰戈尔访问中国时，她与徐志摩一同担任翻译，并在泰戈尔的剧作上演时担任主演。后来在北京美术专门学校改组时，是新月社的林觉民向改组委员推荐闻一多的，这位林觉民就是林徽因的父亲。

这一国剧运动不仅仅是标语口号，在肩负着现实性去面对现实方面，余上沅起了很大的作用。在给胡适的信里，余上沅请求他在北京大学开设“戏剧传习所”，来作为一个实验性的戏剧根据地，并等待机会创立“北京艺术剧院”，余上沅还邀请胡适参加他们在美国组织的“中华戏剧改进社”。在这封信里，余上沅绵绵不断地记述了他们在纽约的戏剧活动，特别提到有关上述两次成功的上演。他提出北京大学有音乐绘画的传习所，却没有戏剧传习所，这对培养艺术界人才来说是很不够的。戏剧这门艺术是音乐绘画等各个分野艺术的综合体，在当时的中国，这种意识还未扎根，因此他强调了戏剧的重要性和必要性。①实际上这封信并没有得到胡适的回信，没有获得直接意义上的成果，但是在他们归国之后，这一计划以其他方式得以实现。

当时，包括闻一多在内的留美学生，正好在同一个时期里，一起对戏剧表现出了强烈的兴趣，为何会出现这种现象呢？这是因为他们受到了当时美国戏剧兴盛的直接影响。据细入藤太郎的《美国文学史》②，1910 年以后，欧洲开始创立了很多剧场，比如巴黎的自由剧场、都柏林的艾比剧场、莫斯科艺术剧院等，当时去欧洲留学回来的美国年轻人，受到这个现象刺激，开始在美国各地创立地方剧场，于是风靡一时。同时许多大学设置了剧作、表演学科，在小剧场和大学的戏剧教室里，上演了激进的实验戏剧。产生了以尤金·奥尼尔为代表的许多剧作

① 中国社会科学院近代史研究所所藏胡适档案。转引自闻黎明、侯菊坤编：《闻一多年谱长编》，湖北人民出版社 1994 年版，第 257 页。

② ［日］细入藤太郎：《美国文学史》增补版，培风馆，1977 年。

家的20世纪二三十年代，在美国戏剧史上是戏剧的最盛时期。闻一多、余上沅等人的戏剧活动，正好真实反映了这样的时代风潮。

闻一多在美国最后参加的活动，是帮助在波士顿上演的《琵琶行》进行准备工作。这是波士顿的留学生们受到在纽约的闻一多等人的启发而规划的，以梁实秋和顾毓琇为中心，谢冰心、谢文秋也参加了。他们在舞台美术、服装等方面请求闻一多的帮助。此时纽约的华侨正在举办孙中山先生的追悼大会，学生委员因此没有余裕参加演出的准备活动。开演前奔赴现场的闻一多担任舞台美术、服装、化妆工作，并在谢冰心穿的长袍上，用油画工具画了一条龙。大屏风上蓝色的海、火红的太阳、白色的鹤等背景都是闻一多画的。据说打上灯光后，非常美丽。① 1925年3月28日傍晚，美术剧院上演了《琵琶行》。很多大学教授、文化界人士、华侨和留学生前来观看，公演很成功。

当时，闻一多还是国家主义团体大江会的成员，也积极参与了政治活动，孙中山追悼会的准备工作也是其中之一。从留学后期到归国后的数年间，闻一多参与的社会活动，基本上可以说与上述活动类似，主要以戏剧活动、新诗的创作理论以及大江会的政治运动这三个主体为中心展开。

三、国剧运动的开展和挫折

1925年5月，从美国留学归来的闻一多开始陆续发表诗作，也参与大江会的机关刊物《大江季刊》，与此同时开始具体运作国剧运动。1925年7月，他与赵太侔、余上沅、孙伏园一同起草了《北京艺术剧院计划大纲》，发表在《晨报·剧刊》上。这是艺术剧院的初步构想，以振兴中国戏剧文化事业，推进中国文化发展为目的，是经过了细致推

① 冰心：《追念闻一多先生》，《闻一多纪念文集》，三联书店1980年版，第208页。

敲的切合实情的计划书。其内容包含了理事、职员、剧团成员等组织构造、经费、经费筹集以及关于剧场建设、管理经营的决算，甚至教师的津贴、训练科目等详细情况，充分表明了他们的国剧运动极具现实性。

同一时期，闻一多正式加入了新月社。这是以徐志摩、胡适等北京大学内外的教授为中心聚集的，在剧作创作和表演上倾注了力量。前面提到的邀请泰戈尔和公演泰戈尔剧作，都是新月社主办的。徐志摩和胡适在这里认识，因此国剧运动也一下铺开了道路，并且北京美术专门学校的改组得以实现。

这一时期的中国，虽然在新学制下，大学、专门学校都反复进行了摸索尝试，但是再三兴起的学生运动风暴，给大学经营增加了许多考验。这年年初发生了学生运动，北京美术学校因此停了半年课。①为了尝试重新开学，教育部成立了以教育部专门局局长刘百昭为主任的准备委员会。通过新月社的林长民，闻一多和余上沅成为这个北京美术专门学校的准备委员会委员。经过近两个月忙碌的准备工作后，11 月，北京美术专门学校改名为国立艺术专门学校。刘百昭担任校长，闻一多担任教务主任。在 11 月 2 日的开学典礼上，教育总长章士钊讲了话。国剧运动的理想在这里得到了实现。

国立艺术专门学校教务主任的职位，对于闻一多来说是最早的教育职业。有关闻一多这一时期教授美术课的情况，当时的学生，后来成为田汉夫人的安娥这样回忆：

> 那天上美术史课的时候，一位年轻的教授穿着长褂子，挟着几本书来了。他一声没有响，坐下来就讲他的书。似乎不是所想象的唯美诗人闻一多，他健康、浓眉、密发、锐亮的眼睛，高鼻子，微

---

① 这个北京美术专门学校的前身是 1918 年成立的北京美术学校。作为中国第一个国立美术学校，开设了中国绘画、西洋绘画、图案三个学部。1922 年成为美术专门学校，1925 年 1 月，学生反对临时政府派遣的新校长，被强制解散。派遣刘百昭担任改组主任的时任教育部部长是兼任北京政府司法总长的章士钊。

黑带赤的面色，讲书的时候，不管学生，声音低而沉静。①

这是闻一多漫长的教师生涯的第一页。闻一多他们作为构思筹划大学的中心人物，为绘画系招聘了高水准的教师②，同时他们自身又成为其中新专业教育的关键人物。而且国剧运动这一夙愿也获得了坚实的立脚点。

这一时期也是闻一多新诗创作的充实期。他将在故乡的妻子叫到北京的寓居，客厅里用奇怪的装饰品演绎出精心考究过的艺术感。这里很快成为诗人们的休息处，以闻一多为中心的新月派诗人徐志摩、朱湘、孙大雨、饶孟侃、刘梦苇等，都从这里的聚集开始，让新尝试的作品问世。这不仅是将诗歌作为文字作品，也是将诗歌作为朗读作品重新加以审视的尝试。从“五四”时期过度重视自由的思潮又迈进了一步，这便是在诗歌的分野里，摸索追求格式和音乐性、戏剧性的崭新可能性。③

大声朗读时的优美音乐性，这是闻一多在诗歌里终生追求的。《死水》重视形式和声调的和谐，本文后面将论及闻一多晚期在昆明的朗诵会，可以认为那些朗诵会也处于追求大声朗读诗歌的延长线上。

闻一多着眼诗歌的朗读问题，这也是和美国自由诗的新趋势相关联的。闻一多在美国时，对他影响最大的艾米·洛威尔（Amy Lowell）与埃兹拉·庞德（Ezra Pound）同为20世纪20年代初美国意象派（magism）诗歌的代表诗人，从他们的意象派主张，到更进一步的自由诗的发展，产生了更加追求韵律效果的作诗方法。关于特别强调诗歌音

① 安娥：《哭忆闻一多师》，《月刊》第2卷第2期，1946年9月20日。转引自闻黎明、侯菊坤编：《闻一多年谱长编》，湖北人民出版社1994年版，第291页。

② 中国画系主任为萧俊贤，戏曲系主任为余上沅，音乐系主任为萧友梅，西洋画系主任彭沛民辞职后由徐悲鸿担任。

③ 据沈从文：《谈朗诵诗》，《沈从文文集》第十一卷，花城出版社1984年版。

律的诗人维奇·林德赛（Vachel Lindsay），前面提到的《美国文学史》这样阐述：

> 关于维奇·林德赛（Vachel Lindsay）的诗法，就像这里提到的他的话里也明确一样，是充分活用从约翰·德莱顿（John Dryden，1631—1700）、埃德加·爱伦·坡（Edgar Allan Poe，1809—1849）、阿尔加侬·查尔斯·斯温伯恩（Algernon Charles Swinburne，1837—1909）三位诗人学来的已有的rhythm（节律）的变化与母音和子音的配合引起声音的色调（tone color），取得了出色的效果。德莱顿的《圣西西莉亚节颂》（*Song of St. Cecilia's Day*，1687），在不规则的ode（颂诗）里，为了对照乐器的声音，巧妙有效地利用了语音的变化。林德赛学习德莱顿解说诗歌的例子，指示《刚果》（*The Congo*）的朗诵，在此是容易推测的吧。①

林德赛的《刚果》已经在其他论文里列举《时代的鼓手》时提到了。在《时代的鼓手》里，闻一多阅读田间的诗，发现了其中复苏的原始大鼓的节奏和生命的蓬勃朝气。同样在非洲原住民的充满野性的大鼓节奏里，林德赛看到爆发的生命力。闻一多以此互证，强调了节奏的效果。林德赛这样重视朗诵效果，可以认为这是着眼于其有利于说教辩论时获取听众而加以尝试的。②可以知道这是受到了戏剧的强烈影响，戏剧先行于诗歌，且引领了时代文化。就这样，美国新诗的兴隆，以及

---

① ［日］细入藤太郎：《美国文学史》增补版，培风馆，1977年，第353~354页。

② 据细入藤太郎的《美国文学史》，林德赛主张的rhythm，受到了黑人和白人在教会的说教或演说的rhythm以及在野外举行的政治辩论的rhythm的影响。林德赛说："陶醉于总统的布赖恩特辩论的有数千万美国人，就像从这里可以知道的一样，诗歌潜在的听众有百万，不，有一亿。"细入藤太郎以为，林德赛就是如此，以获得听众、积累大众的人气和关注度为计划写下了《刚果》这样的诗歌集。［日］细入藤太郎：《美国文学史》增补版，培风馆，1977年，第354页。

推动新诗兴隆的戏剧本身的兴隆，直接连结着闻一多的早期文学活动。林德赛的节奏和声音的色调主张与闻一多的早期诗论，也有许多重叠的部分。

闻一多归国以后的活动，看似很顺利，可是很快就遇到了挫折。政局纷乱造成教师人事方面也混乱，作为国立大学的宿命也降落到了国立艺术专门学校。1926 年 1 月，开学典礼过去还不到三个月，军阀内乱引起的政局变化使得国务院改组，教育部长章士钊被免职。与章士钊关系极深的国立艺术专门学校的校长刘百昭也跟着被解任。围绕下一任校长人事，学校再度陷入混乱状态，推荐前校长刘百昭的教师和推荐蔡元培的教师之间激烈对立，教职员工分裂为二。其结果是教育部任命林风眠就任了这个职位。在这场对立里，面对与政治无法分离的教育体制，以及教职员工内部的恶意传闻，闻一多感到强烈不满，并且立刻表明了辞职的意愿。校方挽留闻一多，可是他去意坚定。闻一多最初的国剧运动就此遭到了挫折。

此后闻一多的活动从国剧运动转移到了新诗的创作和评论上。《晨报副刊》创刊《诗镌》后，闻一多很多后来编入《死水》的诗作以及诗论的代表作《诗歌的格律》都发表在《诗镌》上。但是这并不说明闻一多结束了对戏剧的追求，他是在期待戏剧的成熟，以及戏剧为社会接受的时机的成熟。

1926 年 6 月，闻一多发表于《晨报副刊》的《剧刊》上的《戏剧的歧途》①，充分体现了他的思想。这篇文章是对中国当时戏剧界现状的批判。在文章里，闻一多首先批判了在“五四”时期，因为“易卜生”这一具有强烈思想性的特殊戏剧的传入，给戏剧意识打上的“戏剧=思想”的烙印。

近代戏剧是碰巧走到中国来的。他们介绍了一位社会改造

① 收录于《闻一多全集》第三卷，开明书店 1948 年版。

家——易卜生。碰巧易卜生曾经用写剧本的方法宣传过思想，于是要易卜生来，就不能不请他的“问题戏”——《傀儡之家》、《群鬼》、《社会的柱石》等等了。第一次认识戏剧即是从思想方面认识的，而第一次的印象又永远是有威权的，所以这先入为主的“思想”便在我们脑筋里，成了戏剧的灵魂。从此我们仿佛说思想是戏剧的第一个条件。①

其次，闻一多以为不仅在意识里，而且在实际活动里，中国近代戏剧的现状也是极其稚拙的。

现在我们许觉悟了。现在我们许知道便是易卜生的戏剧，除了改造社会，也还有一种更纯洁的——艺术的价值。但是等到我们觉悟的时候，从先的错误已经长了根，要移动它，已经有些吃力了。从先没有专诚敦请过戏剧，现在得到了两种教训。第一，这几年来我们在剧本上所得的收成，差不多都是些稗子，缺少动作，缺少结构，缺少戏剧性，充其量不过是些能读不能演的 closet drama 罢了。第二，因为把思想当作剧本，又把剧本当作戏剧，所以纵然有了能演的剧本，也不知道怎样在舞台上表现了。②

闻一多在中国戏剧的戏剧观念把握上和技术上，批判了非常笨拙的现状之后，试图用“纯形”（pure form）这个词捕捉戏剧本该具有的状态。

剧本或戏剧文学，在戏剧的家庭里，的确是一个问题。只就现

① 闻一多：《戏剧的歧途》，《闻一多全集》第三卷，开明书店 1948 年版，第 271 页。

② 闻一多：《戏剧的歧途》，《闻一多全集》第三卷，开明书店 1948 年版，第 271 页。

在戏剧完成的程序看，最先产生的，当然是剧本，但是这是丢掉历史的说话。从历史上看来，剧本是最后补上的一样东西，是演过了的戏的一种记录。现在先写剧本，然后演戏。这种戏剧的文学化，大家都认为是戏剧的进化。从一方面讲，这当然是对的。但是从另一方面讲，可又错了。老实说，谁知道戏剧和文学拉拢了，不就是戏剧的退化呢？艺术最高的目的，是要达到“纯形”（pure form）的境地，可是文学离这种境地远着了。你可知道戏剧为什么不能达到“纯形”的涅槃世界吗？那都是害在文学的手里。自从文学加进了一份儿，戏剧便永远注定了是一副俗骨凡胎，永远不能飞升了。虽然它还有许多的助手——有属于舞蹈的动作，属于绘画建筑的布景，甚至还有音乐，那仍旧是没有用的。你们的戏剧家提起笔来，一不小心，就有许多不相干的成分粘在他笔尖上了——什么道德问题，哲学问题，社会问题……都要粘上来了。问题粘的愈多，纯形的艺术愈少。这也难怪，文学，特别是戏剧文学之容易招惹哲理和教训一类的东西，如同腥膻的东西之招惹蚂蚁一样。①

闻一多以为，本来以能表演为主体的戏剧，到了新时代把重点移动到了脚本上，结果因为重视“文学”的介入，坠入夹杂着很多不纯的形式里。那么，什么是戏剧的本质？对于这样一个问题，从这里可以看出，闻一多认为：这是借助属于舞蹈的动作和属于绘画、建筑的舞台装置，展开于舞台，是表演者和观众融合在一起的空间综合艺术。作为一个“纯粹的形式”，独立于文学和思想。他这样说，并且最后总结道：“我们该反对的不是戏里含着什么问题”，“我们要的是戏，不拘是哪一种的戏”。

① 闻一多：《戏剧的歧途》，《闻一多全集》第三卷，开明书店1948年版，第272页。

因为注重思想，便只看得见能够包藏思想的戏剧文学，而看不见戏剧的其余的部分。结果，到于今，不三不四的剧本，还数得上几个，至于表演同布景的成绩，便几等于零了。这样做下去，戏剧能够发达吗？你把稻子割了下来，就可以摆碗筷，预备吃饭了吗？你知道从稻子变成饭，中间隔着了好几次手续，是同样的复杂？这些手续至少都同剧本一样的重要。①

我们在这里可以看到，闻一多早期的评论所特有的，黏着性（粘附性）比较强的论理的展开。闻一多不断确认近代戏剧的本质所必备的具体形式，将其作为对完全相反的简陋现状的强烈批判表现出来。但是，这种批判里包藏着的却是他对戏剧的热爱之情。新艺术的形态无法成立于一朝一夕，就像种庄稼那样，插秧养育到收获，一直到谷子脱粒做成米饭，省去其间任何一个踏实的步骤都无法收获，怀着这样的觉悟，闻一多此后也坚持着追求中国戏剧发展的可能性。

四、昆明的戏剧活动

1926 年发表《戏剧的歧途》之后，闻一多的戏剧活动没有再公开表现。在辞去国立艺术专门学校的教职以后，由于政治局势不稳定，闻一多先后任职于吴淞国立政治大学、南京大学、武汉大学、青岛大学等，一边执教，一边将之前以创作新诗为中心的活动重心，转移到了中国古典的研究上。在获得母校清华大学中文系教职，生活得以安稳之后，闻一多以《诗经》研究为中心，留下了许多高质量的学问业绩。闻一多如此持续了一段能够充分发挥自己天分的生活，这是培养学生的教育者天分，也是致力于古典文学的研究者天分。1938 年，闻一多第

① 闻一多：《戏剧的歧途》，《闻一多全集》第三卷，开明书店 1948 年版，第 274 页。

三次表现出了对戏剧的关心。当时由于抗日战争的爆发，北京大学、清华大学、南开大学三校组建成立的西南联合大学西迁到了昆明。

朱自清曾经将闻一多的生涯划分为三个时期，即“诗人的时期”“学者的时期”“斗士的时期”。虽然很难将这三个时期截然区分开来，可是闻一多又有突然变成另一个人似的巨变资质，有关这一点已经在别的论文里讨论过。尤其是昆明时期的闻一多，前一阶段里，他作为学者留下了许多洋溢着成熟而有创建性的成果，然而以某一时期为界，他突然热衷于献身民主运动，甚至不惜为此丢下学问。其契机是，闻一多1943年阅读了解放区诗人田间的作品。闻一多被田间诗歌里表现的朴素而又强烈的生命节奏所深深打动。因此比较1943年前后闻一多的作品，即便是相同的题材，其主张也发生了微妙的变化，有的时候方向完全不同。然而，闻一多的这种思想变化在其戏剧方面，却很难看出较大的影响。我认为其理由恐怕是因为，闻一多对戏剧的兴趣，是基于其天生的爱好和共鸣，这完全有别于他作为诗人、学者和斗士把握与现实关系的姿态。

昆明时代的闻一多促使了两次戏剧公演的成功，两次公演分别是《祖国》和《原野》。1939年2月上演的抗战话剧《祖国》，是西南联合大学外语系教授陈铨根据外国的剧本改编的话剧。内容写日军占领下的某个城市里，有名教授不顾安危，与学生和劳动者一起和日军斗争，最后为祖国殉难。排练期间，闻一多指导组织起来的“联大剧团”里学生的演技，参与了舞台设计和制作。话剧获得巨大成功，持续演出了八天。在闻一多担当的舞台背景的工作里，同一舞台装置上，仅仅用不同颜色灯光的变化，将勇气、忠义、悲惨等将场面显现出来的情感，巧妙地演绎出来，给人留下深刻的印象。①与纽约上演的《杨贵妃》、芝加哥上演的《琵琶记》完全相同，闻一多以热情和技术，引导了《祖

① 心丁：《致联大剧团一封公开的信——观〈祖国〉演出后》，《云南日报》，1939年2月10日。转引自闻黎明、侯菊坤编：《闻一多年谱长编》，湖北人民出版社1994年版，第565页。

国》的成功演出。

紧接着在同年8月上演了曹禺的《原野》。《原野》继《雷雨》《日出》后发表，是曹禺的代表作。最早的公演没有多少反响，而重庆演出的计划又被当局禁止。闻一多关注到这个戏剧，亲自给曹禺发了电报，邀请他到昆明担任导演。而在昆明演出时，闻一多自己也参加了编导，在舞台和服装的准备工作上，付出了很多劳动。8月16日，《原野》的演出正式开幕，尽管连日下着大雨，观众依然蜂拥而至。原本计划5天的公演又延长了5天，连续演出了10天，中间没有休息。朱自清后来回忆，使这个城市沸腾起来的公演成了昆明的社会现象，让人觉得没法不看这个戏剧的演出。①朱自清说，与同时上演的《黑字二十八》一起，“演出确是昆明一件大事，怕也是中国话剧界的一件大事”。

通过这两次戏剧公演，以及闻一多对此全力以赴的姿态，我们可以看出一些时代背景和闻一多的戏剧观。首先从戏剧的角度来看，观察曹禺的剧作以及上演状况，中国近代戏剧虽然说还很弱小，但是已经萌芽，并处于成长阶段了。虽然对闻一多自身来说，已经以从国立艺术专门学校退职的方式，给他的国剧运动打上过休止符，但是国剧本身却像是继承了他们的热望一样，不只是在北京，重庆、昆明等地的戏剧专业教育也继续坚持下来了。与此同时，我们可以从上面两次公演成功引起人们的强烈关心上，窥见闻一多他们的演出具有的崭新效果。仅仅是对背景、照明或者服装的一个表现的追究，就使戏剧的效果飞跃发展。戏剧与绘画、音乐、舞蹈、台词以及观众的共鸣成为一体，从而创造出综合艺术。闻一多的这些现代戏剧观正是这一演出成功的内因。

与此相关的另一个重要点是：在戏剧的作用上，闻一多看准了戏剧

---

① 朱自清：《〈原野〉与〈黑字二十八〉的演出》，昆明《今日评论》第2卷第12期，1939年9月10日。转引自闻黎明、侯菊坤编：《闻一多年谱长编》，湖北人民出版社1994年版，第579页。

的宣传效果。音乐、文学、绘画这样的艺术由于直接诉诸人的情感，从而具有精神上的宣传作用。而戏剧是通过对其他艺术进行总动员而创造出来的，因此其作用也就最大。1939年2月在《祖国》公演后写作的《宣传与艺术》① 一文里，闻一多明言：为了抗战这一举国事业，宣传这一精神层面的工作更是有必要的。这一主张很像后来中国共产党的革命戏剧路线。但是，此刻的闻一多明确立足于：戏剧一定要具有作为“艺术作品”的独立性，才能拥有“宣传”的实用效果。

总而言之，闻一多戏剧观的独特性，是把戏剧作为综合音乐、美术、建筑、文学、舞蹈等所有艺术领域的空间艺术，同时，闻一多以为，在演员和观众成为一体产生出的非现实性的高涨情绪里，所体验的那种现实生活里能够感受到的原始本能的生命力，才是戏剧的力量。毫无疑问，这是接受了前面提到过的，美国的新诗和戏剧兴隆的影响。将戏剧观的重心倾向于“原始”这一混沌的概念所具有的巨大力量，这也是闻一多戏剧观的特征。深入参与了《原野》上演的闻一多，在公演前写的《说明书》里有这样的记述：

> 蕴蓄着莽苍浑厚的诗情，原始人爱欲仇恨与生命中有一种单纯真挚的如泰山如洪流所撼不动的力量，这种力量对于当今萎靡的中国人恐怕是最需要的吧！②

酝酿未成形诗情的原始混沌，正是从这种混沌里诞生出强烈的力量。不仅仅在戏剧方面，对撤退到昆明的闻一多来说，这也是他在学问研究里也时常驻足的根基。

---

① 闻一多：《宣传与艺术》，《益世报·星期评论》，1939年2月26日。转引自闻黎明、侯菊坤编：《闻一多年谱长编》，湖北人民出版社1994年版，第566页。

② 刊于《云南日报》1939年8月23日，转引自闻黎明、侯菊坤编：《闻一多年谱长编》，湖北人民出版社1994年版，第579页。

五、众神的游戏

撤退到昆明之后，闻一多古典研究的中心之一为古代神话研究，特别是在1939年10月开始的为期一年的休假里，他从学校的杂事中解放出来，一心埋头于古典研究，留下了《易林琼枝》《姜嫄履大人迹考》等成果，与古代文学有关的不少。这是从《中国上古文学史》这一大视角探讨的一个环节。有关这一时期闻一多涉及他自己的研究的观点，可以参考以下引自1940年5月26日闻一多写给赵丽生的信：

> 平时对于舞台设计，极感兴趣，前者陈铨先生导演《祖国》，曹禺自导《原野》，均系由多设计。早年本习绘画，十余年来此调久不弹，专攻考据，于故纸堆中寻生活，自料性灵已濒枯绝矣。抗战后，尤其在涉行途中二月，日夕与同学少年相处，遂致童心复萌，沿途曾作风景写生百余帧，到昆后又两度参与戏剧工作，不知者以为与曩日之教书匠判若两人，实则仍系回复故我耳……到此闲居将近一年，除略事整理《诗经》、《楚辞》、乐府、神话诸旧稿外，又从《易经》中寻出不少的古代社会材料。下年将加开《上古文学史》一课、故对于诗歌舞蹈戏剧诸部门之起源及发展，亦正在整理研究中。①

埋头于古书的生活使得灵魂干枯的说法，可能只是语句的修饰，而非真心话。但是步行完成从长沙到昆明的旅途，历经湘黔滇三地的长途跋涉，耳濡目染的风物和民歌，唤醒了沉睡于闻一多心中的童心也是事实。通过百余张写生和民歌的采集，他亲身体验到了深藏于中国文化里的强大生命力，这种生命力与原始古代相通。昆明时期的神话和上古文

① 闻一多：《闻一多全集》第12卷，湖北人民出版社1993年版，第361页。

学的研究也是在此根基上，以对原始和上古的强烈憧憬为基础的，绝非无关之事。诗歌、舞蹈、戏剧这些艺术，恐怕在遥远的太古就已经存在了，并且还是目前继续着的文化形态，闻一多试图探索存在于其根源的古代文学史的构想，无疑是起源于这一经验。

闻一多论述歌源于感叹词的《歌与诗》，是探索诗歌起源的文章，其关于舞蹈的文章有1944年写的《说舞》。而作为戏剧的出发点，闻一多最关注的是《楚辞·九歌》。

1940年以降，闻一多连续发表了有关《楚辞》的论文。1940年11月在《国文月刊》上发表了《怎样读〈九歌〉》。这是试图通过对《九歌》里的“兮”字的逐一细致的解释，在文法上说明《九歌》的尝试。1941年7月写作后未刊登的《九章》，虽然未能见到完成稿，但经其弟子何善周等整理后，于1985年以《九章解诂》为题出版。而1942年3月出版的《楚辞校补》，则是极其优秀的楚辞研究大著。在不断涉猎古今注释的同时，确认《楚辞》整体的构思，明确集中问题所在。闻一多在这里大胆而又细致地展开了他的推论。

闻一多的这些质量都很优秀的《楚辞》研究，是以绵密的考证为背景的，而在分写问题点时的敏锐嗅觉，填补资料间的间隙时的想象力，很大程度上是源于他作为诗人的素质。支撑闻一多把握整体构思的视点，来自他认为作品原本是舞蹈的认识。《楚辞》的本质，是神与扮演神的人们的“游戏”，在那里，神与人在同一舞台上歌舞祈祷。也就是说，闻一多把《楚辞》作为戏剧的出发点，重新进行了把握。将生硬的学问考证、诗人的想象力以及对戏剧这一形式所特有的魅力的强烈兴趣融合在一起，于是闻一多的楚辞研究就在这个融合点产生了。

六、舞蹈的起点

闻一多有一篇《说舞》①，是在歌谣之初，与作为戏剧的《楚辞·

① 收录于《闻一多全集》第1卷，开明书店1948年版。

九歌》的解释相并列，追踪另一个从原始到现在的文化形态的起源和发展的。1944 年 3 月 19 日，闻一多发表于昆明《生活导报》上的这篇文章，从描写澳大利亚的柯罗拨利（Corro-Borry）舞开始：

> 灌木林中一块清理过的地面上，中间烧着野火，在满月的清辉下吐着熊熊的赤焰。现在舞人们还隐身在黑暗的丛林中从事化装。野火的那边，聚集着一群充当乐队的妇女。忽然林中发出一种坼裂声。紧跟着一阵沙沙的摩擦声——舞人们上场了。闯入火光圈里来的是三十个男子，一个个脸上涂着白垩，两眼描着圈环，身上和四肢画着些长的条纹。此外、脚踝上还系着成束的树叶，腰间围着兽皮裙。这时那些妇女已经面对面排成一个马蹄形。她们完全是裸着的。每人在两膝间绷着一块整齐的鼠皮。舞师呢，他站在女人们和野火之间，穿的是通常的皮围裙，两手各执一棒。观众或立或坐的围成一个圆圈。①

此后，在详细描写配合着舞师的暗示，开始激烈舞蹈的男女们的紧张、兴奋、喧嚣之后，总结了这种柯罗拨利舞代表的原始舞蹈的目的：第一，用综合性的形态调动生命力。第二，以节奏具有的本质表现生命力。第三，用实用性意义调和生命力。第四，以社会性的劳动保障生命。

首先在第一条里，将原始舞蹈所具有的创造性，从类似于空间艺术的综合性里找出来。

> 舞是生命情调最直接、最实质、最强烈、最尖锐、最单纯，而又最充足的表现。生命的机能是动，而舞便是节奏的动，或更准确

① 闻一多：《说舞》，《闻一多全集》第 1 卷，开明书店 1948 年版，第 193 页。

点，有节奏的移易地点的动，所以它直是生命机能的表演。但只有在原始舞里才看得出舞的真面目，因为它是真正全体生命机能的总动员，它是一切艺术中最大综合性的艺术。它包有乐与诗歌，那是不用说的。它还有造型艺术，舞人的身体是活动的雕刻，身上的文饰是图案，这也都显而易见。所当注意的是，画家所想尽方法而不能圆满解决的光的效果，这里借野火的照明，却轻轻地抓住了。而野火不但给了舞光，还给了它热，这触觉的刺激更超出了任何其他艺术部门的性能。最后，原始人在舞的艺术中最奇特的创造，是那月夜丛林的背景对于舞场的一种镜框作用。由于框外的静与暗，和框内的动与明，发生着对照作用，使框内一团声音光色的活动情绪更为集中，效果更为强烈，借以刺激他们自己对于时间（动静）和空间（明暗）的警觉性，也便加强了自己生命的实在性。原始舞看来简单，唯其简单，所以能包含无限的复杂。①

首先在开始时指出，原始舞蹈是包含音乐和歌谣的活着的雕刻，同时也是将月亮之光、火焰之热，甚至是将其后幽暗丛林的背景等作为对照物，引进其中来的综合艺术，这个非日常性的空间创造出来的强大生命力的实感，存在于舞蹈的根源。

而第二条解说了律动的本质。如果问为何对舞蹈来说节奏很重要，“生命情绪的过度紧张，过度兴奋，以至成为一种压迫，我们需要一种更强烈，更集中的动，来宣泄它，和缓它。一方面紧张兴奋的情绪，是一种压迫，也是一种愉快，所以我们也需要在更强烈，更集中的动中来享受它”。在这里，为了集中于使其不断追求从这样的疲劳和紧张里产生的快乐，节奏就变得必要了。原始舞蹈是一种激烈地伴随着紧张疲劳的动作，同时在此当中，第一次成功地把他们的生命感觉以最高限度体

---

① 闻一多：《说舞》，《闻一多全集》第1卷，开明书店1948年版，第195页。

现出来。

闻一多在这个原始舞蹈里看到了在非现实的高扬感里唤醒的“生命感觉”。这在一句“加强他们的生命感的一种提炼的集中的生活经验”里表现出来了，这一“生活”就是正在活着，是指生命的本能性的强烈欲求。于是，向舞蹈这一虚的世界的陶醉中寻求“生活”，这与我们从舞台艺术的陶醉中品味的精神性充实感是共通的。闻一多认为，在这个虚的世界里陶醉，以及从那里获得活着的实感，才是舞蹈拥有的本质。

> 主观的真与客观的真，在原始人类的意义中没有明确的分野。在感情极度紧张时，二者尤易混淆，所以原始舞往往弄假成真，因而发生不少的暴行。正因假的能发生真的后果，所以他们常常因假的作为勾引真的媒介。①

集主观与客观、真与伪于浑然一体的原始舞蹈，从其混沌世界中，生产出具有压倒性的生命能量。从这一原始的动情力中找出的生命力根源的视点，这与上面引用的闻一多的戏剧观完全相通。

如此，不论是歌、戏剧，还是舞蹈，其产生的地方都是非日常的异次元空间。这与原始的混沌密切连接着。对于闻一多来说，文学和学问，不也是产生于同一个空间的吗？神和人成为一体乱舞的神话时代，生产出神，生产出神话的古代动情力，在闻一多这里，正是通过戏剧这一综合艺术，以及他的古代文学研究表现出来，并得以再生。其最美的表现，应该就是本文开始时提到的《楚辞·九歌》的舞台演出。

① 闻一多：《说舞》，《闻一多全集》第1卷，开明书店1948年版，第199页。

七、神话和戏曲

闻一多晚年埋头于激烈的民主运动。他抛开作为诗人和学者的身份，一心为成为民主的基石奔走。其思想的激进以及内涵已经在其他文章里论及过，因此本文最后想涉及的是：闻一多在放弃诗歌创作和学问研究后，却把与戏剧这一形态的关系持续到了最后的时期。

1944年，西南联合大学的学生组织的新诗社针对昆明当时的政治状况，大力举办诗歌朗诵晚会。这些活动当然带有民主运动的秘密活动要素，但是也有纯粹朗诵诗歌、讨论文学的场面。闻一多每次都参加朗诵会，并发表意见。这段时期，闻一多积极主张诗歌在成为写作物之前，首先必须成为朗诵给人听的东西。1945年5月的诗歌朗诵会上，闻一多亲自朗诵艾青的《大堰河》，使聚集的两千多听众着迷。朱自清这样记载当时的情形：

> 艾青先生的《大堰河》（他的乳母的名字），自己多年前看过这首诗，并没有注意它。可是在三十四年昆明西南联大的“五四”周朗诵晚会上听到闻一多先生朗诵这首诗，从他的抑扬顿挫里体会了那深刻的情调，一种对于母性的不幸的人的爱。会场里上千的听众也都体会到这种情调，……笔者那时特别注意《大堰河》那一首，想来想去，觉得是闻先生有效的戏剧化了这首诗，他的演剧的才能给这首诗增加了些新东西，它是在他的朗诵里才完整起来的。①

闻一多对诗歌朗诵的重视，应该是基于文学必须向更多的一般大众

① 朱自清：《论朗诵诗》，《朱自清全集》第3卷，江苏教育出版社1988年版，第254~255页。

开放的意识。但是我们并不能仅仅理解为，这是将其作为政治性宣传这种民主运动的一环。闻一多重视朗诵的根源，有他认为诗本来是用来歌唱的，这样一个回归以歌的起源为起点的志向。通过用声音演出诗歌，使诗歌更加接近原始的力量。

闻一多参加的最后的戏剧活动，是担任民族歌舞演出会的演出和导演。1945 年夏季，由于云南省圭山区的彝族学生的介绍，几个看过民族舞蹈的学生，想把这个华丽而又纯朴的舞蹈介绍给更多的人，所以请求西南联合大学的学生自治会的合作。闻一多对此积极支持，尽力提出建议，帮助准备。1946 年 5 月，在云南省党部礼堂里正式公演的圭山区彝族音乐舞蹈会，虽然遭到了国民党的捣乱和干扰，但是仍获得了成功，产生了很大的反响。《时代评论》组织了特辑，登载了闻一多为这次公演写的题词：

> 从这些艺术形象中，我们认识了这民族的无限丰富的生命力。为什么要用生活的折磨来消耗它？为什么不让它给我们的文化增加更多样的光辉？①

少数民族的舞蹈，如同前述的《说舞》里描写的舞蹈一样，充满着与原始舞蹈相通的素朴而又有结实骨感的生命力。闻一多无比希望自己乃至自己的民族获得这种生命的能量。

这次圭山区彝族音乐舞蹈会的成功，给了闻一多一个启发，这就是将神话用戏剧重构。闻一多此刻想道，要把保留着浓厚的原始激情（动情力）的神话宝库《九歌》，搬到现实的舞台上演出。圭山区乐舞上演后不到一个月的 1946 年 6 月，闻一多完成了《九歌（古曲翻新）》（后来改题为《〈九歌〉古歌舞剧悬解》）草稿。本来决定由他

① 转引自闻黎明、侯菊坤编：《闻一多年谱长编》，湖北人民出版社 1994 年版，第 1029 页。

来指导西南联合大学的学生，开始准备上演工作。此时离闻一多遇难仅有一个月的时间。

闻一多的学生，参与过圭山区彝族音乐舞蹈会的王松声在回忆当时的情况时，这样说：

> 闻一多先生是我在西南联大读书时的业师。除了在中文系给我们讲授“楚辞”课之外，他还鼓舞我们，指导我们于一九四六年春夏之交，在昆明举办了一次“圭山区彝族音乐舞俑会”。那是一次极有历史意义的盛会。举办这个会之前，我带领彝族青年毕恒光到闻先生家里请求指教，在闻先生的鼓舞下，我们才决定举办那次的演出。演出克服了种种困难，在昆明文艺界的支持下，取得了成功，并在社会上产生了广泛的影响。没想到这次活动竟给闻先生多年致力于《九歌》研究工作提供了一点启迪。
>
> 演出会结束不久，六月初，闻先生把赵沨、萧荻、梁伦、郭良夫和我召到他的书斋里，拿出这份手稿向我们说：“大家都说我这些年来对《楚辞》、《九歌》有点研究，我这点研究的成果都凝聚在这上头了”，然后他把事前让孩子们复写好的四份抄稿连同这一份手稿发到我们五个人手里，让我们围坐在他的身旁给我们“说戏”。他神采奕奕地给我们讲了他的创作意图，讲了导演的构思，讲了舞美设计，还讲了演出形式。他像一个气魄宏伟的总导演把有关创作演出的一切手段都调动起来了，还给我们每个人都具体地分工派了活。让赵沨负责音乐创作，梁伦负责舞蹈编导，郭良夫负责服装舞美设计，萧荻负责排练演出，并让我根据他说的“戏”草拟出一个演出脚本，最后由他审阅定稿，然后运用联大学生中组织演出彝族音乐舞俑会的那批骨干力量，用民盟的名义举行义演。
>
> 那次会后不久，昆明局势急剧变化，西南联大完成了历史任务，三校师生陆续向平津复员……一到重庆就听到了李公朴先生被

刺的消息，一个星期后我路过成都时，又听到闻先生遇难。①

但是，当时成为幻影终结的舞台剧《楚辞·九歌》，最终通过《〈九歌〉古歌舞剧悬解》留给了后世。这一诞生于幻想世界的美丽情感，洋溢着神与人之间融合的古代式生命感。闻一多对产生物质的混沌怀着的强烈憧憬和共鸣，创造出了神话和戏曲间和谐结合的奇妙世界，这正与闻一多晚年卷入现实里的民主斗争形成了强烈的对照。

结　语

笔者最早看到《〈九歌〉古歌舞剧悬解》是十多年前的事，那是刊登在报纸上的手稿。用毛笔写在稿纸上的端正文字之间，漂浮着浓厚的诗情，与闻一多青年时候的诗风不同，酿造成一种别样风味。《九歌》描绘的是神话时代的神，无疑是充溢着古代人的憧憬、庄敬和虔诚的歌谣。但是，与此同时，这里面也毫无疑问地编织进了闻一多自身对古代的强烈憧憬。

闻一多毕生充满诗人的感性。即便在作为学者的时候，抑或成为民主斗士的时代，他希求的根基原点，总是其诗人的感性。尤其是晚年，在他热情奔走于民主运动时，在仅靠对外面世界的斗争难以燃尽他对诗情的欲求时，这种欲求便在某一瞬间强烈地袭击着他。可以想象，能够让这种夙愿与希求一吐为快的，就是《九歌》的戏曲化。

但是，让《九歌》这一神话成为充溢着情感的戏曲的，绝不仅仅是像诗情升华这类卡塔西斯似的东西，而是通过闻一多的生涯，始终如一地依靠一种激情的东西。一言以蔽之，这就是对“活着”的激情。闻一多写诗要追求什么？闻一多进行古典研究想了解什么？闻一多又为

---

① 王松声《欣慰与遗憾》，这是1990年1月中国现代文学馆闻一多《〈九歌〉古典新翻》手稿捐赠仪式上的说明资料。转引自闻黎明、侯菊坤编：《闻一多年谱长编》，湖北人民出版社1994年版，第1036~1037页。

了什么去献身于民主斗争？所有这些，“活着”，这也可以认为是对充满激情地去体验“活着”的感觉的努力追求。闻一多的古典研究，超越学问，不断地让读者着迷，这是因为闻一多自身通过古典，体验到这里存在的激情的“活着”，此外别无他物。试图探寻歌、舞、剧起源的愿望，源于闻一多对产生这些文学艺术形式的原始能量——狂热地活着的欲望——的强烈共鸣和憧憬。

在戏剧方面，闻一多绝非专家。但是闻一多知道，戏剧的本质里拥有非日常性的陶醉，这种陶醉最接近原始的生命能量的实际感受。这样一来，神话和戏曲的连结就绝非偶然。我以为，这两者并存于闻一多内心，并以他一生憧憬的激情，也就是以原始动情力中产生的生命能量为媒介，深深地联系在一起。

闻一多与屈原的人格精神

赵　慧

（武汉市政府文史研究馆）

在历史上，中华民族有过许多深重的苦难和危机，而今天仍然屹立于世界民族之林成为世界强国，一个深层的原因，是它始终以自己丰富的乳汁哺育着一代又一代为这个民族的生存、发展和强盛而不屈不挠斗争的仁人志士、民族英雄。闻一多，这个集诗人、学者、民主斗士于一身的人物，就是其中的一个。毛泽东同志指出，“我们中国人是有骨气的”，“闻一多拍案而起，横眉怒对国民党的手枪，宁可倒下去，不愿屈服”，“表现了我们民族的英雄气概”。① 毛泽东在读史的批语中还将闻一多和屈原、文天祥、曾静、戴名世、瞿秋白、方志敏、邓演达、杨虎城诸辈相提并论，称赞闻一多“以身殉志，不亦伟乎！”②

一

闻一多，是一个伟大的爱国主义者。他一生不解的民族情结、高昂的民族气节、不屈的斗争意志，是以对民族历史文化的深层理解为根基的。他曾以近十年的时间研究伟大的爱国诗人屈原，深受其人格精神的影响。他热烈地称颂屈原是“一个为争取人类解放而具有全世界历史

---

① 《毛泽东选集》，人民出版社1960年版，第1384~1385页。

② 《毛泽东读文史古籍批语集》，中央文献出版社1993年版，第237页。

意义的斗争的参加者"①，是"中国历史上唯一有充分条件称为'人民诗人'的人"②。

屈原的伟大首先在于他有不解的民族情结。他的《离骚》开篇自豪地宣称自己是"帝高阳之苗裔"，司马迁《史记·楚世家》说楚高阳的六代孙名季连，是楚民族的创业始祖。季连的后代熊绎，正式受封于楚。③ 其后，楚武王之子瑕食邑于屈，其子孙就以屈为氏。④《屈原贾生列传》称屈原为"楚之同姓"，说明了屈原和楚存在远祖同源的血缘关系。又据史料记载，春秋以来，屈氏如屈重、屈完等许多人都在楚任显职。战国时代，也有一些有名的屈氏人物。屈原不仅称自己是"帝高阳之苗裔"，又说"朕皇考曰伯庸"，这个"伯庸"必定不是一般人物。不难看出，屈原是以楚民族重要的一员自居的。其《离骚》有着感人的不解的民族情结，其中所称颂的品德纯洁，公正无私的"三后"，应该是指楚先君熊绎、若敖和蚡冒三人，"党人"无疑是指当时楚王周围的群小，"灵修"则直指楚君。诗人对楚先王的景仰，对当时楚君楚臣的失望，以及害怕楚国楚君遇难，愿为之效力的心理，都得到了充分的表现。屈原出身贵族，他所处的人文环境，所受的良好教育，使他学术深厚、见闻博洽。不能设想，他在幼年时代心灵深处没有民族情结的生成。其中，楚民族的发展史应为屈原所熟知。《左传·昭公十二年》说，"昔我先王熊绎，辟在荆山，筚路蓝缕，以处草莽，跋涉山林，以事天子"⑤。熊通时，楚逐渐强大，熊通要求周天子封他王位，不见许，就自立为武王。春秋时，楚达到空前的强盛，楚庄王成了继齐桓、晋文之后的诸侯霸王。战国初，楚悼王用吴起为相，实行改革，富

① 闻一多：《屈原问题》，《闻一多全集》第5卷，湖北人民出版社1993年版，第27页。

② 闻一多：《人民的诗人——屈原》，《闻一多全集》第5卷，湖北人民出版社1993年版，第30页。

③ 司马迁：《史记》第5册，中华书局2006年版，第1689~1691页。

④ 王逸：《楚辞补注》，上海古籍出版社2015年版，第2页。

⑤ 杨伯峻：《春秋左传注》，中华书局2009年版，第1339页。

国强兵，能“南平百越；北平陈、蔡，却三晋；西伐秦”①，楚国国力更加雄厚，就其版图而言，疆域跨今川、陕、豫、鄂、湘、赣、徽、苏、鲁等 11 个省。有学者认为，如果当时楚国能像秦用商鞅那样用吴起，甚至即使在怀王前后革新政治，由楚来统一中国也不是没有可能的。但楚贵族保守势力太强大，悼王死后吴起被杀；到屈原之世，怀王、顷襄王又昏庸无能，楚国重振雄风统一中国已不可能了。楚国的历史和现状对于出身贵族、与楚同姓、有良好文化教养的屈原来说，必然产生巨大影响，形成对楚民族的热爱、自豪、忧思、希冀、忠诚和献身之情。

闻一多出生在湖北这个古代楚国所在地，并在浠水、武汉度过了他的少年时代。他出身书香门第，家谱记载为文天祥后裔；良好的家庭教育，使他自小就受到了包括《楚辞》在内的传统文化的熏陶。随着年龄和阅历的增长，面对各种严重的社会问题，特别是有关国家兴衰存亡的令人担忧的现状，使他和屈原相类似，产生了理之不清、拂之不去的民族情结。

二

和一般朴素的爱国感情不同，闻一多热爱中华民族，关注它的生存、发展和强盛，是有着深厚内涵的，那就是他对祖国历史文化的非寻常的认识，以及对社会现实、国家前途命运的密切关注和深层思考。

和屈原“帝高阳之苗裔兮，朕皇考曰伯庸”相类似，在《我是中国人》一诗中，闻一多高呼：“我是中国人，我是支那人，我是黄帝底神明血胤”，“我的心里有尧舜底心，我的血是荆轲聂政底血”，说中华民族是“伟大的民族”，“东方文化底鼻祖”。② 正因为如此，当他身处

① 司马迁：《史记》第 5 册，中华书局 2006 年版，第 2168 页。
② 闻一多：《我是中国人》，《大江季刊》第 1 卷第 1 期（1925 年 7 月）。

美国，切身感受到美国的种族歧视时，他痛苦愤怒之余，还是以民族自豪感来自慰的。这使他倍加热爱祖国，认同祖国悠久的历史、灿烂的文化。当然，他也深知现今的祖国已经是一个弱国。由于回国后贴近血和泪的现实，他的爱国情感的色彩有了变化，也更深厚。他已经发现，眼下的中华，“这不是我的中华”（《发现》）。因为，他希望这个有五千年历史和文化的“如花的祖国”（《忆菊》）国泰民安，繁荣昌盛；而今，却是列强肆虐，军阀混战，政治腐败，满目疮痍。这种以忧国忧民为内容的爱国精神，表现在他的许多作品之中。抗日战争爆发，闻一多随清华南迁到昆明，沿途的经历，使他切身体会到民族危机已经呈现在眼前。云南是抗日的后方，作为一个负有教学和研究使命的教授，他有过较长时间的“钻故纸堆”的生活，甚至有“何妨一下楼”之誉，包括有关屈原的教学和研究，我们不能说他脱离现实，不关心国事，泯灭了忧患意识。他在致臧克家的信中说：“我始终没有忘记除了我们的今天之外，还有那二三千年的昨天，除了我们这个角落外，还有整个世界。”① 也就是说，他关注古今中外的文化，要把中华民族及其文化弄个明白，最后开出医治其病症的药方。早在诗人时期，闻一多经历了独尊本土文化、拒绝西方文化和主张中西文化交流融合这样两个阶段，而贯穿其中的基本文化心态却是相同的，那就是民族自尊心和民族危机感。而到昆明后，他更多地对民族文化作了批判，说自己“比任何人还恨那故纸堆”②。这同样是一种爱国情绪，他是要从文化的角度探求拯救、复兴中华的精神力量。正因为如此，我们才说民族情结、爱国精神是以丰富深刻的文化为内涵的，而非一般朴素的爱国情结所能比拟的。

应当特别提到的是，爱国主义是一个历史范畴，闻一多和封建时代

---

① 闻一多：《致臧克家》，《闻一多全集》第12卷，湖北人民出版社1993年版，第381页。

② 闻一多：《致臧克家》，《闻一多全集》第12卷，湖北人民出版社1993年版，第381页。

的爱国志士不同，即使伟大的诗人屈原，也不能把君、国的关系划分清楚。这是历史的局限。闻一多生活在现代，他具有现代民族思想，而在昆明的最后两三年，他更接触到了共产党人和革命青年，并有机会学习来自解放区的马列主义著作，与共产党同舟共济，矢志寻求救国救民的真理，成为中国共产党的挚友；他在给亲友的信中明确表示“身在南方，心向北方”①。他拥护中国共产党的纲领，认定只有社会主义才能救中国，所以，闻一多的爱国主义具有历史的新内容，达到了历史的新高度。

三

闻一多十分钦佩屈原的人格精神，而屈原的人格精神集中表现为受高扬的爱国主义的驱动而形成的坚持正义、敢于斗争、不惜牺牲的精神。

屈原是一个伟大的悲剧人物。恩格斯说，悲剧是“历史的必然要求和这个要求的实际上不可能实现”之前的冲突。鲁迅说悲剧是“将人生的有价值的东西毁灭给人看”。屈原的悲剧是其“美政”理想与当时的保守而又强大的楚国贵族势力的冲突。他代表着一种社会进步力量，为楚国改革与发展作出了不懈的斗争，历尽被谗见疏流放之苦，最后投江而死。在这里，屈原接受了儒家积极入世和仁爱思想，却扬弃了中庸之道和温柔敦厚。孔子说：“朝闻道，夕死可矣。”② 曾子说：“士不可不弘毅，任重而道远，仁以为己任，不亦重乎！死而后已，不亦远乎！”③ 孟子说：“天下无道，以身殉道。”④ 屈原也是自觉地以道自任，

① 黎智：《在中国电视剧制作中心〈闻一多〉电视连续剧创作座谈会上的讲话》，易福才等主编《黎智纪念集》，武汉出版社2004年版，第517页。

② 杨伯峻：《论语译注》，中华书局1980年版，第37页。

③ 杨伯峻：《论语译注》，中华书局1980年版，第80页。

④ 杨伯峻：《孟子译注》，中华书局1960年版，第321页。

即以实现“美政”理想的承担者自居的。但孔、孟说的“天下有道则见，无道则隐”①，“穷则独善其身”② 的消极一面，为屈原所不取。他在《离骚》中明确地表示：他所害怕的不是个人的安危，而是国家的衰败；为了实现自己的“美政”理想，他决心不折不饶，不断求索，哪怕牺牲自己的生命。屈原以孤独而力量微不足道的个人面对楚君楚臣这样巨大的政治权势，却干预政治，励志改革，在“道”与“势”的矛盾冲突中，他只能处于劣势，而最后也只能“将人生有价值的东西毁灭给人看”了。正是这种直面黑暗势力，而始终坚持自己美好的政治思想，昂扬着敢于斗争，“虽九死而不悔”的精神，使他的人格达到了“可与日月争辉”的境界。这正是屈原的伟大，也是他留给我们民族不可战胜的精神力量。

不必说，闻一多也是屈原人格精神的继承者和发扬者。他说：“要了解屈原的人格，最好比较比较《离骚》和《九辩》”，赞扬屈原“伏清白以死直兮，固前圣之所厚，虽体解吾犹未变兮，岂余心之可惩”所表现的人格精神。还说：“他的时代不允许他除了个人搏斗的形式外任何斗争的形式，而在这种斗争形式的最后阶段中，除了怀沙自沉，他也不可能有更凶猛的武器，然而他确乎斗争过了，他是‘一个为争取人类解放而具有全世界历史意义的斗争的参加者’。如果我也是个‘屈原崇拜者’，我是特别从这一方面着眼来崇拜他的。”③ 还指出屈原《离骚》“无情的暴露了统治阶层的罪行”，“喊出了人民的愤怒”，说：“最使屈原成为人民热爱的崇敬的对象的，是他的‘行义’，不是他的‘文采’”；认为屈原的死更“把那反抗情绪提

---

① 杨伯峻：《论语译注》，中华书局1980年版，第82页。

② 杨伯峻：《孟子译注》，中华书局1960年版，第304页。

③ 闻一多：《屈原问题》，《闻一多全集》第5卷，湖北人民出版社1993年版，第21、27页。

高到爆炸边沿”①。闻一多对屈原的赞扬，也是屈原式的人格精神的体现。

四

但更可贵的是闻一多和屈原一样，面对现实，直接用自己的言行乃至生命完成了他的伟大人格。

闻一多的诗饱含着爱国感情，我们可以感受到闻一多诗中感情的火山爆发式的一面。《一句话》是最有代表性的一首诗，它使人感到，为了变革现实，闻一多这座火山似乎即将爆发。在诗中，他也这样明确地自我表白：“我只觉得自己是座没有爆发的火山，火烧得我痛，却始终没有能力（就是技巧）炸开那禁锢我的地壳，放射出光和热来。只有少数跟我很久的朋友（如梦家）才知道我有火，并且就在《死水》里感觉出我的火来。”② 其实，不少未收入《死水》的诗，细细读来也能找到这种感觉。如果说屈原一反儒家“非礼勿言”和“温柔敦厚”的训条，而有“诡异之词”，那么，闻一多《一句话》之类具有火山爆发式感情的诗更展现了战斗者的个性和品格。朱自清说：“抗战以后他又从《诗经》《楚辞》跨到《周易》和《庄子》；他要探求原始社会的生活，他研究神话，如《高唐神之传说》和《伏羲考》等，也为了探求‘这民族，这文化’的源头，而这原始的文化是集体的力，也是集体的诗，他也许要借这原始的集体的力给后代的散漫和萎靡来个对症下药罢。”③（开明书店版《闻一多全集·序》）不错，为了“这民族，这

① 闻一多：《人民的诗人——屈原》，《闻一多全集》第 5 卷，湖北人民出版社 1993 年版，第 29 页。

② 闻一多：《致臧克家》，《闻一多全集》第 12 卷，湖北人民出版社 1993 年版，第 381 页。

③ 朱自清：《闻一多全集·序》，《闻一多全集》，开明书店 1948 年版，第 17 页。

文化”的生存和发展，闻一多是在寻找变革现实的强大力量。

按照朱自清的说法，从1944年参加西南联合大学“五四”历史座谈开始，到1946年7月15日壮烈牺牲，是闻一多的斗士时期。这个时期，他义无反顾地走出书斋，以昆明这个“民主堡垒”的中坚分子的姿态和勇敢斗争的精神，积极参加了各种重大的政治活动，影响巨大，而使敌人感到恐慌。1945年8月14日，日本宣布无条件投降，全国人民为之欢欣鼓舞。同年10月10日，为避免内战，国共两党在重庆会谈，签订了《双十协定》，确认“以和平、民主、团结、统一为基础”，“建立独立、自由、富强的新中国”。但与此同时，蒋介石却在积极准备发动内战。于是，“民主堡垒”昆明爆发了大规模的“一二·一”学生运动，反对内战、独裁，争取和平、民主，运动遭到国民党的血腥镇压，四个学生惨遭杀害。闻一多作为运动的中坚分子，写下了《“一二·一”运动始末记》，肯定运动的巨大作用，说“在这些日子里，昆明成了全国民主运动的心脏，从这里吸收着也输送着愤怒的热血的狂潮”①。此后闻一多更增加了斗争的勇气，面对白色恐怖，他毫无惧色，在西南联合大学的众多教授里主动站出来主持被反动派杀害的李公朴的后事。而在极少数教授敢于参加的会上，闻一多发表了他那气壮山河的《最后一次讲演》。他像愤怒的狮子，爆发的火山，声色俱厉地谴责国民党特务，指出他们的卑劣无耻，末日即将到来；表示坚信人民的力量，国家光明就在眼前。他早就意识到自己的危险处境，却准备着随时牺牲自己的宝贵生命，这是何等伟大的英雄气概、人格精神！果然，就在当天下午回家的路上，他被国民党特务杀害了！

屈原以他的理想、斗争和结局，展示了他伟大的人格精神，也预示楚国的衰败及中国统一的历史大趋势即将到来。闻一多代表着正义的革命力量，怀抱祖国和平、民主、统一、强盛的希望，和黑暗势力作英勇

① 闻一多：《“一二·一”运动始末记》，《闻一多全集》第2卷，湖北人民出版社1993年版，第435页。

顽强的斗争，不惜付出自己的生命。闻一多以自己的壮烈牺牲加速了国民党统治的崩溃和中华人民共和国的诞生，展示了中华民族的英雄气概！和屈原传世中华的不朽诗作一样，闻一多的爱国诗篇是中国现代诗坛的一座丰碑。从他们身上体现出来的爱国主义精神、意志和理想、这种不朽初心，无论在昨天、今天或长远，在新的时代，都是任何力量都无法摧折的中华民族脊梁和伟大民族复兴的精神力量。

台港文人眺望诗人闻一多

丁豫龙
（黄冈师范学院）

台湾地区初期能够评述大陆新文学作家的人，自然是从大陆迁移的人士。梁实秋、苏雪林、余光中都是这类文人。梁实秋最早在台湾发表文章论及闻一多的新诗，作为闻一多在北京清华学校念书时期就认识的挚友，并且同为新月文人，他所讲述的内容自然是详尽而切实可贵的。① 他的这系列文章影响深远，提供了台湾、香港等地学者研究闻一多的宝贵材料，诸如陈敬之、黄维樑、龚显宗、杨昌年都利用了这些新材料，而不再局限于早年朱自清的那几篇文章。

一、梁实秋眼中的闻一多

1965 年 6 月梁实秋在台湾《文星》杂志发表了《闻一多在珂泉》，主要讲述了闻一多留美学习西洋美术的生活，兼及学习西洋近代诗的获益：

> 我所选的课程有一门是“近代诗”，一共讲二十几个诗人的代表作品。还有一门是“丁尼生与勃朗宁”。一多和我一同上课。他

---

① 其中有对于俞平伯新诗的一篇评论《冬夜评论》，梁实秋认为这是闻一多学生时代的最有代表性的论文，而《闻一多全集》未收。

在这两门课程里得到很大的益处。教授戴勒耳先生是很称职的，他的讲解很精湛。一多的《死水》，在技术方面很得力于这时候的学习。在节奏方面，一多很欣赏吉卜林，受他的影响不小。在情趣方面，他又沾染了哈代与霍斯曼的风味。我和一多在这两门功课上感到极大兴趣，上课听讲，下课自己阅读讨论。一多对于西洋文学的造诣，当然不止于此，但正式的有系统的学习是在此时打下一些根基。①

闻一多在清华时期即喜爱英诗，在美期间更获益于洋人有系统的教导。梁实秋来年在《传记文学》杂志又发表《谈闻一多》系列的文章，长达三万字，在1967年结集成书出版。除了详述闻一多的生平家世、求学生活，内容转而更多关于闻一多在诗人创作与学者研究这两方面："我所知道的闻一多是抗战前的闻一多即诗人学者的闻一多。我现在所要谈亦以此为限。"② 避开了敏感的政治议题与对好友言行的评断，提供了研究者许多第一手的观察。

在清华念书时闻一多对中国旧诗就非常喜好，并且实地写作。再加上留美以来喜爱英美现代诗——"他最欣赏的是济慈的《夜莺歌》和柯勒律治的《忽必烈汗》"，形成了他兼融中西诗歌的古典诗观，提倡格律之说。他对于用字遣词的重视，影响到他对于中国古代诗人的偏好：韩愈、李商隐、李贺、杜甫、陆游，这也是他的新诗之所以能够异于同时代诗人那种浅白散漫的风格，梁实秋如此描述：

在《清华周刊》里又不时地看到他的文学作品，他喜欢作诗，尤其是长篇的古诗排律之类，他最服膺的，是以"硬语盘空"著

① 梁实秋：《闻一多在珂泉》，《谈闻一多》，台湾传记文学出版社1967年版，第23~27页。

② 梁实秋：《闻一多在珂泉》，《谈闻一多》，台湾传记文学出版社1967年版，第23~27页。

称的韩退之。生硬堆砌的毛病，是照例不免的，但是字里行间有一股沉郁顿挫的气致。他的想象丰富，功力深厚……他喜爱读书，于中国文学之外旁及于西洋文艺批评，而且笔下甚勤，随时做有笔记。①

喜爱韩愈诗风的人，必然不满于浅俗平庸的作品，因此闻一多不认同胡适、俞平伯的新诗主张：

对于新诗，他最佩服的是郭沫若的《女神》，他不能赞同的是胡适之先生以及俞平伯那一套诗的理论。据他看，白话诗必须先是“诗”，至于白话不白话倒是次要的问题。

他不能忍耐《冬夜》的繁碎凡庸。他说：“不幸的诗神啊！他们争道替你解放，把从前一切束缚你的自由的枷锁镣铐打破，谁知在打破枷锁镣铐时他们竟连你底灵魂也一齐打破了呢！”②

他认为诗的艺术性比平民性重要，文言或白话诗的关键还在于诗性，“得了平民的风格，而失了诗底艺术，恐怕有些得不偿失”。至于诗的艺术何在？他认为主要在于音节，但音节不是千篇一律的，不应当套用现成旧词曲的，必须精心设计，才能够具有打动人心的力量：

（俞平伯）《冬夜》自序里讲道：“我只愿随随便便的，活活泼泼的，借当代的语言，去表现自我，在人类中间的我，为爱而活着的我。至于表现的……是诗不是诗，这都和我的本意无关，我以为如要顾念到这些问题，就可根本上无异于作诗，且亦无所谓诗

① 梁实秋：《闻一多在珂泉》，《谈闻一多》，台湾传记文学出版社1967年版，第23~27页。

② 梁实秋：《闻一多在珂泉》，《谈闻一多》，台湾传记文学出版社1967年版，第28~31页。

了。”俞君把作诗看得这样容易，这样随便，难怪他作不出好的诗来。①

他认为应该依据内容的性质，安排一种能够充分表现其独特情感、生命的音节。“我总觉得作者若能摆脱词曲的记忆，跨在幻想底狂恣的翅膀上遨游，然后大胆引吭高歌，他一定能拈得更加开扩的艺术。”这个说法便是他日后发表《诗的格律》，主张诗要有三美：音乐的美（音节）、绘画的美（词藻）、建筑的美（节的匀称及句的均齐），以及“相体裁衣”说的萌芽。闻一多重视诗的文学性，如果以20世纪30年代以来英美盛行的新批评来说，便是使诗成为诗的质素：诗的音节、诗的词藻、诗的想象、诗的情感。

二、司马长风眼中的闻一多

香港学者司马长风，本名胡欣平，出生于哈尔滨。1949年到香港定居，曾经担任香港《明报月刊》编辑，并且在树仁学院和浸会学院教授文学和历史。他的《中国新文学史》1975年在香港出版，1987年台湾也有了另一个版本发行。书中对于闻一多、徐志摩极为推崇，称许为“现代的诗圣与诗仙”。把闻一多比拟为杜甫，他可能是最早的。并且又以诗圣一名相加，推崇到了无以复加的地步，或许因此引起了当时也在香港教书的余光中的不满。司马长风称赞道：

新月派诗人，闻一多和徐志摩是不争的领袖，也是中国现代诗坛两个巨峰。闻一多对于诗，具有“语不惊人死不休”的古风，在人生方面则怀抱中国，热爱同胞，珍视传统……笃实恳挚，紧紧

① 梁实秋：《闻一多在珂泉》，《谈闻一多》，台湾传记文学出版社1967年版，第28~31页。

抓住中国的土壤，使人想起诗圣杜甫；徐志摩的轻灵飘逸，身上带着牛油面包气味，使人想起诗仙李白。①

对于闻一多总共一百多首新诗，他也是极为欣赏和赞佩，竟称“每一首都经得起咀嚼和推敲，可以说没写过一首坏诗”。但是他缺乏具体的诗作分析，对于《死水》一诗也只是空泛地说“无一节不铿锵有声，无一行不灿烂夺目，无一字不妥帖精当”而已，难以使人信服。他又把闻一多的新诗分成三大类：“咏怀中国和中华历史文化的诗”，“描写军阀割据动乱中国的悲惨与黑暗、同胞苦难的诗”，“歌咏人生和艺术的诗”。分类尚无太大问题，但用字不精要。

三、苏雪林眼中的闻一多

另一位原本在我国大陆便颇有名气的文人是苏雪林，有民国才女之称，比闻一多尚且年长两岁。她到台湾地区之后陆续写了《文坛话旧》《二三十年代的作家与作品》评述新文学的作家。她与梁实秋都是亲身经历那个年代的文人，所写的见闻和评述自然可信许多。如果吾人认为梁实秋身为闻一多的挚友，所论难免过誉，那么苏雪林称赞闻一多的才华和学问，便可以没有此种嫌疑了：

他（闻一多）与徐氏可说是新月派两座台柱，论才华的俊朗，一多不如志摩，论工力的深沉，志摩又不如一多。有人说《死水》是一本典型的新诗，不为过誉……国文根柢之优厚，决非郭沫若、郁达夫可比。②

① 司马长风：《重整步伐的新诗》，《中国新文学史》，香港骆驼出版社1987年版，第43页。

② 苏雪林：《闻一多死于侄手》，《文坛话旧》，台湾文星书店1967年版，第143~144页。

> 在文学革命的过渡时代，旧的声调格律完全打破了，新的还没有建设起来，于是什么卤莽灭裂的现象都出来了。我们只见新诗坛年年月月出青年诗人，我们只见新诗一集一集粗制滥造出来……有一位抱着杜甫“语不惊人死不休”和“颇学阴何苦用心”作新诗的诗人，使读者改变了轻视新诗的看法，那便是闻一多。
>
> 闻一多第一本诗集《红烛》便表现了“精炼”的作风，他的气魄雄浑似郭沫若，却不似他的直率显露；意趣幽深似俞平伯，却不似他的暧昧拖沓；风致秀媚似冰心，却不似他的腼腆温柔。他的每首诗都看出是用异常的气力做成的。这种用气力作诗，成为新诗的趋向。后来他的《死水》更朝着这趋向走。①

苏雪林对于闻一多的才华非常肯定，对于他的国学修养也很推崇。她认为成功的关键在于文字精练，花费很大的力气作诗，以非常认真的态度来打磨文字。闻一多对于用字遣词的严格要求，如同杜甫一般，从而能够卓然有成。

四、余光中眼中的闻一多

司马长风把诗圣、诗仙这两顶诗坛最神圣的桂冠在香港颁发给了闻一多、徐志摩两人身上，不免激起了一些涟漪。② 当时余光中正担任香港中文大学中文系教授，在香港前后发表了两篇短文《闻一多的三首诗》《谈新诗的三个问题》，对于闻一多和徐志摩有较为严苛的评论：

---

① 苏雪林：《闻一多的诗》，《中国二三十年代作家》，台湾纯文学出版社1983年版，第72页。

② 影响所及，2009年台湾的一篇硕士论文便据此为题名。王咏絮：《现代诗人中的仙、圣、鬼——论徐志摩、闻一多、戴望舒诗及其诗论》，指导教授龚显宗，台湾中山大学中文研究所硕士论文，2009年。

> 在20年代的中国文坛，闻一多是一位重要的诗人，除了创作之外，还提出了所谓格律诗的理论，影响颇为深远。有些史家和论者，遂称他为大诗人。其实闻一多距大诗人之境尚远。首先，他的作品太少，前后十年的创作只留下《红烛》和《死水》两部诗集。……他的作品之中真正耐人咀嚼的，恐怕也不过《洗衣歌》《一句话》《死水》《也许》等这么几首。其他的作品，尤其是早期的一些，都难称为佳作。他的格律诗理论，太浅显单纯，用来纠正胡适、冰心等的散漫也许有效，但赖以开启谨严而完整的诗体，则仍嫌不足。至其末流，所谓“建筑的美”在新月派晚辈作者的笔下便往往沦为填字与凑词……在节奏方面，闻诗或自由而至于散漫，或整齐而陷于刻板，尚未把握到适度的弹性。闻一多早期的诗中，颇多失败之作。①
>
> (闻一多）为了保持句子等长，往往勉强凑字，为了逢双押韵，往往扭曲文法，颠倒词汇，终于沦入千篇一律的困境。至于一行诗的节奏，全以二字尺、三字尺为单位，也失之单调而破碎，难达高度之弹性；每一单位的末字又往往是“的”“了”之类的虚字，也显得没有力量，难追古典诗的圆融简洁。②

余光中所论不无道理，但有失公允，且有为己鸣放不平之嫌。闻一多的新诗确实不够多，但这是与他英年早逝有关，再加上他的学术研究范畴广，又兼擅美术等才艺，都占用了他许多的时间和精力。闻一多面对初期白话诗浅白、粗疏、散漫等不讲究文学性的缺点，提出了以中国古典诗词格律为基础，融合西洋现代诗音节的新诗格律之说，具有不可抹灭的草创之功。他所提出的“音尺”概念、节的匀称、句的均齐、

① 余光中：《闻一多的三首诗》，《青青边愁》，台湾纯文学出版社1977年版，第187~196页。

② 余光中：《谈新诗的三个问题》，《分水岭上》，台湾纯文学出版社1980年版，第62~63页。

诗的"三美"、新诗格式多变、新诗格律来源于内容的精神、新诗格律由诗人自定等主张，对于中国新诗的发展都有良好的指导作用。

至于他的诗作之好坏如何，若要作一评论，应当兼顾其优劣之作，不宜只挑剔他的一些瑕疵，以他不受人注目的诗作为样本，如《忘掉她》《国手》《爱之神——题画》等，而抹煞《洗衣歌》《死水》等代表作。

此外，也不宜以相隔三十年以上时间之久，20世纪50年代的台湾著名诗人郑愁予（1933—　）的名作《如雾起时》来相提并论，一较短长：

> （郑愁予）手法灵巧而贴切。他的文字流利无阻，驱遣白话和文言浑不费力，而口语的节奏尤为天然。这一切，都不是闻一多及得上的。

余光中忽略了闻一多所处时空环境的窘迫、艰辛，推崇他为"诗圣"固然是溢美之词，但"大诗人"绝对是当之无愧、名副其实。

余光中此论发表之后，学者多不认同。陈芳明、吕正惠、黄维樑、龚显宗、杨昌年、张默等人大多给予闻一多正面的评价。

五、陈芳明眼中的闻一多

陈芳明是留学美国返台的历史学者，并致力于新文学批评与文学创作。他从历史的角度肯定闻一多在新诗发展史上的重要地位，也称扬他的诗作：

> 在新诗史上的第一个十年，闻一多的诗与诗论都不容忽视。他的创作，不仅为自由诗与格律诗提供了很好的榜样；同时，他的诗观也为这两种诗体，尤其是格律诗，找到了理论根据。从这个意义

来看，闻一多在中国新诗史上的位置，是非常醒目的。①

但是闻一多“相体裁衣”的格律说，陈芳明则具体指出了其中的缺失，他认为主要是对于字数、句数的严格要求，严重限制了创作的自由和想象力的发挥：

> 音尺理论的提出，对自由诗是一个很恰当的节制……闻一多主张用固定的音节以约束白话的放纵，他的原意是不错的。可是，他限顿以后，又进一步限字，仿佛给新诗加了两道枷锁……原则上限顿是可以成立的，限字则近乎镣铐，使创作受到束缚……这应归咎于闻一多过分迷信建筑美，理论趋向僵硬时，就成了创作的绊脚石。
>
> “相体裁衣”的理论有它的贡献，它为新诗的紊乱做到澄清作用，至少是希望自由诗不致过分泛滥；然而，这种贡献是消极的，它不能使创作者更进一步发挥情感，更进一步改善技巧。

陈芳明认为闻一多运用自己的格律说写作新诗，必然会警觉到其中的束缚，而发觉理论上的错误。他举闻一多的最后一首诗《奇迹》为证，分析其为自由诗而不再是以往的格律诗了，于是结论为闻一多最后还是回到了自由诗的道路上了，而且这是正确的觉悟：

> 他在一九三〇年写的最后一首诗《奇迹》，采用的是自由诗的形式……意味着闻一多格律诗时期的结束。它的意义同时显现于诗的内容与形式，在内容方面又回到早期那种浪漫的情思；在形式方面则采用自由体……他似乎警觉了格律诗那种束缚的危机，乃尝试

---

① 陈芳明：《中国新诗史论》，《典范的追求》，台湾联合文学出版社2008年版，第85~87页。

运用自由奔放的诗体……《奇迹》这首诗的重要性，不仅在于他回归到浪漫主义的狂想，也在于他对自由诗做进一步的肯定。

从早期的自由诗时期，中间经过格律诗的阶段，最后又回到自由诗，他的诗观正好形成一个循环，或正确地说，是辩证的。……他的早期自由诗，是在丰富胡适以降的新诗的内容，他以充沛的想象补足早期新诗的浅显。后来他提倡格律诗，主要是纠正自由诗那种散漫的毫无节制的缺点。最后他又走向自由诗，便是要突破格律诗的僵硬。因此，闻一多的进步并非是突变，而是经过“正反合”相克相生的渐变。①

陈芳明此说的论据不够充分，如果仅就这一首诗就认定闻一多改变了自己先前提倡、奉行的理念，实在言之过早。闻一多的格律说有许多大原则至今都仍然是正确无误的，只有必须放宽过于严格、呆板的限定字数、顿数的要求。因此吾人可以说闻一多的格律说在后期较为宽松，但不能据此认定他放弃了格律说，重回到自由诗的路上去了。毕竟只凭一首情诗性质的自由诗《奇迹》，就声称他幡然改变，实在是过度的诠释。

六、吕正惠眼中的闻一多

吕正惠专长唐诗与现代文学，为台湾“清华大学”中文系教授。他的《闻一多的成就有多少?》，乃是针对余光中《闻一多的三首诗》一文所作的专论：

这当然是别有用心的苛评，意在证明台湾现代诗人的成就胜过

① 陈芳明：《中国新诗史论》，《典范的追求》，台湾联合文学出版社 2008 年版，第 85~87 页。

> 三十年代诸名家。但是，《死水》一集并非首首佳作，这倒是事实……“真正耐人咀嚼”的佳作，可能不会超过二十首。以这种数量来看，闻一多的成就确实单薄了一些。①

吕正惠心目中最佳的二十首诗是《忆菊》《烂果》《红豆篇之一》《红豆篇之十四》《口供》《收回》《狼狈》《也许》《死水》《春光》《静夜》《一个观念》《发现》《一句话》《罪过》《天安门》《飞毛腿》《洗衣歌》《闻一多先生的书桌》。他以为虽然诗作的数量单薄，但是“作为一个五四新诗运动的主要代表者，闻一多的贡献和成就是不容抹煞的”。理由何在呢？吕正惠举出了他的见解：

> 在其他的代表性的新诗人之中，能够写出像闻一多那“二十首”的水准的并不多。我曾大略的翻阅过卞之琳、臧克家、艾青、田间等人的选集，也曾在一段时间内努力拜读过六十年代台湾最有名望的一些现代诗人的诗集，坦白讲，以闻一多那“二十首”的水准来衡量，能“入选”的相当有限。闻一多“成就”的“单薄”并不证明闻一多的地位被高估了，反而更证明了，五四以后新诗的整体成绩并不很令人满意。②

他认为海峡两岸的当代诗人即使诗作的数量众多，也找不出二十首诗能够与闻一多的相媲美，因此数量不是衡量大诗人与否的必要条件。

他也把闻一多比拟为杜甫，这是因为“闻一多的特长是在于文字的锤炼，并把他的热烈、澎湃的感情半隐半露的埋藏在里面”。其才质便类似于杜甫的“沈郁”了。

---

① 吕正惠：《闻一多的成就有多少》，《文学经典与文化认同》，台湾九歌出版社1995年版，第104页。

② 吕正惠：《闻一多的成就有多少》，《文学经典与文化认同》，台湾九歌出版社1995年版，第106页。

七、龚显宗眼中的闻一多

龚显宗当前执教于高雄中山大学。他是台湾第一位指导研究生以诗人闻一多为题写作的学者，迄今已有两篇：2000 年金尚浩的博士论文《中国早期三大新诗人研究》，以及 2009 年王咏絮的硕士论文《现代诗人中的仙、圣、鬼——论徐志摩、闻一多、戴望舒诗及其诗论》。

他个人也有两篇专论《闻一多诗论初探》《闻一多的诗律与创作》。前者的内容分成论新诗由质而靡的原因、论格律、论哲理不宜入诗、论诗与画、论想象与情感、实用与艺术、诗不宜刻露、标点符号不可废、多读多作等几个大小议题。后者的内容，一是格律说与创作：涵盖了建筑的美与诗作、绘画的美与诗作、音乐的美与创作。一是格律说与实际批评，分别为评俞平伯《冬夜》，评田间的诗。

他的研究方法是把闻一多散见于“报章、杂志、书信”的相关资料加以全面收集，然后“为之爬梳、董理、研析”，“期能使其诗说全面地呈现出来”，因此获得的结论更为可信：

> 闻一多诗学造诣极深，对新诗的看法，有很多迈越侪辈、发人深省的地方，时至今日，对现代诗的创作与某些偏颇观点仍具针砭之效。①

八、黄维樑眼中的闻一多

黄维樑是定居香港的学者，但其著作都在台湾印行出版。他的

① 龚显宗：《闻一多诗论初探》，《从台湾到异域：文学研究论稿》，文津出版社 2007 年版，第 137 页。

《五四新诗所受的英美影响》《五四诗人闻一多——浪漫性格和古典诗观》对于闻一多也有精辟的分析。他与余光中有相似的英美文学的学术背景，两人也是好友，但是对于闻一多的评价却是南辕北辙。

他肯定闻一多对于新诗的认知是“一种兼顾中西的古典而稳重的看法”，格律说乃是“20世纪中国新诗理论的一大建树”，“可说是中西传统诗律的结晶”，“在中国新文学史上具有典范的意义”：

> 胡适之后滥用自由者众，人人都自由地写诗，随意地任意地写诗，人人都是自由诗人，所写的东西有充分的“性格”而无任何的格律，最后自由诗沦为有自由而没有诗，使很多人认为新诗根本不是诗。这是20世纪中华文学史最伤痛的一章。
>
> 在五四新诗近乎无政府主义的发展过程中，闻氏格律说如能发挥大力量，成为一个重要的指导性原则（当然绝不是教条，绝不是绝对标准），那么，近百年的中华新诗的长征路上，一定少了坎坷，多了收获。①

他认为在中国新诗发展的草创阶段，格律说特别具有除乱补弊的指引作用。闻一多写诗镕铸了我国古代诗、西洋诗和现代各诗派的技巧，能够体现自己的理念，表现出音乐的美、绘画的美、建筑的美，乃是一条正确可行的大道，可以作为今后写作新诗的人良好的指导性原则。

结　论

台湾地区的学者对闻一多研究有褒有贬，褒扬居多。诗人闻一多的成就经得起不同的时代、地区、政治体制以及意识形态的检验，其地位

---

① 黄维樑：《五四诗人闻一多：浪漫性格和古典诗观》，《文讯》2009年第282期。

和重要性获得了两岸的共识，实在难能可贵。

20 世纪 50 年代以来，台湾新诗的发展曾经走到了现代主义晦涩、虚无、怪诞的岔路，其中一个原因是找不到新诗的美感所在，而一味在内容上深求，这是另一种极端。抛弃了诗歌原有的音乐性、声情之美，也终将失去诗意。切断了中国固有的诗歌传统，纵然“横的移植”来西方的种种主义，也只是使新诗更加迷路而已。通过两岸的文学、文化等各种交流，可以取长补短、彼此借鉴，避免重复的错误发生，对于双方的长远发展都是有益而且必要的。

文学史著对闻一多形象的塑造

陈 澜

（江汉大学）

诗人以何种形象呈现在读者面前，不仅与其诗学主张和文本直接相关，还与读者以何种角度对其作品进行阐释、接受和传播分不开。文学史作为推动文学传播的重要媒介之一，因其编纂者的专业性，相较其他媒介而言，具有更大的权威性和影响力。正因为如此，文学史著对于文学作品的阐释、评价，对文学创作者形象的塑造，发挥着重要的作用。本文选取了自 1920 年以来的 38 部文学史（其中民国时期编纂出版的 13 部，1949 年后至“文革”前编纂出版的 9 部，新时期编纂出版的 16 部），梳理出不同历史时期的闻一多形象，揭示出不同时期解读阐释与塑造其形象的特点与机制。

一

从现在可考的资料来看，闻一多的新诗创作大约始于 1919 年 11 月，第一本诗集《红烛》出版于 1923 年，共计收录诗歌 103 首；第二本诗集《死水》出版于 1928 年，收录诗歌 28 首；1931 年发表长诗《奇迹》，之后就基本“绝产”，直至 1948 年——在他逝世两年以后——他的两首未完成的诗《教授颂》和《政治学家》，被人发现并代为发表。闻一多开始写作新诗的时间虽早，但他从事新诗创作的时间并不长，大部分的新诗都创作于20世纪20年代。他的新诗理论，也几乎在20年代就已经发展成熟，其中诗歌韵律和节奏一直是他关注探讨的重点。早在1921年，他就曾用英文写下第一篇诗歌论文《诗底节奏的研究》；1922年写成《律诗底研究》；1926年与徐志摩等人主办的《诗镌》创刊，组建起新月诗派，并发表《诗的格律》，正式竖起“格律诗派”的大旗。然而，虽然闻一多开始从事诗歌活动的时间较早，但在20世纪20年代中期以前，他并没有真正在文学上获得一个“场域位置”。他的《红烛》出版于新诗集出版的密集期，由于没有文坛重量级人物的推荐，没有良好的包装，在出版后两三年都没有在主流诗坛引起较大关注。直到1926年闻一多与新月诸人发起格律诗运动，他才真正开始在诗坛产生较大的影响力。文学史作为一种梳理、总结式的著作，并不具有时效性，往往要在文学现象发生并沉淀一段时间以后，才有所反应。因此，与闻一多本人活跃的新诗创作和积极的理论探讨相反，20年代的文学史并没有给他太大的关注。

这一时期最早对闻一多的创作有所评价、影响力最大的一部文学史著，是赵景深的《中国文学小史》，他对新诗发展脉络的描述，受到文学的进化论思维影响，认为新诗是从“未脱旧体诗词气息的初期诗歌”开始，沿着“试做的无韵诗”“小诗”“西洋体诗”“象征诗”的顺序向前发展的。闻一多和郭沫若、徐志摩等人都被他笼统地归入了“西洋体诗”创作者之列。对于闻一多的诗作，他也没有具体的品评，只以一句话概括：“《红烛》规律尚不十分严整，但已走上这一条路（指‘西洋体诗’的发展道路——笔者按）。”①今天回头看，20年代新诗创作十分兴盛，各种流派纷繁复杂，即使是同一诗人的创作，也往往一直在发生变化，将此期新诗的发展简单归纳为进化链条，并将新诗人们强行归类为某一个固定的类别，未免失之粗糙。闻一多的诗歌创作，跟郭沫若、汪静之等人其实大有不同，他本人在20年代前后期也发生了一

① 赵景深：《中国文学小史》，大光书局1938年版，第190页。

定的创作转向，因此将他与郭、汪等人一起归于西洋体诗歌创作群，并不准确。然而这种简单化归类的优势在于一目了然，方便读者理解、接受和记忆。因此这版文学史著在民国时期颇受欢迎，在1928年问世后的十年间，一共重版了20次之多，还曾被列为清华入学考试指定的参考书，对当时的众多学者和学生产生了较大的影响。此期其他文学史著作，如陈子展的《最近三十年中国文学史》、谭正璧的《中国文学进化史》等基本上都沿用了赵景深的观点，将闻一多的诗歌创作归于“西洋体诗”一类，注重向西洋诗歌进行模仿、借鉴的“西洋体诗创作者闻一多”的形象，也就在一定时期被接受。在诗歌理论方面，此期文学史编纂者，也未能给予闻一多的格律诗论以足够的重视，只有陈子展的《最近三十年中国文学史》对格律诗论的发展有所介绍，认为最早提出格律形式的是刘梦苇，进而是闻一多，接着是陈勺水，并摘录了闻一多关于“带着镣铐跳舞”的一段诗论，但未加点评。可见闻一多在20年代文学史编纂者心中，无论是诗歌理论建树，还是诗歌创作，成就都并不突出，形象也并不凸显，只是众多“西洋体”诗人中的一位。

进入20世纪30年代，随着时间的沉淀，诗坛对于初期白话诗的认识趋向一致，认为那种自由散漫、毫无规律的诗歌无法将新诗带往健康的发展方向，越来越多的人倾向于由韵律、节奏入手探讨新诗的出路。在这种潮流的推动下，新月派在新诗坛的地位日益趋高。再加上学术界对新诗的研究逐渐深入，对新诗流派的划分也愈加细化，在文学史写作中，新月派就被作为二三十年代最重要的诗歌团体之一，从所谓“西洋诗体”创作群中分化出来。闻一多以新月派主将的身份，得到了文学史编纂者的重视。例如，在谭正璧的《新编中国文学史》、霍衣仙的《最近二十年文学史纲》、陆敏车的《最新中国文学流变史》等文学史中，都承认闻一多是新月派的“老大哥”，或新月派中影响力仅次于徐志摩的诗人，并基本对其创作给予肯定。然而，闻一多的新月主将身份不仅给他带来了赞誉，也带来了批评。由于新月派与“普罗文学”在20年代末的“革命文学论争”中是对立的两方，于是在具“左”倾色彩的文学史《近二十年中国文艺思潮论》中，编纂者李何林就直言新月派诸人是“普罗文学的真正敌人”①，将《新月的态度》一文列出来逐句批判，并特别注明此文虽是徐志摩所刊，但真正执笔者是闻一多，等于直接将批判的矛头对准了闻一多。然而无论编纂者持赞誉态度，还是批评态度，闻一多在此期文学史中，“新月主将”的形象都很鲜明。

值得一提的是，朱自清的《中国新文学大系·诗集·导言》和苏雪林的《中国文学史略》凭借着编纂者本身的独到眼光，在此时已经注意到闻一多的诗歌创作中有别于其他新月诗人的某些特质。朱自清是文学史编纂者中，最早注意到闻一多向中国传统古典诗歌汲取营养的人，也最早提出闻一多是一位“爱国诗人，而且几乎可以说是唯一的爱国诗人”②；苏雪林也认为其诗歌深受“西洋文化的影响，但所用典故术语完全以中国本位为前提”③。这两部文学史对闻一多及其创作的评价，尤其是朱自清“唯一的爱国诗人”的评价，为后来闻一多的爱国者形象的塑造打下了基础。

二

到了 20 世纪 40 年代前期，闻一多的文学史地位继续提高。在有的文学史著作中，出现了闻一多、徐志摩、郭沫若和朱湘“并称中国今代四大诗人”④ 的高度评价。闻一多诗歌的艺术价值和在格律诗上的贡献，一直是文学史编纂者着重关注的方面。除了朱自清大力赞誉他是爱国诗人以外，其他文学史对他形象的勾勒都是“新月派主将/格律诗运动领袖”，或者苦心孤诣的诗坛“艺术家”。1946 年 7 月 11 日，闻一多

① 李何林：《近二十年中国文艺思潮论》，生活书店 1937 年版，第 221 页。

② 朱自清：《中国新文学大系·诗集·导言》，上海良友图书公司 1935 年版，第 5 页。

③ 苏雪林：《中国文学史略》，武汉大学图书馆复制本 1931 年版，第 147 页。

④ 李一鸣：《中国新文学史讲话》，世界书局 1943 年版，第 66 页。

遭当局野蛮暗杀，引起举国愤怒。延安在第一时间致电吊唁，《新华日报》《解放日报》等媒体也撰写大量文章报道闻一多的殉难，声援其家属，并对当局的野蛮行径表示抗议。在民主运动的推动下，文坛上兴起了出版闻一多作品集、传记文学、纪念文集等热潮，闻一多的“民主斗士、爱国诗人”形象树立了起来。从这时起，一直到中华人民共和国成立后的五六十年代，闻一多都是以“民主斗士、爱国诗人”的形象呈现在文学史中。在这一过程中，文学史著又是如何发挥作用的呢？

王瑶于1951年面世的《中国新文学史稿（上册）》，是中华人民共和国成立后出版最早的新文学史，也是自50年代至今影响最大的文学史之一。在这本文学史中，王瑶首先肯定了闻一多和新月派其他诗人对格律诗歌的探索和贡献，继而强调闻一多虽然是新月派的一员，但他的诗歌风格、内容和其他新月诸人有所不同，因为闻一多是“一个爱国诗人”①。他列举闻一多的一些诗论，证明闻一多反对移植西洋诗，主张借鉴民族诗歌传统的经验，做“中国的新诗”，并通过分析诗篇《红烛》和《祈祷》的内容，强调闻一多“爱祖国和为人民的精神早有根基”②。

从50年代末开始，随着“左”思潮的兴起，文学史写作越来越多地受到“左”的干扰，新月派被视为“代表买办资产阶级利益的反动的文学团体”，新月诸人在格律诗歌方面所作出的探索，在此期也几乎被全盘否定。闻一多的格律诗理论受到波及，说它“带有形式主义倾向”③，“格律基础是外国的”④。在这样的语境中，如何评价闻一多的格律诗创作，特别是处理好他的新月身份，是文学史编纂者面对的两个重大问题。

50年代中后期到“文革”前的文学史著所采取的对策，主要就是

① 王瑶：《中国新文学史稿》，开明书店1951年版，第76页。
② 王瑶：《中国新文学史稿》，开明书店1951年版，第78页。
③ 何其芳：《关于现代格律诗》，《中国青年》1954年第10期。
④ 卞之琳：《谈诗歌的格律问题》，《人民文学》1959年第2期。

“重思想、轻艺术”。首先是对闻一多的诗作、理论以及其他文字材料，进行有倾向性的遴选。自闻一多从事新诗创作伊始，其创作理念、艺术风格都不是一成不变的，诗歌的思想、内容也是多种多样的，这种多变和多样性在他早期的诗集中体现得最为明显。如诗集《红烛》中收录的 103 首诗歌，从诗歌内容方面看，有抒发对祖国的思念、歌颂民族历史文化、单纯写景、表达人生哲理性思考、书写爱情等各方面。特别是爱情诗，占的比重相当大。同样，闻一多在不同的人生阶段，政治理念、价值取向也不一样。文学史编纂者都只遴选他诗歌和其他文字材料中表达爱国精神的部分。50 年代后期到“文革”前的大部分文学史中，都引用了闻一多留美期间的一段家书：“一个有思想之中国青年留居美国之滋味，非笔墨所能形容。……我乃有国之民，我有五千年之历史与文化，我有何不若彼美人者?”① 来凸显其拳拳爱国之心。而这段家书中闻一多表明自己愿亲日抗美的言论，因为可能引起误解而被文学史编纂者们集体弃而不取。闻一多其他书信中，陈述美国房东或美国文学界人士对他的善意的部分，也被无视。同样的，闻一多的诗歌被文学史编纂者们频繁引用的，要么是写于留美期间的诗作，如《忆菊》《太阳吟》《洗衣歌》等，要么是回国后写的反映社会现实的作品，如《静夜》《荒村》《死水》等，其他主题的诗歌，文学史编纂者们都不提及。阅读这一时期的文学史，就会感觉闻一多的诗歌只有两个类别，一是爱祖国、厌美帝，二是同情底层，不满现实。实际上，闻一多作为一个追求自由民主的知识分子，他的爱国，更多体现在爱祖国的文化、历史、语言等美学意义层面上；他追求自由和民主，反对一切专制和独裁。

其次，“重思想、轻艺术”也影响到了对闻一多诗歌的评价。如果说，20 年代文学史编纂者认为闻一多的诗歌注重向西洋诗歌学习；那 50 年代中后期到“文革”前这一时期的文学史家则强调其诗歌的中国

① 闻一多：《致父母亲》，《闻一多全集》第 12 卷，湖北人民出版社 1993 年版，第 140 页。

化、民族化特点。如果说，三四十年代的文学史著在评论和阐释闻一多的诗歌时，比较看重其格律技巧方面，那此期的文学史著则重点解析其诗歌的内容和思想，致力于发掘其诗歌的民族特色和爱国主义的内核。文学史编纂者们通过列举闻一多诗歌中向中国传统诗歌美学靠拢的质素，证明闻一多对祖国文化和历史的热爱。《红烛》一篇表现出来"莫问收获，但问耕耘"的牺牲精神，《忆菊》《太阳吟》《孤雁》等诗篇中表现出来对祖国的思念、讴歌和热爱，《死水》《荒村》等诗中对民国时期黑暗社会现实的书写，《飞毛腿》等诗歌对社会底层人民悲惨命运的关注，都被文学史编纂者反复引证，而闻一多努力探索的格律诗歌技巧却较少被文学史提及。部分文学史虽有只字片语加以点评，却也是批评多于肯定，认为"其内容是形式主义的，基础是唯心论"①。

如何处理闻一多的新月身份问题？此期的文学史主要采取两种方式，一种是承认闻一多是前期新月的代表诗人，同时又引述闻一多早期诗歌，发掘其中的爱国思想，证明闻一多与新月派其他诗人有着本质的不同，并强调其后来思想和创作发生了转变，而这种转变的发生，被认为主要接受了中国共产党的影响，强调资产阶级和小资产阶级出身的知识分子"只有勇敢地抛开自己的阶级，才能找到真正的出路"②。另一种则干脆忽视闻一多曾是新月成员的事实，对闻一多与新月派的关系避而不谈，实际上割裂了闻一多诗歌创作与新月派的关系。30年代，左翼的文学史曾猛烈批判过《新月的态度》一文，并强调这篇文章是闻一多替徐志摩所作，矛头指向闻一多。五六十年代的多部文学史著也批判《新月的态度》一文，但却避而不提这篇文章真正的执笔人，如山东师范学院的《中国现代文学史》，要么含糊其词推为徐志摩所作，如刘绶松的《中国新文学史初稿》，称此文"据说就是出自徐志摩自己的

① 中国人民大学语言文学系文学史教研室集体编著：《中国现代文学史》，中国人民大学出版社1964年版，第159页。

② 丁易：《中国现代文学史略》，作家出版社1955年出版，第279页。

手笔”①。这一对比反映出五六十年代文学史“概念先行”的弊病。

三

“文革”结束后，文学史写作的学理性逐渐回归。“爱国者闻一多”这一形象仍然不可动摇，但作为学者、诗人、诗论家的闻一多，逐渐为文学史所注重。在1959年复旦大学中文系现代文学组集体编写的《中国现代文学史》中，闻一多的格律诗论被认为是形式主义，否定了它。到了1978年的修订版中，这一说法得到了修正，认为格律诗论“对当时不少诗歌不重形式、不注意格律的倾向，还是有一定积极意义的，在当时也产生过不小的影响，不能一概地说是唯美主义、形式主义而加以完全抹煞”②。同样的，刘绶松的《中国新文学史初稿》在1979年的修订版中，也称格律诗论“对于新诗的探索和尝试，是十分严谨的”③，并肯定闻一多“在新诗形式、格律的探索和建立上曾有过重要贡献”④；1979年林志浩编写的《中国现代文学史》中，对闻一多的描述是“著名诗人”“诗歌方面的理论批评家”；同年出版的唐弢的《中国现代文学史》则描述其为“新月社积极活动者和新格律诗的主要倡导者”⑤；1982年，王瑶的《新文学史稿》在1953年版本的基础上修订再版，在论述新月派文学创作时，将闻一多提到了徐志摩之前，进一步突出了闻一多在新月派内的领导地位。同时，闻一多的文学史地位也在进一步提高。1984年黄修己的《中国现代文学简史》不仅将闻一多放在徐志摩之前进行评价，称他的诗“最能体现新月社对诗的主张”，还

① 刘绶松：《中国新文学史初稿（上）》，作家出版社1956年版，第321页。

② 复旦大学中文系现代文学组集体编著：《中国现代文学史》修订版，复旦大学印刷厂1978年版，第187页。

③ 刘绶松：《中国新文学史初稿》，人民文学出版社1979年版，第147页。

④ 刘绶松：《中国新文学史初稿》，人民文学出版社1979年版，第145页。

⑤ 唐弢：《中国现代文学史》，人民文学出版社1979年版，第211页。

赞扬闻一多“是郭沫若之后为开辟新诗做出重大贡献的人”①；1987年钱理群、吴福辉、温儒敏、王超冰合著的《中国现代文学三十年》则认为，郭沫若和闻一多共同“使新诗真正冲出早期白话诗平实、冲淡的狭窄境界”，而闻一多的《死水》则使新诗写作重回诗歌规范，新诗发展过程中这一“放”一“收”的两个关键转折，“最杰出的浪漫主义诗人”闻一多都参与了，在现代诗歌史上具有“不能替代的独特作用和贡献”②；2000年程光炜的《中国现代文学史》评价闻一多是“中国现代诗歌历史进程中重要阶段性人物之一”③，并认为新诗发展史上，郭沫若所起的作用是“放”，闻一多则是“收”④；2007年朱栋霖所著的《中国现代文学史》不再将视线集中在闻一多的爱国诗歌上，注意到其爱情诗歌在创作中也占了较大的比重。在新时期，闻一多不再仅作为爱国诗人和民主斗士而被文学史编纂者们肯定，其本身的创作技巧、其诗歌理论和诗歌活动对新诗发展的贡献以及诗歌创作中爱国诗歌以外的部分，也越来越引起文学史编纂者的重视，闻一多的形象也变得更加全面。

闻一多的爱国主义在新时期的一些文学史著的阐释中也出现了一些新的内容。1987年出版的《中国现代文学三十年》中将闻一多诗歌中对祖国的讴歌，与郭沫若诗歌中对祖国的歌颂作出了比较，认为闻一多诗歌中表现出来的爱国主义是被当时祖国遭受帝国主义侵略的现实所激发的“强烈的民族自尊心和自豪感，表现了‘五四’反帝的时代精神，又带着向后看的怀古倾向”。同时，“面对东、西文化的撞击，闻一多内心存在着深刻的矛盾”，即“既热爱祖国又脱离人民的矛盾”⑤，并

① 黄修己：《中国现代文学简史》，中国青年出版社1984年版，第135页。

② 钱理群、吴福辉、温儒敏、王超冰：《中国现代文学三十年》，上海文艺出版社1987年版，第169~170页。

③ 程光炜：《中国现代文学史》，中国人民大学出版社2000年版，第121页。

④ 程光炜：《中国现代文学史》，中国人民大学出版社2000年版，第124页。

⑤ 钱理群、吴福辉、温儒敏、王超冰：《中国现代文学三十年》，上海文艺出版社1987年版，第169页。

认为这种矛盾是他“阴郁”诗歌风格形成的深层心理原因。这样的阐释，打破了简单化和单一化的“爱国者闻一多”形象，而塑造了内心充满矛盾的“爱国知识分子闻一多”，使其形象变得更加丰满真实，也更有说服力。1998年《中国现代文学三十年》重新修订，在1987年的版本上对其爱国主义作出了更加深入的解析，认为闻一多和新月派其他诗人一样，作为传统的中国知识分子，在接受了西方教育之后，虽然起到了“自觉地沟通东、西方的文化”的作用，但他们自身却感受到了中西两种文化的冲突。具体到闻一多个人身上，由于他天生性格较冲动、激烈，因此这种冲突于他“就显得格外尖锐”。他的爱国主义诗篇，是作为一种对西方民族与文化的压迫所进行的反抗而产生的，诗歌创作中“向传统美学理想靠拢”正是他进行反抗的方法，但作为“一个有着敏锐的现代感受的诗人，一个深受西方文化影响、具有强烈的生命意志力与个性自觉的现代知识分子”，他又“不能不对‘物我两忘’的传统美学境界产生怀疑和抗拒”①。新版本的解析进一步淡化了闻一多爱国主义的政治色彩，呈现出一个根植在中国传统文化土壤中，却深受西方文化冲击和影响，内心矛盾和痛苦的现代知识分子形象。从闻一多遗留的信件、诗歌和其他文字材料中看，这一形象可能比高大全的爱国者闻一多，更加客观可靠，更贴近闻一多本身。

① 钱理群、温儒敏、吴福辉：《中国现代文学三十年》，北京大学出版社1998年版，第132页。

闻一多：中国 20 世纪的全能型诗歌大师

万龙生

（重庆市诗词学会格律体新诗研究院）

今年是闻一多先生诞生 120 周年，理当对他进行隆重的纪念。对闻一多先生的研究，自他 1946 年牺牲之后已经持续 70 余年，迄今未曾中断，可谓显学。就在他牺牲一年之后，就出版了他的两本传记。① 1948 年 8 月，朱自清、郭沫若、吴晗、叶圣陶合编的四册本《闻一多全集》就由开明书店出版了（1982 年 8 月，由三联书店再版）。1993 年 12 月，经过艰苦的努力，篇幅数倍于此的新版《闻一多全集》由湖北人民出版社出版。历来所出闻氏著作的各种选本、专著以至各种研究闻一多的学术论著、论文可谓数不胜数。

尽管林林总总，令人目不暇接，目前学界对闻氏的定评不外诗人、学者、斗士（烈士）三个身份的总和，当然应该说这能准确概括他短暂而伟大的一生。不过我认为三者之中应该突出一个“诗”字，因为作为学者，诗也是他研究的主要内容。而且，作为诗人，过去因为政治的原因，也更多地突出他“爱国诗人”的桂冠，因而忽略了他在诗歌其他方面重要的、不可忽视的建树。尤其是有一段时间，对闻一多是新月派主将，甚至灵魂一事讳莫如深。有一个显例，就是闻一多的学生、大诗人臧克家也是如此：“中华人民共和国成立以后，臧克家努力撇清

① 史靖：《闻一多的道路》，上海生活书店 1947 年版；陈凝：《闻一多传》，重庆民享书店 1947 年版。

与新月派的关系，与此同时也将自己的老师闻一多从新月派中摘出来，只突出他‘爱国诗人’的政治一面。”① 而郭沫若更把闻一多视为堪与屈原并称的“人民诗人”。②

而在事实上，考闻氏著述，可以看出，他在诗歌的创作、评论、理论、研究、编选、诗歌活动以至外国诗歌翻译方面都有不容忽视的贡献，范围涉及古今中外。他是怎样的诗人，该如何定位，远非“爱国”“人民”的定语所能涵盖。本文的意图就是要对闻一多先生毕生从事诗歌事业的丰功伟绩进行全面的认定，以确立他中国20世纪罕有其匹的全方位、全能型诗歌大师之地位。这无疑是一个意义重大的课题，需要一本专著甚至分门别类的总集才能完成。我只能抛砖引玉，分别提及。希望这一观点得到认同，引起关注，至于进一步的充实与深化，就俟诸来日吧。

一、各体皆擅的诗人

（一）自20世纪之初中国新诗诞生以来，发展至今，整个诗坛存在着三种诗体。

一是旧体诗词（今称“中华诗词”）。虽然在五四新文化运动中曾是横扫对象，但是以其顽强生命力存活，于20世纪80年代开始出现的复兴之势延至今日。李遇春《中国当代旧体诗词论稿》一书③对当代诗词创作进行了详细的研究，在深度的鉴赏分析中肯定了当代旧体诗词的存在价值。据《中国文化报》2019年3月26日报道，中华文化学院

① 白杰：《〈新月诗选〉与〈新月派诗选〉的“历史对话”》，《中国现代文学研究丛刊》2019年第9期，第171页。

② 郭沫若：《闻一多全集·序》，开明书店1948年版。闻一多曾称屈原是“中国历史上唯一有充分条件成为人民诗人的人”，郭沫若本此将闻一多与屈原相提并论，而认为上面引文中的“唯一”二字可以去掉了。

③ 李遇春：《中国当代旧体诗词论稿》，华中师范大学出版社2010年版。

（中央社会主义学院）和《诗刊》杂志社3月23日在北京联合举办了“中华诗词复兴论坛”。

二是新诗中的自由体诗。因为以现代汉语为载体的新诗没有现成的格律可资利用，大多诗人遂采用自西方引进的自由诗。这是整个20世纪中国诗坛占主流地位的诗体，无须赘言。

三是新诗中的格律体诗①。一部分诗界有识之士并不甘愿汉语诗歌长期被自由诗独占，从20世纪20年代就借鉴中外诗歌经验，开始了创建新诗格律的艰苦卓绝的努力，而且已经取得成果。闻一多正是这部分诗人的代表性人物。

（二）以上三种诗体，闻一多都曾写过，并且成绩不菲。这样的诗人是不可多见的。蓝棣之编《闻一多诗全编》② 所收比较齐备，就以此为准来进行考察吧。

1. 先说诗词。《闻一多诗全编》称为《旧体诗赋》（第301~300页），含4篇赋体作品，共计23首（篇），其中大多在《清华学报》发表过。闻先生生于1898年，这些1916—1925年十年间的作品应为20岁前后所写。不想对这些作品作过多的分析，因为这在他整个创作中的确占不了多少分量。只需指出两点：一是由此可见闻氏古典文学根底之固、功夫之深，这是他一生诗歌事业的坚实基础。二是其中1925年他在从美国归来前夕寄给梁实秋的两首诗最值得重视：“六载观摩傍九夷，吟成鴂舌总堪疑。唐贤读破三千纸，勒马回缰作旧诗。”（《废旧诗六年矣，复理铅椠，纪以绝句》）；“艺国前程正渺茫，新陈代谢费扶将。城中戴髻高一尺，殿上垂裳有二王。求福岂堪争弃马，补牢端可救亡羊。神州不乏他山石，李杜光芒万丈长。”（《释疑》）

① 关于以格律规范的新诗，新月派时期并未给予命名；何其芳于1954年冠以“现代格律诗”之名；2005年，“东方诗风”论坛以格律体新诗名之，如今渐为业界认同。《中国现代诗体论》为之设《格律体新诗》专章（吕进主编，重庆出版社2007年初版，第308~358页）。本文以此统称。

② 蓝棣之编：《闻一多诗全编》，浙江文艺出版社1995年版。

这两首旧诗曾引起我的注意，并写过《新诗格律建设的理性思考》一文予以解读。① 其摘要曰："解读这些诗作，对于研究一多先生新诗创作从《红烛》到《死水》的发展，亦即从当时流行的自由体到格律体的转变，对于了解他的以建立新诗格律为中心和旨归的崭新诗学理论，以至于今天研究新诗现状、思考新诗发展，都具有极其重要的作用。"经过对诞生几年的新诗的观察，一多先生已经认识到盲目崇外、背弃传统不可取，必须纠偏救弊，寻求新路。从后来的创作实践来看，他"勒马回缰作旧诗"只是一时兴起，此后再没有染指旧诗，而是决心从无到有，创建新诗格律，走出一条新诗格律建设的新路来。这就是从《红烛》到《死水》形式巨变的动因。

不过，无心插柳柳成荫。"勒马回缰作旧诗"这句诗成为对新文学运动中一个普遍现象的准确而生动的描述。这也从另一个侧面反映了新诗的确存在的弱点。这一事实充分引起了研究者的注意，以此为题写出了许多论文。② 现代诗人、作家回头写旧诗的现象，有这么一个警句足以概括，并能够流传，也是闻氏之功。

2. 次言自由诗。闻一多的自由诗无疑应该以《红烛》为代表。诗家历来对《红烛》评价很高。诗人对自己的创作有严格的要求、自觉的追求。他从批评俞平伯《草儿》的散漫与《女神》地方性的缺失吸取教训（见下文所谈诗歌评论），又能吸取中国古典诗歌的优点，所以蓝棣之这种评价，我以为是中肯的："比起当时的白话诗，既意象、境界具体，又富于想象与暗示"，难能可贵。③ 此外，沈用大指出："翻开《红烛》，迎面扑来的是一种古色古香的气氛，大量运用古典词汇，

① 见《重庆教育学院学报》2002 年第 4 期。

② 仅举一例：钟希高：《勒马回缰写旧诗——"五四"新文学作家古诗词创作现象简论》，载《潍坊学院学报》2008 年第 3 期。其摘要曰：在"五四"后期尤其是"五四"落潮之后，"五四"新文学作家却一改"五四"时期的偏激态度，重新开始创作古诗词，在一定程度上重新肯定了古诗词。古诗词与新文学形成鲜明对比，这样新文学作家创作古诗词就成为一个比较特殊的文学现象。

③ 蓝棣之编：《闻一多诗全编 · 导言》，浙江文艺出版社 1995 年版。

丰赡又华丽。”其中之佳者“造成一种秀丽的风格，观察入微，构思纤巧”。他转引苏雪林的话说：“闻氏似乎有一个东方的灵魂”，不像别人那样盲目地崇拜欧美的物质文明，因而呈现出许多东方特有的美感。① 序诗《红烛》的结尾“莫问收获，但问耕耘”已经被人们习称“红烛精神”，常常被引用，应该说这是诗人的光荣。诗集最后的组诗《红烛》情真意挚，则是“五四”后新诗中爱情诗的精品。

3. 再谈格律体新诗（今名，即按照一定规范写作的新诗。下同）。闻氏意识到创建新诗格律的必要性之后，就在创作中进行探索。《死水》就是这种探索的宝贵成果。2016年闻一多国际学术研讨会，我因故缺席，但是论文集收入了我提供的论文《格律体新诗之父》②，对先生的创作作了高度评价，意谓闻一多在以《死水》为主的后期作品中实践自己关于“创格”的理念，取得了显著的成功。其中有一些堪称经典，垂范后世。一是实现了“句的均齐”，就是一首诗中每行字数、音尺（今称“音步”）都做到一致，而不是为人所讥诮的仅求字数一致而内部节奏紊乱的“豆腐干”，例诗有《死水》《夜歌》《也许》《黄昏》《口供》等。二是实现了“节的对称”，就是诗中各节外形一样，如词的上下阕对称的作品，包括《你莫怨我》《忘掉她》《什么梦》《一句话》等。而《洗衣歌》则是中间6节对称，首尾两节重复，显得更加繁复。这还是仅就形式而言，至于艺术上达到的高度也是新诗历史上的标杆之作。因为这些格律体新诗在新诗史上有开创之功，在艺术是也很成熟，在闻氏三种诗体的作品中，当然是最重要的。

综上所述，说闻一多是20世纪一位三体皆擅的诗人，应无疑义。而这样的诗人若舍闻氏，终其20世纪在中国也难寻难觅。

---

① 沈用大《中国新诗史（1918—1949）》，福建人民出版社2006年版。

② 陈国恩、方长安、张园主编：《2016年闻一多国际学术研讨会论文选》，中国社会科学出版社2018年版，第192页。

二、仅仅作为诗人的历史定位

以上主要从诗人所掌握的诗体而言，虽然重要，却仅仅是一个方面。那么，倘若对其作品进行综合考量，闻一多作为诗人，在中国 20 世纪诗坛该如何定位呢？

江锡铨在《建国前闻一多研究述评》① 中引用了沈从文《论闻一多的〈死水〉》一文，沈说：闻一多在“重新为中国建立一种新诗完整风格的成就处，实较之国内任何诗人皆多”，《死水》“是近年来一本标准诗歌！在体裁方面，在文学方面，《死水》的影响，不是读者，当是作者”。这是放在诗歌史中与其他诗人相比较而论，突出闻一多的卓越贡献，我以为并非夸饰之语。

至于“爱国诗人”身份，当然也是题中应有之义。这得听听朱自清的意见，他是公认的关于新诗第一个十年的权威发言人。1935 年由赵家璧主编的《中国新文学大系·八·诗集》就是由朱自清编选的。他为之撰写的《导言》历来被视为新诗第一个十年的科学总结。他对闻一多的论述十分精辟：“他的诗不失为情诗。另一方面他又是个爱国诗人，而且几乎可以说是唯一的爱国诗人。”这里“情诗”当解作“抒情诗”，下面一句“唯一”似乎有些费解。这跟上文说闻氏“喜欢用别的新诗人用不到的中国典故，最为繁丽”有关吧？我理解，除了他有许多人们耳熟能详的爱国名篇，如《我是中国人》《忆菊》《口供》《洗衣歌》《祈祷》《一句话》《太阳吟》《长城下之哀歌》等以及 20 年前唱响神州的《七子之歌》，我想还因为他的作品常用中国典故，充满浓烈的东方色彩吧。这“唯一”二字并不是随便加的，在爱国这一点上，闻一多的确是无与伦比的！

---

① 江锡铨：《建国前闻一多研究述评》，《中国现代文学研究丛刊》1983 年第 12 期。

闻一多还有一顶“诗圣”的桂冠，当然比“爱国诗人”分量更重，却不如“爱国诗人”那么广为人知。中国现当代诗人中除闻一多之外，谁有过这样的美誉呢？没有。谁又配得上这个美誉呢？也没有。此说最初见于司马长风《中国文学史》①，他以一整章的篇幅给闻一多和徐志摩分别加冕“诗圣”和“诗仙”。此说诗评家吕进认同了前半，他与周婷合写了《闻一多：新诗史上的杜甫》一文②，指出他“怀抱祖国，热爱草根，珍视传统，是朱自清称赞的‘唯一的爱国诗人’”，“致君尧舜上”的杜甫，与“心里有尧舜的心”的闻一多，他们是何等相似。而在诗歌艺术上，“杜甫律诗杰出的艺术成就，是唐诗成熟的一个标志”；而闻一多“现代格律诗的理论与实践为新诗的发展开拓了新的局面”。也就是说，闻一多在中国新诗史的地位可以与杜甫在唐诗史上的地位相当，于是得出结论：闻一多是“新诗史上的杜甫”。我认为此言不虚，完全可以成立。

还有一个“人民诗人”的头衔，这是郭沫若在开明版《闻一多全集·序言》中加上的。因为闻一多曾说“屈原是中国历史上唯一有充分条件称为人民诗人的人”，鉴于闻一多也具备的各种条件，他便得出结论：因为有了闻一多，那“唯一”两个字可以取消了。

如此看来，作为20世纪中国的杰出诗人，闻一多在诗歌史上的崇高地位是不可企及，不可动摇的。

三、目光如炬的诗评家

创作与评论，被视为驱动文学之车前进的双轮，诗歌的发展当然也不能离开评论。在中外诗歌史上，诗人在评论上也有很大建树的并不多。闻一多却是一开始就双管齐下，创评兼顾，二者皆擅。他不仅跻身

① 司马长风：《中国文学史》上卷，香港昭明出版社1980年版。

② 吕进、周婷：《闻一多：新诗史上的杜甫》，《西南大学学报》2010年第1期。

于最早出现的新诗人之列，也是最早、最重要的诗评家。

评论的及时性非常重要，意义重大，不用说也有很大难度。《女神》出版于1921年，闻一多为郭沫若《女神》所做的两篇论文，《女神之地方色彩》发表于1922年，《女神之时代精神》发表于1923年。俞平伯的《冬夜》出版于1922年3月，当年11月《冬夜评论》① 就出版了。20年后，他对艾青和田间的著名评论更可以说是即时的。这些都是至今不失其光辉的诗评典范。

评论必须实话实说，捏拿得当，见解独特，鞭辟入里，不仅对所评作者有启发，其他同行阅后也会得到启发，有所收获。当然也将有助于读者。

《冬夜评论》洋洋万余言，与梁实秋的《草儿评论》合集出版后，郭沫若读后十分服膺，当即写信给闻说："如在沉黑的夜里得见两颗明星，如在蒸热的炎天得饮两杯清水……在海外得读两君评论，如逃荒者得到闻人足音跫然。"闻氏对《冬夜》亦褒亦贬，采取的是科学的态度。他在肯定俞平伯音节方面优点的同时，还以大量的引诗为依据，相当尖锐地批评了《冬夜》中一些"幼稚""枯燥"的篇什，指出其抽象、琐碎、累赘的缺失。

对新诗史上不朽之作《女神》，闻一多的两篇批评②至今闪耀着真理的光彩，不失为诗歌评论的典范。他开宗明义就充分、热情地称赞《女神》的动感与反抗精神"完全是时代的精神——20世纪的时代的精神"，作者"不愧为时代的一个肖子"，"喊出了人人心中最神圣的一种热情"，并以大量的诗例予以证实。

不止于这样的赞美，闻一多还从另一个角度指出了《女神》地方色彩的不足，并且借此得出一个至今也没有过时、具有指导意义的精辟

① 《〈冬夜〉〈草儿〉评论》，列为"清华文学社丛书第一种"，系梁实秋自费于1911年11月1日出版。《〈冬夜〉评论》后来收入了《闻一多全集》。

② 最早分别见于《创造周报》1923年第四号、第五号，后来收入两种《全集》与多种选本。皆为中国新诗批评史上不可或缺的经典之作。

论断："新诗径直是'新'的，不但新于中国固有的诗，而且新于西方固有的诗……她要做中西艺术结婚后产生的宁馨儿。我以为诗同一切的艺术应是时代的经线同地方纬线所编织成的一匹锦。"正是从这个出发点道出了对他引为同调的郭沫若的力作的中肯意见，既肯定郭沫若的爱国情绪，又指明他对祖国的文化缺乏理智上的尊重。二者就是地方色彩不足的根源。

闻一多的一些序文，如1933年的《〈烙印〉序》、1939年的《〈西南采风录〉序》也是诗歌评论的精品。1943年，在他生命晚期所写《时代的鼓手——读田间的诗》① 又创造了为一个诗人"加冕"的范例，流传至今。

闻一多的诗学遗产中，诗歌评论的数量不算多，但是却奠定了他作为杰出诗评家的坚实基础。

四、独树一帜的理论家

如前所述，闻一多杰出的诗人、评论家身份已经毋庸置疑。然而还有一个独特的理论家身份把二者紧紧黏合在一起。

闻一多的诗歌理论前后是有变化，有发展的。但是我以为，从无到有，创建、提倡新诗格律是他最重要的贡献。而一个理论家是不是杰出、优秀，就得考察他是不是有自己独树一帜的理论主张，这一主张是不是起到指导性作用，经不经得起历史的检验。如前所述，新诗前十年，就已经形成了新诗的格律派。而格律派的理论纲领就是闻一多的论文《诗的格律》②。它是中国新诗发展史上的里程碑。虽然因为种种原因，近百年格律体新诗理论及创作在其进程中颇多坎坷，几经颠踬，却

---

① 三文皆分别见于开明版《全集》第3卷《诗与批评》，湖北版《闻一多全集》第2卷《文艺评论》。

② 最初发表于1926年5月23日《晨报·诗镌》，后载于两种《闻一多全集》、多种选本。

并未断绝，至今仍有长足发展。尽管目前未能在诗坛形成大气候，但是经过纠偏救弊，俟诸来日，我深信这种符合诗歌文体本质、向有悠久传统的诗体最终一定能够以其成功告慰一多先生的在天之灵。

闻氏的新诗格律理论历来经过充分解读，说“他是对旧诗实行‘破格’的新诗奏过十年探索之路后，对新诗实行‘破’后之‘破’的第一人”，“将新诗推入了第二纪元”① 并不过分。此后格律体新诗无论怎么发展，这里都是源头。

其核心内容，我在《格律体新诗之父》一文中归纳出以下五点：

一曰“格律必要”论。以艺术起源的“游戏”说来肯定格律之于诗的必要性。他进一步引用了 BLiss Perry 教授的话来予以证明：“差不多没有诗人承认他们真正给格律缚束住了。他们乐意戴着脚镣跳舞，并且乐意戴别个诗人的脚镣。”他还引用杜甫的经验之谈来证明这个“脚镣”说：“老来渐于诗律细。”后来此说却饱受酷爱“自由”的诗人们诟病：他们缺乏常识，显得无知，把“脚镣”这个喻体当作“格律”本体了。

二曰“格律利器”论。不以规矩不能成方圆，这个用以作诗的“规矩”亦即工具就是格律。闻一多引用韩愈好用窄韵，而因难见巧，愈险愈奇的例子，进一步发挥说：“恐怕越有魄力的作家，越是要戴着脚镣跳舞才跳得痛快，跳得好。只有不会跳舞的才怪脚镣碍事。只有不会作诗的才感觉得到格律的缚束。对于不会作诗的，格律是表现的障碍物；对于一个作家，格律便成了表现的利器。”

三曰“相体裁衣”说。闻一多曾经对律诗作过深入的研究，如今他要从事新诗格律建设，却认识到因为语言载体的变化，决不能重走律诗的老路。他把律诗的格律与他要创建得到新诗格律作了令人信服的比较，论定新诗的这种格式是创新，是进化，而不是相反。总之，律诗是

① 吕进、王森《中国新诗文体学研究三十年》，《现代诗学：辩证反思与本体建构》，人民出版社2015年版。

无论什么人都穿同一样式的衣服，而新诗的格式却可以依据内容的需要千变万化。

四曰“音节调和”论。闻一多主张一首诗中，“整齐的字句是调和的音节必然产生出来的现象。绝对的调和音节，字句必然整齐”。

五是中国诗歌“建筑美”的发现。中国古典诗词不兴分行排列，建筑美是潜在的，但是新诗一经分行，汉语的单音象形文字这一独特之处便带来了排列组合的美感。除了“句的均齐”形成的建筑美外，还有一种“节的匀称”。后者是词的“格式”带来的，虽然单独一节看起来参差不齐，但是如同许多宋词的上下阕，节与节对称也具有美感。这样两种基本格式，就成为如今格律体新诗的两大类别。

以上五点是闻一多新诗格律理论的精华，也是此后格律体新诗理论发展的基础。影响深远，功莫大焉。①

建立新诗格律的必要性、可能性以及具体路径，后来经过几代学者、诗人艰苦卓绝的努力，已经进一步解决，但是万变不离其宗，《诗的格律》的指引作用是不能忽视的。

五、对中国古典诗歌的潜心研究

郭沫若在开明版《闻一多全集·序言》中说：“闻一多的成就并不限于新诗创作和提倡新格律诗理论。他在中国古代文学研究和古代文化研究方面所取得的创造性重大成就，引起了学术界和思想界更为强烈而普遍的震动。”在湖北版《闻一多全集》中，有关中国古代诗歌的篇幅占了半壁江山，涉及诗史、诗经、楚辞、乐府、唐诗，其工作包括笺注、论述、编选，既通览博涉，又细致入微，汲取前人成果，尤多自己的创见，至今成为定论。如对于歌与诗关系的分析②，屈原诗史上“唯

① 沈用大：《中国新诗史（1918—1949）》，福建人民出版社2006年版。

② 闻一多：《歌与诗》，《闻一多全集》第10卷，湖北人民出版社1993年版，第5页。

一的人民诗人”的定位①等。其中，闻一多着力最多、功劳最显著的是唐诗研究，我以为至今无出其右者。其中有许多真知灼见。例如张若虚的《春江花月夜》“向前洗清了宫体诗百年的罪，向后和另一个顶峰陈子昂分工合作，清除了盛唐的路”的历史评价②，对初唐王、杨、卢、骆“四杰”之间同与异的分析，都是不刊之论。对篇帙浩繁的整个唐代诗歌的研究包括校勘、笺释、补遗、诗选、诗人论、作品论、方法论、编年史诸多方面，对杜甫、岑参两位诗人更有详尽研究，涉及他们的作品系年与人际交游。《律诗》是发展到唐代方才成熟的诗体，早在1922年闻一多先生就写了《律诗底研究》③ 宏文，可以视为他唐诗研究的高起点。在列于篇首的一首七律中，他道出了自己研究的动因：“手假研诗方剖旧，眼光烛道故疑西。”他绝不是为研究而研究，而是志在高远，古为今用，有所扬弃。既“剖旧”又“疑西”，他要在中国古诗与西方诗歌之外为中国新诗另辟一条新路。后来他倡导格律体新诗就汲取了律诗“整齐”“均齐”的优点，其中重要理论“量体裁衣”说又是对律诗“千篇一律”的矫正。

陈凝《闻一多传》④ 详尽描写了闻一多抗战初期在昆明西南联合大学国文系任教期间专心致志于古典诗歌研究的生活状况：他因为“有耐心埋头在古书堆里”，被同事们戏称“何妨一下楼主人”。有人问这样做的理由，他答道：“抗战期间各人有各人的岗位。我是教国文的，除了同青年们一块儿讨论学问，自己课余不能不做点儿有计划的研究。我们能拿上枪杆去干吗呢？不能；我们能做政治工作么？没那种兴趣。”因此，他就在自己的斗室里，“一字一字地校正、诠释者楚辞、

① 闻一多：《人民的诗人——屈原》，《闻一多全集》第5卷，湖北人民出版社1993年版，第28页。

② 闻一多：《宫体诗的自赎》，《闻一多全集》第6卷，湖北人民出版社1993年版，第18页。

③ 当时未发表，后收入《闻一多全集》第10卷，湖北人民出版社1993年版，第131页。

④ 陈凝：《闻一多传》，重庆民享书店1947年版。

古乐府、唐诗……”这是些基础性工作，为后之来者提供了研究之便，功莫大焉。

如今思之，我们能不为之动容，肃然起敬吗？

六、外国诗歌翻译与十四行诗的引进

闻一多在我国诗歌翻译与外国诗体引进方面的贡献也是不容忽视的。译诗在《闻一多诗全编》① 中只有7个题目，含以五言古诗翻译的英国诗人阿诺德《渡飞矶》；而湖北版《全集》第1卷译诗则达13题（不含《渡飞矶》）；《全集》中又多出一篇在清华读书时以歌行体翻译的阿诺德《点兵之歌》，老师评曰“悱恻动人”。再则，《全编》中《白朗宁夫人的情歌》只有10首，而《全集》中竟有21首之多。细查，方知《全编》中漏掉了1928年4月《新月》第1卷第2号续载的部分。

由此可知，闻一多翻译的外国诗歌虽然偏少，但是很早就开始了，而且与创作同步，说明他对此是重视并爱好的。我们还可以看出，他的译作在音韵节奏方面也十分讲究，是在以翻译践行自己的新诗格律理念。实际上他是在新诗翻译史上，与“新月”诗人们开“以格律译格律”之先河。仅举一例，且看郝斯曼《春斋兰》② 第一节：

春来了，走出来逛逛，
绕着那丛芜的陂陀，
你瞧，那洼地的近傍，
荆棘底下，一朵一朵，
不是莲馨花是什么？

① 闻一多：《闻一多诗全编 · 导言》，浙江文艺出版社1995年版。
② 闻一多：《闻一多全集》第1卷，湖北人民出版社1993年版，第305页。

全诗四节，每一节都是这样的模式，也就是而今格律体新诗“三分法”中的参差（对称）体。就连韵式每节也都是 ABABB。

闻一多这样做是自觉的，熊辉指出：“闻一多意识到译诗的形式是对其诗歌形式观念的验证。”①

外国诗歌汉译是与新诗的发展相辅相成的。卞之琳先生 1981 年发表于《读书》杂志的《译诗艺术的成年》② 是一篇带总结性的文章，提出了译诗的正确主张：不应把外国的格律诗译为中国的自由诗，起到误导作用；而应该以相应的格律翻译外国格律诗（像杨德豫所译《拜伦抒情诗七十首》和屠岸所译莎士比亚《十四行诗》那样）。在追述外国诗歌翻译历程时，他说：“有意识在中文里用相应的格律体译诗，既有实践也有理论的，较为人注意的，早期有闻一多、孙大雨。”这就肯定了闻一多先生的开创之功。

不止于此，闻一多先生还是在中国翻译十四行诗，进而引进这种世界性诗体的先行者，功不可没。正是他首先把十四行诗音译为“商籁”，介绍给中国读者。许霆在《十四行体中国化论稿》中指出：闻一多先是 1928 年 3 月在致饶梦侃信中使用此名③，嗣后又有专文《谈商籁体》谈论十四行诗内部起承转合的结构原理，在《新月》杂志发表。④ 他还“尽量保存原诗的格律”⑤，翻译了英国白朗宁夫人十四行诗情诗 21 首，自己也创作了新诗史上第三首十四行诗《爱的风波》（改题为《风波》收入《红烛》）。据统计，他创作的十四行诗共有

① 熊辉：《闻一多的译诗文体观念》，《2016 年闻一多学术研讨会论文集》，中国社会科学出版社 2018 年版。

② 卞之琳：《人与诗：忆旧说新》，生活·读书·新知三联书店 1984 年版，第 194 页。

③ 许霆：《十四行体中国化论稿》，中国社会科学出版社 2017 年版，第 354 页。

④ 闻一多：《闻一多全集》第 2 卷，湖北人民出版社 1993 年版，第 168 页。

⑤ 许霆、鲁德俊：《十四行体在中国》，苏州大学出版社 1995 年版，第 11 页。

5首。

七、慧眼识珠的选家

编选作品历来是中国文学史上的重要现象。优秀的选本成为文学的珍贵资源，便于存留、阅读、研究。《诗经》就是经过孔子筛选而留下的最古老的文学作品。其后有《昭明文选》，使许多精品得以流传。清代蘅塘退士孙洙编选的《唐诗三百首》更是家喻户晓，影响深远。而选本之优有赖选家的明鉴。新文学史上最著名的选本当属赵家璧主编，1935—1936年由上海良友图书印刷公司出版的《中国新文学大系》10卷本。而单体作品功劳最大的选家则非闻一多莫属。他的两个诗歌选本都是泽被后世的鸿篇巨制。

开明版和湖北版《闻一多全集》都收入了他的《唐诗大系》。开明版仅收诗人64家，然而湖北版乃是以另一篇幅更大的《唐诗》选稿为主（仍名《唐诗大系》），包括256位唐代诗人、数以千计的作品。入选作品少的一人只选一首，而入选作品最多的杜甫则达99首之多。既突出重点，又照顾一般，显而易见，选家颇费权衡取舍之功。卷末还附有64人或详或略的小传，自然亦费考据之劳。

此外，两种《全集》都编入闻一多编选的《现代诗抄》。湖北版《全集》第1卷是作为附录编入的，并作了如下说明："《现代诗抄》是闻一多先生在20世纪40年代中期编辑的一部中国现代新诗选集，先生生前似未最后编定。"这次没有从开明版照搬，而是"根据先生编选的手稿整理的"，未作任何更动。所选诗作之前列有《新诗过眼录》，主要是入选诗人所出版的诗集，以及三种选集、两种诗刊。还有《待访录》，列入当时先生手头没有掌握的书目、刊名。自"五四"文学革命开始，下迄终选之时，共选诗人65家，作品180余首。有的诗人缺席，也许属于战时资料缺乏，诗集"待访"吧。因此之故，不能不留下一些遗憾。但一部未竟之作，毕竟不能苛求。就凭已刊之稿，也可知先生用功之勤，涉猎之广，治学之严。这也是他留下的一笔珍贵遗产。入选诗人属于各种风格、流派，可见先生并无任何偏见；一些当时崭露头角的青年诗人也能得到先生的青睐，足见其眼光之锐敏。一个明显的例子是那时的西南联合大学学生、青年诗人穆旦入选作品居然达11首之多。总之，倘要认识前20年的中国新诗，这部《现代诗选》是不能不读的。

余　论

根据以上各方面简略的分析，要认定闻一多是中国20世纪罕有其匹的全方位、全能型诗歌大师，已经顺理成章，水到渠成了。我还想简单补充这些事实：闻一多是一位卓有成效的诗歌教育家（上文提到，他就是这样认定自己的岗位，不过说成是“教国文的”），他有许多成才的弟子（例如众所周知的臧克家）；他是诗歌组织（如西南联合大学的南湖诗社）的支持者；也是诗歌活动的指导者（例如从长沙跋涉到昆明途中指导学生的采风活动）；还是一个诗歌朗诵者。这些方面比起以上那些重大贡献，似乎微不足道，却可以进一步让我们领悟闻一多一生与诗有着多么密切的关系，诗在他的生活中占有怎样的地位。

可以说，闻一多先生就是为诗而生，也是为诗而活。他为诗死而后已，诗使他获得永生。我想对一多先生最好的纪念，就是要继承他的诗歌遗产，秉承他的诗学理念，完成当代汉诗的格律建设，写下格律体新诗的辉煌诗篇！

新诗格律论争与新诗发展

——论闻一多和新月派同人的新诗格律观

黄 健

（浙江大学中文系）

徐志摩在《〈诗刊〉弁言》中曾说：创办《诗镌》是“要把创格的新诗当一件认真事情做”，为新诗构造适当的躯壳，也就是要发现新诗的“新格式”与“新音节”，目的是为新诗创造“完美的形体”，因为“完美的形体是完美精神的唯一表现”，而新时代的作品需要新的格律：“我们这民族、这时期的精神解放或精神革命，没有一部像样的诗式的表现是不完全的。”① 1925 年，在北京西单梯子胡同的寓所里，“清华四子”②碰在一起，谈论最多的是他们共同的女神——诗，他们相互切磋、研讨、争论、辩驳，常常为新诗的发展方向，特别是要不要韵律（格律）的问题，展开激辩，各抒己见，各执一词，有时争论到深夜，大家脸红耳赤，互不相让，甚至不欢而散，但过了一天，大家碰面时，手中端着热茶，又从头开始，彼此乐呵呵。当时，徐志摩、闻一多也是常客，③常到他们住处一起探讨新诗。据孙大雨后来回忆说，大家年轻

① 徐志摩：《诗刊·弁言》，《〈晨报〉副刊·诗镌》1926 年第 1 期。

② 指当时清华园的四位学生诗人朱湘（字子沅）、饶孟侃（字子离）、孙大雨（字子潜）和杨世恩（字子惠）。

③ 闻一多从美国回来后也住进了西单梯子胡同，住处离“清华四子”的住所相隔不远，经常会去他们那儿聊天，一起畅谈诗歌创作。

气盛，固执己见，不容别人的观点，因为每个人心中都想一下子建起新诗的大厦。其实，闻一多与他们对新诗的探讨、争论，共同点是远远大于彼此的分歧点，他们的意见总是相互渗透，相互吸引，相互补充，相互修正。正是这样，中国新诗格律的轮廓开始勾画出来。闻一多比“清华四子”年长，他的新诗格律观独具特点，与他们不同，但有交流，有交集，中国新诗格律理论的建构在不断的碰撞中建立起来，并指导着新诗创作实践。

一

相比较“清华四子”的新诗格律观来说，闻一多更加主张新诗理论的建构，强调规范化。早在清华期间，他就开始了探索，最初主要是围绕新诗要不要具备一定的形式而进行的，即早在 1921 年 5 月，他就以《清华周刊》刊登的新诗为探讨对象，提出新诗创作除了要重视内容之外，还要在表现形式上有所规范。此年 12 月，他在清华文学社召开的“诗的音节问题”讨论会上，作了《诗底音节的研究》的发言，重点“对于一般无音韵之新诗及美国新兴之自由诗加以严重之抨击”，指出新诗存在“妄图打破规律”（包括“在排字形式上对诗节的影响”“文字游戏”“在抛弃节奏方面的失败”）、“目的性不明确”和“令人遗憾的后果”（包括“平庸”“粗糙”“柔弱无力”）等。1922 年，他分别对胡适、郭沫若、俞平伯等人的新诗集发表意见，并完成《诗歌节奏的研究》姊妹篇《律诗底研究》的写作，分析、探讨和总结了中国古代格律诗演变和发展的特点与规律，重点对古代格律诗的定义、溯源、组织、音节、作用、辨质、排律等，进行了系统的梳理、阐释和论述，为提倡新诗格律奠定了理论基础。

同时，针对新诗创作存在形式失序和抒情泛滥的现象，闻一多进行了批评，如批评郭沫若的新诗创作是“自然流露”，不是用心“做出来”的，他指出：“选择是创造艺术底程序中最紧要的一层手续，自然的不都是美的，美不是现成的。其实没有选择，便没有艺术，因为那样便无以鉴别美丑了。”①在他看来，用白话创作新诗，虽然可以不像古典格律诗那样强调工整的格律来形成韵律和节奏，但并非可以随口而出，随心所欲，而是要有艺术选择和艺术加工，也即要求遵循诗歌创作的艺术规律，真正是用诗歌的形式来进行创作，具体地说，就是要求诗歌必须有格律，应坚持“理性节制情感”的美学原则，对用白话创作新诗存在滥情和形式无序的情况进行修正，如同新月派成员邓以蛰所强调的那样：“如果诗歌只在感情的漩涡里沉浮着，旋转着，而没有一个具体的境遇以作知觉依皈的凭借，这样的诗，结果不是无病呻吟，便是言之无物了。”②闻一多也强调：“不能相信没有形式的东西怎能存在”，特别是“更不能明了若没有形式艺术怎能存在”，尽管没有什么“固定形式”，但还是要“打破一个固定的形式，目的是要得到许多变异的形式”。③显然，他要求规范新诗形式，并不是为了形式而形式，而是为了彰显新诗思想和情感的独特性，彰显新诗独特的美，正如他指出的那样：“美的灵魂若不附丽于美的形体，便失去他的美了。”④强调新诗有格律形式，要求形式能够匹配内容，规约情感，使新诗不至于流于口号式的喊叫，流于抒情的泛滥，这就是闻一多对于新诗格律的基本态度和观点。在与“清华四子”和新月派其他诗人的广泛交流和讨论中，闻一多逐渐地形成了自己完整的新诗格律观。为此，他撰写了《诗的格律》一文，系统地阐释了他对新诗格律的认识，成为他早期新诗理论建设的总结，也是新月诗派诗歌理论的奠基作之一，从此也奠定了他的新诗格律主张的领导者地位。

---

① 闻一多：《〈女神〉之地方色彩》，《闻一多全集》第2卷，湖北人民出版社1993年版，第121页。

② 邓以蛰：《诗与历史》，《〈晨报〉副刊·诗镌》1926年第2期。

③ 闻一多：《泰戈尔批评》，《闻一多全集》第2卷，湖北人民出版社1993年版，第128页。

④ 闻一多：《评本学年〈周刊〉里的诗》，《闻一多全集》第2卷，湖北人民出版社1993年版，第40页。

然而，新诗界对闻一多的新诗格律观也有不同意见，如孙大雨就认为，虽然非格律诗就不叫诗，但格律诗并不应该机械地规定诗歌形式，诗歌既非“豆腐干”诗，也非简单刻板的平仄押韵的诗。他强调格律诗应该有自己特有的韵律、节奏，特有的意蕴和形式规范。如果说古代诗人创造了适合于文言表意系统的古典格律诗，那么，现代诗人也应该创造适合白话表意系统的现代格律诗，如同他后来所说的那样：新诗必须要有“整齐的语体韵文的节奏所赖以体现的音组”。①他认为，新诗如果“只有格律没有变换，读者就会因过于矫揉造作、拘泥形式而感到腻烦；如果以变换为主，做得过火，诗行最后势必变为散文”。他非常赞赏布里奇斯的说法：“说到韵律就有一个自然而然的情况，那就是一般的韵律应该是人们所熟悉和热爱的，这可以说是基本规律，但一段时间之后，人们的听觉便会感到不满足而希望这种韵律应该要有所突破。如果有人会对单一的韵律产生迷恋或满足且不允许有变换的话，那只能说他们缺乏对鉴赏韵律的天赋了。真正懂得并热爱韵律的人会觉得如果没有一定自由度的变换，就不能称为韵律，也就是说，只有在单一的韵律有所突破、有所变换时，韵律才能真正地开始显示出内在的美。”②孙大雨坚持主张以“音组”的方式创立新诗格律，不仅是为了提高新诗的艺术性，要新诗有格律和结构，而且也是要倡导一种与“诗情诗意以及诗人们底人生态度”相融合的新诗新格律形式。在他看来，具体的音节和音组制度就是新诗的适当的格律，原因主要有三：一是从语言中来，符合民族形式的条件，不太严也不太宽，一个音节基本

① 所谓“音组”，按孙大雨的解释，即是以两个或三个汉字为常数而有相应不同变化的结构来体现新诗的内在意蕴、节奏和韵律。它有别于英文格律诗中的“feet”，而是基于汉语意蕴而生成的一种格律。因此，孙大雨不同意闻一多将“feet”译为“音尺”的说法，认为所谓“音尺”（feet）实为“音步”，最多是一种外在的格律形式规范，与他主张的“音组”有很大的区别。参见孙大雨：《孙大雨诗文集》，河北教育出版社 1996 年版。

② 孙大雨：《屈原诗选英译》，上海外语教育出版社 1996 年版，第 634～635 页。

上是根据语言的意义和文法结构所连结成的一个字到四个字的语音单位；二是它顺利地承接了我们自己的古典传统；三是也合于普遍的音组原理，和国际间从古到今的一些实例和标准是一致的。①

孙大雨尊敬闻一多，钦佩他为人厚道和学问扎实，但对他的新诗格律理论持不同意见，指出过他在理论上的不完整性。②但是，这种不同意见并没有妨碍他们对诗歌的共同爱好，倒是给他们新诗格律探索带来了更多的思考，进行了许多有益于新诗发展的创作实践。

二

围绕新诗格律建设问题，闻一多和新月派同仁展开了多方面的探讨。徐志摩宣称“要把创格的新诗当一件认真事情做”，要发现新诗“新格式”“新音节”，为新诗创造“完美的形体”，因为“完美的形体是完美精神的唯一表现”。1926年5月27日，在《晨报副刊·诗镌》第9期上，他发表了《偶然》一诗：

我是天空里的一片云，
偶尔投影在你的波心——
　你不必惊异，
　更无须欢喜——
在转瞬间消灭了踪影。
你我相逢在黑夜的海上，
你有你的，我有我的，方向；
　你记得也好，
　最好你忘掉，
在这交会时互放的光亮。

① 参见孙大雨：《诗歌底格律》，《复旦学报》1956年第2期。
② 参见徐志摩：《诗刊·弁言》，《〈晨报〉副刊·诗镌》1926年第1期。

这首诗是徐志摩倡导新诗格律的典范之作。全诗上下两节诗，大体上对等匀称，第一节一、二、五句“云”“心”“影”押韵，三、四句“异”和“喜”押韵。同时，第二节一、二、五句“上”“向”“亮”押韵，三、四句“好”“掉”押韵。全诗格式整齐，音韵和谐，韵律富有音乐性。这首诗在新月派同仁中引起广泛响应，闻一多发表了《诗的格律》，饶孟侃发表了《新诗的音节》，两人都对建立新诗格律、格式、音尺、平仄、韵脚和形式规范等理论作了深入探讨，徐志摩就说：“在同仁中最卖力气的要首推饶孟侃与闻一多两位。”①

闻一多在《诗的格律》中提出了“音尺”即“音步”“音组”或“顿”等新诗格律、节奏、音顿等问题。他认为，诗的格律主要是 form（形状、形态、外形、形式），而不是单纯的 rhythm（节奏、韵律）。在他看来，新诗格律不同于旧体诗格律，应是由诗人自己创建和诗的内容相结合的、可以不断翻新的一种新的节奏形式。新诗应该具有“三美”，即音乐美（包括诗的音韵和节奏，即音节）、绘画美（包括诗的遣词和造句，即词藻）、建筑美（包括节的匀称和句的均齐）。他说可从两方面讲：“（一）属于视觉方面的；（二）属于听觉方面的。这两类其实又当分开来讲，因为它们是息息相关的。譬如，属于视觉方面的格律有节的匀称，有句的均齐。属于听觉方面的有格式，有音尺，有平仄，有韵脚；但是没有格式，也就没有节的匀称，没有音尺，也就没有句的均齐。”不过，新诗与古典律诗相比，它的格式是层出不穷的。新诗格式是相体裁衣，应突出精神与形体的调和之美，因为新诗格式是根据内容和诗人所秉持的精神而创作成的。他还认为，写诗如下棋，“游戏的趣味是要在一种规定的格律之内出奇制胜。做诗的趣味也是一样的。假如诗可以不要格律，做诗可不比下棋，打球，打麻将还容易些吗？”他说：“诗的所以能激发情感，完全在它的节奏；节奏便是格律。

① 徐志摩：《诗刊·放假》，《〈晨报〉副刊·诗镌》1926 年第 11 期。

莎士比亚的诗剧里往往遇见情绪紧张到万分的时候，使用韵语来描写。歌德作《浮士德》也曾用同类的手段，在他致席勒的信里就提到了这一层。"①在闻一多看来，《死水》就是自己在音节上最满意的第一次试验。他指出，一首诗的字数整齐与否，关系到新诗的成败与否，从这一点上就可以澄明诗的"内在的精神——节奏的存在与否"：

这是 一沟 绝望的 死水，（二字尺、二字尺、三字尺、二字尺）
清风 吹不起 半点 漪沦。（二字尺、三字尺、二字尺、二字尺）
不如 多扔些 破铜 烂铁，（二字尺、三字尺、二字尺、二字尺）
爽性 泼你的 剩菜 残羹。（二字尺、三字尺、二字尺、二字尺）

第一行，"这是／一沟／绝望的／死水"起，以后每一行都是用三个"二字尺"和一个"三字尺"构成的，每行的字数也是一样多。闻一多断言，新诗将来一定要走进格律形式建设和发展时期，这是受汉语这一独特的语言体系所规约的。

但是，孙大雨不赞同闻一多的观点，而是主张诗可以不押韵，但必须有"音组"保持新诗内在节奏，显示出新诗独特的艺术韵律。在他看来，新诗必须有的是"整齐的语体韵文的节奏所赖以体现的音组"，而"音组乃是音节的有秩序的进行；至于音节，那就是我们所习以为常但不大自觉的、基本上被意义或文法关系所形成的、时长相同或相似的语音组合单位"。他认为，音组才是以现代汉语为主导的新诗韵律形式，它是打通古典诗歌和外国诗歌内在关联的一个关键点。在《新月》第3卷第10期上，他发表了题为《一支芦笛》一诗，印证自己的观点：

① 闻一多：《诗的格律》，《〈晨报〉副刊·诗镌》1926年第7期。

自从 我有了 这一支 芦笛，
总是坐守着 黄昏 看天明，
又望得 西天 乌乌的 发黑：
从来 我不曾 吹弄过 一声，
我生怕 人天 各界 要心惊。

我只须 轻轻地 吹上 一声，
文凤，苍鹰，与负天 的鹏鸟，
山中 海上 不经见 的奇禽，
经不起 这一声青芦 号召，
都会 飞舞着 纷纷的 来朝。

要是 我随口 吹上了 两声，
不知 要吹出 几多的 懊恼，
几多 骇人的 失望 与欢欣，
萧霜的 白发 会回复 年少，
少年人 顿时 变成了 衰老。

我假如 放胆 吹得 第三声，
就有 阵阵的 天风 高缅藐，
吹落 那一天 的日月 星辰，
吹得 长虹 四窜兮 仙山倒，
弥勒 拍手兮 麻姑 哈哈笑。

自从 我有了 这一支 芦笛，
总是坐守着 黄昏 看天明，
又望得 西天 乌乌的 发黑：
从来 我不曾 吹弄过 一声，
我生怕 人天 各界 要心惊。

全诗的每一诗句，都是由不同的二字组、三字组构成，对“意象”的选择也具有古典的高贵、雅致风味，如“文凤”和“鹏鸟”的意象充满着神奇和高贵、悠远和华丽，这种意象的运用，加上富有韵律的“音组”节奏，使诗歌像是在述说一个神秘、深幽、迷人的故事，抑或是忆恋一场七彩迷离的梦幻，富有深厚的底蕴。

在孙大雨看来，新诗格律的建构，以“音组”为基准，形成整齐的新诗节奏，虽然不押脚韵，却不是漫无法度的散文断片，这样方能保持新诗内在韵律和节奏。他认为，语言中存在“通常一个词或一个语式往往凝结两三个字（语音）在一起的那个意义或文法所造成的语音关系”，写作者便是要充分“利用了这语音之间的粘着性”。在《诗歌的内容和形式》一文中，他说：“我必须声明我并不是无条件地反对‘自由诗’，只是说有些人无条件地反对格律诗，认为写‘自由诗’方是正路，写格律诗便是封建，乃是完全错误的。我主张散文、散文诗、自由韵文和格律诗，都可以随个人的喜爱，自由写作，不过对于这四种写法如果想作一个科学的认识，应当知道散文诗和自由韵文只是散文和诗歌（即格律诗）二者中间的交界地带，而不是和格律诗势均力敌、平分诗国秋色的写作方式。我并未否定惠特曼，只是批评他，说他在形式方面是西欧和美国现代派诗歌的开端，说他的作品混乱了诗歌与散文的形式，或者说，摧毁了诗歌的形式，如此而已。”①

平心而论，无论是闻一多的“音尺”说，还是饶孟侃的“音节”说，实际上都与孙大雨的“音组”有着内在的一致性的。他们的诗学观点所不同的是各自切入的角度和路径不大相同。闻一多以“音尺”为基础，要求新诗具有“节的匀称 ”和“句的均齐”的诗歌形体的“建筑美”，但真正地在创作实践中有时分寸难以把握，可能会出现机械的“音尺”现象，即“麻将牌”或“豆腐干”形式。不过，毕竟是用白话进行新诗创作，闻一多的探索是有开先河之功绩的，为规范新诗

① 孙大雨：《孙大雨诗文集》，河北教育出版社1996年版，第158~159页。

创作在理论和创作上都作出了重要的贡献。

三

闻一多对新诗格律最具建设性的主张，是他提出的新诗“三美”（即新诗的“音乐美”“绘画美”与“建筑美”）理论，这是他在中国新诗格律建设上最突出的贡献。他指出：“诗的实力不独包括音乐的美（音节），绘画的美（词藻），并且还有建筑的美（节的匀称和句的均齐）。”①他坚持认为，基于中国文化、美学的理念、原则和标准，特别是基于象形文字——汉字的独特文化与美学内涵，强调新诗格律形式建构，要求有其独特的“建筑美”，并与“音乐美”（独特的音节韵律）和“绘画美”（独特的词藻观感）紧密联系在一起，形成以现代汉语为主导的新诗格律内在逻辑，也即他所强调的“新诗的格式是相体裁衣”，是“根据内容的精神制造成的”，目的就是要保持新诗的内容与形式的协同性与谐和性，形成新诗抒发现代人思想情感的独特韵律。

在闻一多看来，主张新诗格律的“三美”原则，不是从外在方面去约束新诗创作，相反，是在遵循诗歌创作内在规律的逻辑原则中，从诗歌创作的内部要求来规范新诗的创作，形成新诗独特的格律。他认为，如同“棋不能废除规矩”一样，“诗也就不能废除格律”。早在1921年，他就认识到了新诗创作中的这个问题，指出“若真要作诗，只有新诗这一条道走”②，但是，新诗创作则必须遵循诗歌独有的格律原则，不然就不能称之为诗。尽管古代的格律诗已完成它的使命，但并不是说新诗创作就可以不遵守诗歌独有的格律形式原则。因此，确立新诗格律的“三美”原则，宗旨就是要求在规范新诗创作中，能够完整地体现用现代汉语创作的新诗，具有它的格律形式内在的一致性和完整

① 闻一多：《诗的格律》，《〈晨报〉副刊·诗镌》1926年第7期。
② 闻一多：《敬告落伍的诗家》，《清华周刊》1921年第211期。

性，体现出具有鲜明的汉语特征的新诗格律之美，也即真正形成中国新诗格律独特的韵律之美。他一再宣称："我要时时刻刻想着我是个中国人，我要做新诗，但是中国的新诗。" 那么，什么是中国的新诗呢？闻一多强调，首先是要遵循以汉语为语言方式的新诗，并非完全照搬非汉语系统的诗歌语言方式，既然是汉语创作诗，那就必须遵循汉语的音节和格律，形成以汉语为主导的新诗格律，使之具有汉语的独特韵味。其次，在这个认识基础上，他又再三强调，可以吸收非汉语的表达方式，指出中国的新诗无论是在内容上，还是在形式上，都应是"中西艺术结婚后产生的宁馨儿"①。而具体地反映在新诗的格律建构上，就是要以现代的美为"艺术的核心"，构成新诗格律的内在韵律性。他指出："诗的真价值，在内的原素，不在外在的原素。'言之有物'、'无病而呻'的诗固不应作，便是寻常琐屑的物，感冒风寒的病，也没有价值。"②他对此特别指出："格律越严，艺术越有趣味。"③他还将诗歌创作的这种特点，称之为"戴着脚镣跳舞"。在他眼中，遵循诗的格律规范，是创作诗的基本准则，不然，诗歌与小说、散文、戏剧混为一谈，也就丧失了诗歌的特性。

于是，闻一多为新诗格律"三美"设定了具体的内容，即"音乐美"突出的是新诗的音节与旋律的美，以使新诗格律形成不同于古典诗格律的独特韵律，也即在采用白话（现代汉语）的基础上，突出汉语诗歌独有的语言音韵、节奏之美，如他创作的《七子之歌》，就非常讲究用白话（现代汉语）的音节韵律，淋漓尽致地表达出他对被掠夺、被侵略、被殖民的国土的深沉之爱。他认为，任何形式的诗歌本身就应

---

① 闻一多：《〈女神〉之地方色彩》，《闻一多全集》第2卷，湖北人民出版社1993年版，第120页。

② 闻一多：《评本学年〈周刊〉里的诗》，《闻一多全集》第2卷，湖北人民出版社1993年版，第58页。

③ 闻一多：《律诗底研究》，《闻一多全集》第2卷，湖北人民出版社1993年版，第120页。

具有音乐的要素，与其他语言不同的是，汉语的音节所形成的韵律更具审美性，他说："词曲的音节在新诗的国境里并不全体是违禁物，不过要经过一番查验拣择罢了。"①以汉语创作诗，不论是古典的，还是现代的，都需要格律，需要遵循汉语的格律，形成汉语的韵律，这样才会使新诗也与古典诗一样，具有格律的"音乐美"，进而生成新诗新的结构形式，使之在阅读、吟唱等各个表现形式，都能显示出汉语诗歌独有的形式之美——"绘画美"和"建筑美"，以满足人们对诗歌的视觉、听觉等多方面的审美需求。闻一多指出："属于视觉方面的格律有节的匀称，有句的均齐。属于听觉方面的有格式，有音尺，有平仄，有韵脚。"用象形文字的汉语创作诗，不同于拼音文字，除了音节、格律等形式要求之外，还有可视、可听方面的审美需求，如他所指出的那样，还需要有符合可视、可听的"格式"，要"有节的匀称"，"有音尺"，"有句的均齐"。他说："因为我们的文字是象形的，我们中国人鉴赏文艺的时候，至少有一半的印象是要靠眼睛来传达的。原来文学本是占时间又占空间的一种艺术。既然占了空间，却又不能在视觉上引起一种具体的印象——这本是欧洲文字的一个缺憾。我们的文字有了引起这种印象的可能，如果我们不去利用它，真是可惜了。"他接着指出："诗的实力不独包括音乐的美（音节），绘画的美（词藻），并且还有建筑的美（节的匀称和句的均齐）。这样一来，诗的实力上又添了一支生力军，诗的声势更加浩大了。所以如果有人要问新诗的特点是什么，我们应该回答他：增加了一种建筑美的可能性是新诗的特点之一。"②显然，在闻一多那里，强调新诗格律的"绘画美"和"建筑美"，是与诗歌独有的格律具有音乐性（音节、节奏、旋律等）紧密对应和对接的，同时，也更是与汉语的语言特性完美对应和对接的，既遵循了诗歌创作的普遍规律，又充分地兼顾和保留了汉语诗歌独特格律（形式和韵律等）

---

① 闻一多：《〈冬夜〉评论》，《闻一多全集》第2卷，湖北人民出版社1993年版，第64~65页。

② 闻一多：《诗的格律》，《〈晨报〉副刊·诗镌》1926年第7期。

之美的特性。从这个维度来说，闻一多提出的新诗格律“三美”原则是具有艺术创造性和创新性特征的。

总的来说，闻一多提出的新诗格律“三美”理论主张，是一个完整的新诗格律理论学说，也是新诗的一种新的美学原则。“三美”的结构不是单纯的三种提法的相加，而是共同构成新诗格律的一种新的美学结构和创作原则，如同他所强调指出的那样：“律诗的格式是别人替我们定的，新诗的格式可以由我们自己的意匠来随时构造。”①这实际上也就是为新诗格律标明了一种创作的价值尺度和美学原则，展现出了新诗格律对古典格律诗的继承和扬弃的一种发展态势。

当然，新诗格律的“三美”原则，在创作实践中也出现了一些问题，最突出的就是有时形式过于刻板和单调，汉语独有的韵律还不能得以完美的展现。正是这样，新诗格律“三美”原则也引起了论争，如孙大雨就不赞同，而是提出了一整套基于他的“音组”主张的新诗格律理论。他依据“音组”理论创作新诗和翻译外国诗歌，先后创作了《诀绝》《爱》等三首中国式的十四行诗。其中《爱》被称为“中国最早的一首格律严谨的十四行体诗”。②

从中国新诗创作发展历程来看，孙大雨的“音组”理论也是具有创新精神的。如果说古典格律诗以古汉语的单音节的字作为词来传达诗意，那么，现代白话新诗就是以现代汉语的双音节的词作为最小的表意单位来构成诗歌的抒情结构和形式格律。正是在这个意义上，孙大雨所主张的新诗格律，就是由“音组”这种最小的音顿和节奏单位，通过诗歌特定的秩序来构成诗行，再由诗行发展为诗节、诗篇，形成新诗的格律、节奏和韵律的。这样，他的“音组”说就为建立新诗格律规范，提供了另一种建设性的思路和实践方式，如果与闻一多的新诗格律“三美”再相融，并在创作实践中进行反复的实验与修正，应该说，完

---

① 闻一多：《诗的格律》，《晨报副刊·诗镌》，1926年5月13日。

② 刊于1926年4月10日《晨报副刊·诗镌》，署名“孙子潜”，早于闻一多的第一首格律体新诗《死水》（《晨报副刊·诗镌》第3号，1926年4月15日）。

全是可以为新诗格律找到一条兼容性更好的方案和实践模式的。

就中国新诗格律运动和发展来说，虽然新月派同仁们意见不尽相同，但所取得的成就，则对推动中国新诗发展是作出了重要贡献的。正如闻一多所评价的那样：新月派诗人的主要功绩之一就是“发现了新诗的音节，即格律，也就是新诗的新形式”。徐志摩也指出：“一首诗的秘密也就是它的内含的音节，匀整与流动。明白了诗的生命是在它的内在的音节的道理，我们才能领会到诗的真的趣味。”其实，形式不是单纯的形式，而是内容的形式，新月派诗人对新诗格律形式的追求，也是对“唯美”人生理想的追求。所以，徐志摩又说：“不论思想怎样高尚，情绪怎样热烈，你得拿来澈底的音节化（那就是诗化）才可以取得诗的认识，要不然思想自思想，情绪自情绪，却不能说是诗。”对此，他总结说道：“第一在理论方面，我们讨论过新诗的音节与格律。我们干脆承认我们是旧派，假如新的意义不能与安那其的意义分离的话。想是我们的天资低，想是我们犯贱，分明有了时代解放给我们的充分自由不来享受，却甘心来自造镣铐给自己套上；放着随口曲的真新诗不做，却来试验什么画方豆腐干式一类的体例！”①朱自清对闻一多、徐志摩等新月派同仁提倡新诗格律评价也非常高，他指出：“他们真研究、真试验；每周有诗会，或讨论，或诵读。梁实秋氏说：这是第一次一伙人聚集起来诚心诚意的试验作新诗。虽然只出了十一号，留下的影响却很大。那时候大家都做格律诗；有些从前极不顾形式的，也上起规矩来了。”②

梁实秋在《现代中国文学之浪漫的趋势》一文中指出：“新诗的发生，在文字方面讲，是白话文运动的一部分。但新诗之所谓新者，不仅在文字方面，即形体上、艺术上亦与旧诗有不同处。诗并无新旧之分，只有中外可辨。我们所谓新诗就是外国式的诗。试取近年来的新诗以

① 徐志摩：《诗刊·放假》，《〈晨报〉副刊·诗镌》1926年第11期。

② 朱自清：《中国新文学大系·诗集序言》，上海良友图书印刷公司1935年版，第6页。

观，在体裁方面一反‘绝句’，‘律诗’，‘排韵’等旧诗体裁，所谓新的体裁者亦不是‘古诗’，‘乐府’，而是‘十四行体’，‘排句体’，‘颂赞体’……大多数采用的‘自由诗体’。写法则分段分行，有一行一读，亦有两行一读。……同时在艺术上也日趋于洋化。”①从中国新诗发展史来看，新月诗派同仁对新诗格律理论的建构，特别是闻一多的新诗格律“三美”理论的创立，为推动中国新诗的建设和发展作出了巨大贡献，在中国新诗发展史上享有崇高的地位。

① 梁实秋：《梁实秋自选集》（中国新文学丛刊），台湾黎明文化事业股份有限公司1975年版，第8页。

新旧蜕变中的闻一多诗艺探索与创新

陈国恩

（武汉大学）

一个诗人的成就高低和文学史地位，一般取决于个人的艺术天赋和创造才能，但也与他所处时代的文学思潮变迁和他对这些思潮所持的态度有关。闻一多在中国新诗史上，恰好处在新诗从初创期向成长期过渡的重要时刻。这时，诗人所面临的任务已不是文学革命初期的以破为主，而是从中西文化的碰撞中，在民族传统文化的现代转型之背景上，为新诗探索一条新的道路。闻一多把握住诗美本体，兼取中西诗学的长处，进行探索和创新。他的创作成就不仅标志着新诗发展的一个重要方向，而且折射出这一时期中国传统诗歌体制的蜕变和中西文化交融的某些规律，具有重要的理论价值和现实意义。

一

“五四”新诗运动是从打破旧诗的格律开始的。胡适在《论新诗》中提出，必须“推翻词调曲谱的种种束缚；不拘格律，不拘平仄，不拘长短；有什么题目，做什么诗；诗该怎么做，就怎么做”；后来他又把这一主张概括为“作诗如作文”。所谓“作诗如作文”，主要包含两方面的内容，一是用“自然的音节”取代旧诗的格律，二是以白话（口语）写诗。这原是针对旧诗的文言句法和僵化形式的。它一度被奉为金科玉律，结果大大推进了白话自由体诗歌的发展，实现了诗歌体式的现代化转型。但同时，其负面影响也是明显的，这就是助长了新诗的散文化倾向，使新诗在接近一般读者的同时，模糊了自身与散文的界限，损害了它独立的形式美。这就如周作人在《〈扬鞭集〉序》里指出的早期白话诗太过直白："一切作品都像是一个玻璃球，晶莹透澈得太厉害了，没有一点儿朦胧，因此也似乎缺少了一种余香与回味。"周作人认为诗歌要多一点"余香和回味"，就应该在创作中使用西方的象征手法。他又发现西方的象征手法在中国其实"古已有之"，这便是《诗经》中的"兴"。在周作人看来，"象征"是外来的东西，也是中国的老方法。中国的新诗"如往这一路走去，融合便可成功，真正的中国新诗就可以产生出来了"①。在"五四"诗坛多方探索新诗发展道路的背景下，闻一多开始了新诗格律化的理论探索和创作实践。还在清华"滞留"期间，闻一多就对胡适"自鸣得意"于纯粹的自由诗的音节提出了批评，他认为"'自然音节'最多不过是散文的音节。散文的音节当然没有诗底音节那样完美"。而诗的语言是"厚载情感的语言"，必须经过艺术的加工提炼，不能仅仅依赖方言的"天赋的"音节，因为"天赋的"音节是不圆满的时候居多。②这是他探索新诗格律的开端。后来他又相继写了《律诗的研究》《诗的格律》等文章，对新诗的格律问题作进一步研究。闻一多的用意，是给新诗建立一种新的形式规范，而在形式中，他尤重音乐美。他试图通过"二字尺"和"三字尺"在一行诗中的交替搭配和在上下诗行的交错安排，造成铿锵的节奏感，进而实现以"节的匀称"和"句的整齐"为主要特征的建筑美。闻一多的理论探索和创作实践，对于纠正当时新诗过于散文化的倾向无疑起到了积极的作用，但更重要的还在于它代表了新诗潮流的一次大的转折，即从新诗初创期的致力于打破旧诗格律的束缚，转向此时的在更高层次

① 张菊香：《周作人代表作》，黄河文艺出版社1987年版，第211页。

② 闻一多：《〈冬夜〉评论》，《闻一多全集》第2卷，湖北人民出版社1993年版，第64页。

上整合新诗与古典诗词的关系，使新诗走向诗艺的自觉和创作的成熟。

一般认为，“三美”诗论中“音乐美”，受到了西方诗歌语言构成规律的启发，但闻一多的最终参照系其实还是中国的古典律诗。他结合现代汉语特点，把西方的 foot 翻译成“音尺”，通过“二字尺”和“三音尺”的适当搭配所造成的节奏，就很像古典律诗借助平仄、粘对所达到的那种抑扬顿挫的效果，这种效果与徐志摩和朱湘的诗歌节奏中以音的强弱交替和急徐相继为特点的旋律美是有区别的。这意味着，闻一多是想通过节奏感向人们表明，现代白话新诗虽然因为采用了现代的汉语而实现了对古典律诗的彻底反叛，但照样可以在内在层面上实现古典律诗的一些重要的审美功能，比如诗的节奏感。自古以来，诗与音乐有天然的缘分，协律是诗的基本要求。尤其是词，它有曲调，最初是用于歌唱的。虽然后来词曲分离，但词按调来填，仍然保留了很强的旋律感。新诗采用白话，建立在文言基础上的格律完全废了，但这并非注定要排斥诗的音乐性。闻一多的功绩，就是提出新诗的“音乐美”，并且为采用白话语言形式的新诗找到了实现音乐美的方法和途径。他把抑扬顿挫的音乐美视为新诗最基本的审美特点，从这一点来看，可以看出他的新诗的形式观，尤其是他追求的那种音乐感，是从相背的方向上受到了古典律诗的深刻影响。他要实现旧体诗基于文言的那种通过平仄、对仗、押韵所造成的节奏，因而他的诗学思想是比较“传统”的。这也就不难理解他为何要在自由派诗歌方兴未艾之际宣称：“越有魄力的作家，越是要带着脚镣跳舞才跳得痛快，跳得好。只有不会跳舞的才会怪脚镣碍事，只有不会作诗的才会感觉格律的缚束。对于不会作诗的，格律是表现的障碍物；对于一个作家，格律便成了表现的利器。”①不过闻一多决非复古主义者，他打破古典律诗的外形，只把律诗的节奏美复活在新诗活的肌体里，从而在时代高度上完善了“五四”新诗对于古代

① 闻一多：《诗的格律》，《闻一多全集》第 2 卷，湖北人民出版社 1993 年版，第 139 页。

诗歌传统的继承。其实，向传统的某种程度的回归，正是新诗在探索出路的过程中所作出的一种选择。在20世纪20年代中期，这是一个带有普遍性的现象，如徐志摩、朱湘等向古典词学习，打破词的固定格式而吸收词的音乐美。毫无疑问，在这一向民族传统回归的潮流中，闻一多是一面高高飘扬的理论旗帜，并且取得了突出的创作成就，他正是凭此奠定了自己在新诗发展史上的重要地位。

二

文学发展的一个重要规律，是从粗糙到精细，从直露到含蓄。如果说新诗初创期不少作品还失之于粗糙和直露，那么到了新诗的成长期，诗艺的一个必然选择就是朝着精细和含蓄的方向发展。为此，闻一多所采取的策略之一是从浪漫主义的直抒胸臆转向通过意象来间接地抒情。例如，他在主张“戴着镣铐跳舞”的同时，又强调诗要有“浓丽繁密而具体的意象”。他反对在感情激昂时写诗，认为这会损害诗美，而主张加以冷处理，把诗情融铸到意象中，使之变得深沉凝练。他的代表作《死水》一诗的艺术魅力，不只在诗形的整齐与音节的铿锵上，更在于幻想的奇特和意象的新鲜上。意象艺术，在中国古典诗词中源远流长，有极为丰富的经验积累。对意象艺术的追求，不仅使闻一多顺应了新诗发展的内在规律，使他的诗风趋于沉郁，而且也使他的诗艺多了一重与中国古典诗歌的精神联系。

不过，仔细考察闻一多的《红烛》与《死水》，可以发现他前后期作品的意象在质地、情调、感情色彩等方面是有所不同的。《红烛》时期的意象，有不少是漂泊的游子、失群的孤雁（《孤雁》）、悲凉的秋色（《秋深了》）、荒芜的废园（《废园》），写尽了他在美国留学时那种去国离乡的忧愁和寂寞。但在忧愁和寂寞的背面，却是对祖国、家乡和亲人的思念，空间的阻隔只会把这种思念加重、加深、加浓。因此，这些意象看似悲凉，实则充满温情和暖意，其中寄托了他在异国他乡的美好热烈的情思。而在另一些作品中，如《太阳吟》《忆菊》，他就把这种爱国热情正面表达出来了。即使是写到“死”的诗篇，这时也没有一点令人恐惧的感觉。《李白之死》是浪漫之极的死法，折射出作者所受的唯美主义的影响，而且反映了他前期对“死亡”所持的神秘主义的轮回观念，即死是整个生死循环中的一个环节，不是生命在时空中的绝对结束。因此，他有时还有一种抑制不住的冲动，期望在美丽的死中求得一个圆满的归宿。在题为《死》的一首诗中，他就这样写道：“你若赏给我快乐，/我就快乐死了；/你若赐给我痛苦，/我也痛苦死了；/死是我对你唯一的要求，/死是我对你无上的贡献。”死亡似乎成了人生的一种仪式、一个美丽的象征，因而他要恳求死的降临：“让我淹死在你眼睛底汪波里！/让我烧死在你心房底熔炉里！/让我醉死在你音乐底琼醪里！/让我闷死在你呼吸底馥郁里！”这里，“死”的意象放逐了绝望和恐惧，转化为幻想中的一种浪漫姿态，说明诗人并没有真正体验到生存的困境，人们也可以从中看出古代落拓不羁的文人做派的某些遗传。

《死水》时期的意象则有了重要的变化。“死水”披着桃红翠绿的外衣，格外让人觉得现实的丑陋和生命的无望。《泪雨》以泪为中心的意象贯穿人的一生：生命的阳春季节，“他”流着啼饥号寒的泪，他少年的泪像“夏雨一般的滂沛”，中年的泪似秋雨的淅沥，老年的泪是悲哀的总和——春夏秋冬，长年累月，和着眼泪，哀莫大于此。闻一多目睹了国内军阀混战、生灵涂炭的惨状，对生命的存在有了更深的悲剧性感受。他不再像前期那样单纯而轻飘地赞美死亡，而是承认生存的艰难，有了更强烈的现实感。于是，他可以与“死亡”的意象拉大距离，回过头来加以冷静地审视，产生了一种间离的反讽的艺术效果。如《末日》，“我”静候着远道来的客人——死神：“露水在笕筒里哽咽着，/芭蕉的绿舌头舔着玻璃窗，/四围的垩壁都往后退”，这些都是死神到来时呈现的阴森诡谲的景象。诗人并没有过多地表露自我的感情，他只是借助这些景象来反衬死神的冷酷无情和无所不在，暗示人力的微不足道，难以抗拒死神的捉弄和摆布。即使是《春光》这样一般可以写成欢快乐章的诗题，闻一多也仅仅是把“春光”的意象用作背景，来反衬要饭的瞎子的可怜：

静得像入定了的一般，那天竹，
那天竹上密叶遮不住的珊瑚；
那碧桃；在朝暾里运气的麻雀。
春光从一张张的绿叶上爬过。
蓦地一道阳光晃过我的眼前，
我眼睛里飞出了万支的金箭，
我耳边又谣传着翅膀的摩声，
仿佛有一群天使在空中逻巡……

忽地深巷里迸出了一声清籁：
“可怜可怜我这瞎子，老爷太太！”

很明显，前期的闻一多诗歌常作苦语，是跟青春的浪漫激情联系在一起的；后期的一些作品或者用语冷静客观，是绚烂之极后的归于平淡，包含了历史的沧桑感——这就是沉郁；或者是那些目睹了现实黑暗后悲愤的怒吼：

我来了，我喊一声，迸着血泪，
“这不是我的中华，不对，不对！”
我来了，因为我听见你叫我；
鞭着时间的罡风，擎一把火，
我来了，不知道是一场空喜。
我会见的是噩梦，那里是你？
那是恐怖，是噩梦挂着悬崖，

那不是你，那不是我的心爱！
我追问青天，逼迫八面的风，
我问，（拳头擂着大地的赤胸）
总问不出消息；我哭着叫你，
呕出一颗心来，——在我心里！

（《发现》）

诗风趋于激昂——更为遒劲有力。

三

闻一多自觉沟通与民族传统文化的联系，但这并没有妨碍他广泛吸收西方文化的优秀成果来提高自己的诗艺。他在《〈女神〉之地方色彩》中说："新诗径直是'新'的，不但新于中国固有的诗，而且新于西方固有的诗；换言之，他不要做纯粹的本地诗，但还要保存本地的色彩，他不要做纯粹的外洋诗，但又要尽量地吸收外洋诗底长处；他要做中西艺术结婚后产生的宁馨儿。"①回过头来看，闻一多的成就主要就得益于这种开放的心胸和开阔的视野。例如，他所采取的意象化抒情策略，事实上是他基于对诗美的追求、综合地受到中西诗艺的影响所致。

闻一多前期的诗歌不乏浪漫主义的激情，这是整个"五四"浪漫主义思潮在他身上的回响。但是浪漫主义诗歌不久暴露出感情空泛、语言缺乏节制的弱点，闻一多对此是有所察觉的，他批评说："他们最称心的工作是把所谓'自我'披露出来，是让世界知道'我'也是一个多才多艺，善病工愁的少年；并且在文艺的镜子里照见自己那倜傥的风姿，还带着几点多情的眼泪，啊！啊！那是多么有趣的事！多么浪漫！

① 闻一多：《〈女神〉之地方色彩》，《闻一多全集》，湖北人民出版社 1993 年版，第 118 页。

不错，他们所谓浪漫主义，正浪漫在这一点上，和文艺的派别绝不发生关系。”①他的批评显得尖锐，但却中肯。为了纠正这一弊端，他除了提倡格律化，还有就是采用意象化的抒情方法。梁实秋在谈到这一时期的闻一多时说：“他对于当时美国所谓‘意象派’的新诗运动发生兴趣，特别喜爱的是擅长细腻描写的 Fletcher。他说‘他是设色的神手，他的诗充满浓丽的东方色彩。’”②美国的意象派诗歌运动其实是受中国唐诗意象艺术的影响，闻一多从中西诗艺的融合中获得了灵感，找到了中国新诗的一条出路，同时也因此受到了现代派诗潮的影响。

意象，总是连接着主观世界和客观世界，高度浓缩了主体对客体的感受，由它来抒情，就避免了感情的直露。象征主义的诗取代浪漫派诗歌，很大程度上是因为诗人发现了世界原是一个象征的森林，可以通过暗示、联想来曲折地传达诗意。意象这时被现代派诗人看中，是因为意象之间的联络线索可以隐藏起来，进而把诗人的自我隐蔽起来，同时意象又具有很强的暗示性，能够引发人的丰富联想，因此它足以充当现代派诗歌的抒情中介。但不可否认，象征派诗歌的意象与浪漫派诗歌的抒情手段——奇特的想象观照下的鲜明形象有着非常密切的关系，两者的区别仅仅在于抒情主体的情感融化在象征派诗歌的意象里，而浪漫派诗中的形象则是漂流在情感的海洋里的。从浪漫派的诗歌形象到象征派诗的意象，是抒情主体的情感深化、凝炼化的过程，也是诗意不断趋向含蓄深沉的过程。这表明了，意象同时又是连接浪漫主义和现代主义这两种艺术的重要中介。正是通过这一中介，闻一多在西方现代派诗歌的影响下找到了浪漫主义和现代主义兼容的途径。

闻一多的许多诗篇确有现代主义的因素，如《李白之死》《剑匣》《死水》等，包含唯美主义的成分，梁实秋认为《死水》还另外受到多方面的影响：“整齐的形式，有规律的节奏，是霍斯曼的作风的影响。

---

① 闻一多：《诗的格律》，《闻一多全集》第2卷，湖北人民出版社1993年版，第139页。

② 梁实秋：《谈闻一多》，台湾传记文学出版社1967年版，第26页。

那丑恶的描写，是勃朗宁的味道，那细腻的刻划，是丁尼孙的手段。”① 他的《奇迹》大量运用暗示、联想、象征的手法，抒发内心的激情，更表现出很强的现代派色彩。这首诗，“实际是一多在这个时候在情感上吹起了一点涟漪，情形并不太严重，因为在情感刚刚生出一个蓓蕾的时候就把它掐死了，但是在内心里当然是有一番折腾，写出诗来仍然是那样的回肠荡气”②。梁实秋是把这首诗当情诗来看——即使是浪漫的情诗，由于闻一多的婚姻观念比较传统，在遭遇情理冲突时总是倾向于以理抑情，因而写出来时依然闪烁其词，故意用了一系列瑰丽意象的跳跃性连接，使诗意显得含混，这无疑是很合乎现代派诗歌追求半隐半现表达效果的艺术风格的。

闻一多的另一个重要贡献，是带头进行新诗戏剧化的理论探讨和创作实践。自格律化运动开展以后，一些模仿者刻意雕琢，使豆腐干体充斥诗坛，因而招致了不少非议。但闻一多的本意并非要造成一种新的刻板诗体，他认为，新诗的格式是“层出不穷的”，是“根据内容的精神制造的”，“可以由我们自己的意匠来随时构造”的。③作为策略之一，他把戏剧的手法引入诗歌。闻一多早年参与过许多戏剧活动，有丰富的舞台经验，他把戏剧的对白、独白、旁白化入诗句，写下了《罪过》《“你指着太阳起誓”》《大鼓师》《也许》《末日》《发现》《一句话》《洗衣歌》《忘掉她》《泪雨》《死水》《夜歌》《荒村》《飞毛腿》《闻一多先生的书桌》等优秀的诗篇。戏剧化成分的介入，把诗的主观化抒情提升为客观化的呈现，而把诗人自我隐去，借此达到了“非个人化”的境界。这样，既避免了浪漫派诗歌的直抒胸臆，又在相当程度上克服了新诗格律化的某些消极后果，使诗艺趋向深邃而富有变化。新诗戏剧化理论的集大成者袁可嘉，在《新诗的戏剧化》一文中提出诗

① 梁实秋：《谈闻一多》，台湾传记文学出版社 1967 年版，第 36 页。

② 梁实秋：《谈闻一多》，台湾传记文学出版社 1967 年版，第 87 页。

③ 闻一多：《诗的格律》，《闻一多全集》第 2 卷，湖北人民出版社 1993 年版，第 141~142 页。

歌的戏剧化有三个方向：一是比较内向的诗人把思想和感觉的波动借助于对客观事物的精神的认识加以表现；二是比较外向的诗人通过对心理的了解，利用诗人的机智把对象写得栩栩如生，而诗人个人的情感从不彻底袒露；三是写诗剧，配合现实、象征、玄学的综合传统。新诗的戏剧化由此在20世纪40年代突现于诗坛，成了新诗超越格律化、走向“现代化”的一个重要标志，进而形成了一个引人瞩目的现代主义诗潮。可是追根溯源，这一诗潮的直接源头恰在闻一多。闻一多不仅进行新诗戏剧化的实践，而且早在1928年就在理论上涉及了新诗戏剧化的命题：“一个诗人——假如他是个能手——顿时就能捉住他那题材的精神，精神捉到了，再拿象征的或戏剧的方法给装扮起来，就比较容易了。”①到40年代，他受现实斗争情势的鼓动，把戏剧化的问题提得更高：“新诗所用的语言更是向小说戏剧跨进了一大步，这不仅是新诗之所以‘新’的第一个，也是最主要的一个理由。”②作为西南联合大学的老师，他的这些诗学思想对于学生辈的袁可嘉等40年代的现代派诗人的影响是不言而喻的。因此，有学者认为，西南联合大学诗人群实际是通过闻一多—卞之琳的中介，理解了艾略特、里尔克和奥登，反过来又把自闻一多开始的诗歌戏剧化的追求推向一个更成熟的阶段。③这就表明了，在浪漫主义诗风经过格律化运动再向现代派诗艺前进的过程中，闻一多不仅自己广泛吸收了西方诗歌，包括现代派诗艺的营养，超越了他自己大力推动的格律诗派，而且他是整个这一过程中承前启后的重要的人物。

---

① 闻一多：《先拉飞主义》，《闻一多全集》第2卷，湖北人民出版社1993年版，第157页。

② 闻一多：《新诗的前途》，《火之源》第5、6期合刊，1945年12月。

③ 参见程光炜的《闻一多新诗理论探索》，《文学评论》1998年第2期；陈卫的《试论闻一多诗歌的戏剧化》，《东方丛刊》（桂林）1998年第2期。

四

闻一多在浪漫时代开始诗歌创作，很快走向古典和浪漫相调和的阶段，后来又悄悄向现代派倾斜。他的诗歌创作的成就，主要与这种与时俱进的敏捷和广泛吸收中西文学的精髓加以融会贯通的创造密切相关，同时也与他不甘平庸，勇于另辟蹊径、独树一帜的艺术胆识有关。中国新诗从初创期的写实主义，到创造社为代表的浪漫主义，然后改变方向，走上新古典主义的格律诗的路子，同时又在现实主义主潮的空隙间横空出世似地滋生出现代主义的新异诗风，可以说，在这整个过程中，闻一多既有引领潮流的时候，也有被潮流推着走的时候。他从小打下的国学基础，青年时代留学美国时所学的西方文学和艺术，为他在新诗大潮中勇猛搏击——兼容中西、独树一帜，却又与时俱进、不固步自封提供了得天独厚的条件。

当然，一切外部的因素最终都要通过内在条件——个体的人格起作用。梁实秋曾自称是“古典的头脑，浪漫的心肠”，这话若移用到闻一多身上，也非常适用。闻一多不乏浪漫的激情，他的《红豆》有热切的相思、水样的柔情；《“你指着太阳起誓”》，是受伤者的激愤的抗议，震撼人心；《相遇已成过去》用英文写成，诗人在致梁实秋的信中说：“前数星期作了一首英文诗，我可以抄给你看看。人非木石，孰能无情。”梁实秋后来回忆说：“一多的这一首英文诗，本事已不可考，想来是在演戏中有了什么邂逅，他为人热情如火，但在男女私情方面总是战战兢兢的在萌芽时就毅然掐死它，所以这首诗里有那么多的凄怆。”①凡此种种，从一个侧面透露出闻一多矛盾的人格：“浪漫的心

① 《相遇已成过去》英文原诗和梁实秋的回忆文字，皆见于梁实秋的《谈闻一多》，台湾传记文学出版社 1967 年版，第 53~56 页。此诗后来由许芥昱译成中文，发表于《诗刊》1981 年 4 月号，现收于《闻一多全集》第 1 卷，湖北人民出版社 1993 年版，第 268~269 页。

肠”是时代精神在诗人身上的投影，“古典的头脑”是传统文化的力量在他心里的遗留所致。两方面互相渗透，从内心支撑了闻一多对时代精神的热烈响应，又与众不同地对五千年的中华文明表达无限的崇敬；制约了他在诗歌创作中要以规范的形式来节制浪漫的诗情，从而达到古典和浪漫相调和的独特风格；也决定了他在生活中遭遇激情时，总是倾向于以理节情，用意志压抑生命的欲望，使行为不悖乎日常的道德，哪怕生命中的“奇迹”就在这一刻失之交臂，给日后的岁月留下沉重的叹息。对这种内在的矛盾，闻一多是意识到的：“我本无可留恋于生活的，然而我又意志薄弱，不能钳制我的生活欲！。……浪漫‘性’我诚有的，浪漫‘力’却不是我有的。”①古人说：“文如其人”，“风格即人格”。很明显，这种从内在的人格矛盾中表现出来的道德倾向，跟新人文主义的理想一致，也是足以跟他的沉郁的诗风互为表里、相互印证的。

总之，闻一多处于新诗潮流变化发展的一个极为重要的阶段，他身上折射了历史和个人的多重矛盾性。这成全了他内心世界的丰富性、诗艺的精萃性，也孕育了他后来作出种种关键性选择的潜在可能性。

① 闻一多：《致梁实秋》，《闻一多全集》第12卷，湖北人民出版社1993年版，第139页。

闻一多的诗歌“隐语”研究论①

刘殿祥

（山西大同大学）

闻一多的《诗经》研究既从诗歌起源角度发现《诗经》是从歌到诗、歌与诗合流的产物而具有歌的节奏美和诗的从记事到抒情的特性，又在研究《诗经》的性欲观时发现了明言、隐喻、暗示、联想、象征等艺术表现方式。随着他《诗经》研究的深入，论定了《诗经》在内容上多为情歌、形式上多为民歌后，进一步发现了《诗经》在情爱表现方面的一种艺术方法和语言修辞，那就是隐语的运用。从《诗经》的隐喻性欲表现到以隐语指代两性关系的发现，是闻一多之于《诗经》艺术美研究的深化，隐语的发现是闻一多研究《诗经》的重大收获，也是对古代诗歌艺术美研究的一大贡献。

闻一多在研究《诗经》的过程中，一方面自然深感传统《诗经》学所总结出的赋、比、兴三者之美，另一方面，他以现代诗学范畴和诗学理论发现出《诗经》更多样化的艺术形式，即如在《诗经的性欲观》中借用现代诗学范畴和理论提出《诗经》在艺术表现中的隐喻、暗示、联想、象征等方法。在此基础上，闻一多结合古典诗学和现代诗学范畴及理论，在深入研究《诗经》的艺术表现后，发现《诗经》在情歌和民歌中大量运用了“隐语”，他以《诗经》中出现的以“鱼”为中心

---

① 本文系作者主持国家社会科学基金项目《现代化视域中的闻一多古典学术研究论》（项目编号：12BZW079）的阶段性成果。

的语词和意象为例证，提出了诗歌“隐语”理论。《诗经》中“隐语”的发现，既是传统“赋、比、兴”理论的发展，又是闻一多对自己此前运用西方诗学范畴和理论的突破，构成了他对《诗经》艺术美发现的重要内容。

在《诗经的性欲观》中，闻一多就已经发现了《诗经》表现性爱的多种意象如“虹”“云”“雨”“风”“笱”等，以及“用水鸟比男性，鱼比女性，鸟入水捕鱼比两性的结合”①，他把这些归为“隐喻”的范畴。到1945年发表的《说鱼》中，闻一多就将作于1927年的《诗经的性欲观》中称为隐喻的艺术方法称作隐语了。在《说鱼》中，闻一多把鱼作为《诗经》中一个典型的隐语来研究，并以鱼为例提出了关于隐语的理论。《诗经》中出现的“鱼”为隐语，那么可见如“虹”“云”“雨”“风”“笱”“鸟”等表示两性关系的语词也都属于隐语。此前认为是隐喻，在《说鱼》中认为是隐语，基本上是同样的对象，虽然一字之差，但大异其趣。闻一多正是在与隐喻的比较中界定隐语的，他说：“隐语古人只称隐（讔），他的手段和喻一样，而目的完全相反，喻训晓，是借另一事物来把本来说不明白的说得明白点；隐训藏，是借另一事物来把本来可以说得明白的说得不明白点。喻与隐是对立的，只因二者的手段都是拐着弯儿，借另一件事物来说明一事物，所以常常被人混淆起来。”② 事实上，二者之间总有所联系。闻一多从目的、手段、效果三个方面比较了隐语和隐喻，认为他们的区别主要在于目的，隐喻的目的“似乎一壁在喻，一壁在隐”，即喻中有隐；而隐语的目的则是隐中有喻，“作为隐藏工具的（谜面）和被隐藏的（谜底），常常是两个不同量的质，而前者（谜面）的量多于后者（谜底），以量多的代替量少的，表面上虽是隐藏（隐藏的只是名），实质上反而

① 闻一多：《诗经的性欲观》，《闻一多全集》第3卷，湖北人民出版社1994年版，第175页。

② 闻一多：《说鱼》，《闻一多全集》第3卷，湖北人民出版社1994年版，第231页。

让后者的质更凸出了”。也就是说，隐喻的目的是把难于理解的以比喻说清楚，从隐到喻（即晓）；而隐语的目的则是“揣着明白说糊涂”，从喻到隐，说出的是谜面而藏起了谜底。但二者的手段和效果一样，在手段上都是借他物来说本事而不直接言本事；在效果上，一方面增加了语趣而赋有艺术效果，另一方面都是为了晓明事物，只是隐喻是通过相类似物理解本物，隐语主要是通过“谜面”揭晓“谜底”，用闻一多的说法是，以“量多”质少的“谜面”突出量少“质多”的“谜底”。在此界定基础上，闻一多进一步追溯了隐语的渊源，说明了隐语的作用，指出了隐语应用的范围。首先，从隐语的渊源方面，他认为，隐在《六经》中相当于《易》的“象”和《诗》的“兴”（喻则是《诗》的“比”），“预言必须有神秘性（天机不可泄露），所以占卜家的语言中少不了象。《诗》——作为社会诗和政治诗的雅，和作为风情诗的风，在各种性质的沓布（taboo）的监视下，必须带着伪装，秘密活动，所以诗人的语言中，尤其不能没有兴。象与兴实际都是隐，有话不能明说的隐，所以《易》有《诗》的效果，《诗》亦兼《易》的功能，而二者在形式上往往不能分别”①。《诗》的“兴”和《易》的“象”在中国古典诗学理论中成为重要的诗学范畴，后来又有“兴象”；联系西方诗学理论范畴中的“意象”和“象征”，闻一多认为都可以是“隐语”，也就是说，隐语是和中国传统诗学中的“兴”“象”“兴象”和西方诗学理论中的“意象”“象征”属于同类范畴，都是诗歌艺术表现手段。诗歌在抒情写意时，不明言，不直言，不轻言，而是以他物起兴，立象以尽意，以意象抒情，以“兴象”“意象”“隐语”象征性地表现主体精神。诗歌的艺术美不在于直接抒情，过分地直露使得诗歌一览无余，毫无兴味，其艺术美在于以多种艺术手段如运用“兴象”“意象”“象征”“隐语”等造成含蓄蕴藉的艺术效果，在不确指中形成无

① 闻一多:《说鱼》,《闻一多全集》第 3 卷，湖北人民出版社 1994 年版，第 232 页。

限广阔的艺术思维空间，使读者在对诗人诗作的艺术精神探索中感受艺术的无穷魅力。其次，具体到隐语的作用，闻一多从人类心理动因予以探索，他说："隐语的作用，不仅是消极的解决困难，而且是积极的增加兴趣，困难愈大，活动愈秘密，兴趣愈浓厚，这里边是隐语的，也便是《易》与《诗》的魔力的泉源。"从人类心理角度，轻而易举的事往往会索然无味，而经过克服相当困难的收获才有兴味；另一方面，探究事物的隐秘对人类有永久的吸引力，这两方面体现到诗歌艺术中，诗人一则以如隐语之类的手段增加阅读的困难，另一方面也就设置了语言表象后面的艺术"秘密"，这都会吸引读者既去"解决困难"以理解隐语背后的本质，又去探索艺术的"奥秘"，获得艺术欣赏的极大兴味。诗歌中的隐语如同刘勰在《文心雕龙》中所说，"遁辞以隐意，谲譬以指事"。隐固然是艺术手段，其实也是艺术本体所在，艺术欣赏就是寻找隐语背后的诗歌本质含义。表面看起来，诗歌艺术的"解隐"过程似乎与"猜谜"过程相类似，闻一多确也借用"谜面"与"谜底"的关系来说明隐语，但他认为诗歌隐语和游戏中的谜语毕竟在作用上有本质的不同，谜语是在根本没有隐藏的必要时，纯粹地为隐藏而隐藏，仅仅是兴趣的游戏，是一种魔力的滥用，其魔力也是廉价的，因为他不是必需品，所以，谜语是"耍把戏"的语言，和诗歌艺术的隐语自然不能等量齐观，相提并论。但不可否认，隐语和谜语之间有相通之处。第三，从隐语的功能价值角度论述了隐语的应用范围。他说："隐语应用的范围，在古人生活中，几乎是难以想象的广泛。那是因为他有着一种选择作用的社会功能，在外交场中（尤其是青年男女间的社交），他就是智力测验的尺度。国家靠他甄拔贤才，个人靠他选择配偶，甚至就集体的观点说，敌国间还靠他伺探对方的实力。"这是隐语作为一种社会性的实用功能的广泛应用，包括日常的谜语。而隐语更主要体现为一种艺术价值，闻一多认为隐语的艺术价值亦是以其社会价值为基础，由此而成为"一种充沛着现实性的艺术"。正是这种高于谜语的"现实性艺术"，运用到诗歌中，隐语就成为强化诗歌艺术美的手段，也正是因为在诗歌中的运用，隐语自身的艺术价值尤其充分地得以体现。

闻一多是在《诗经》中发现隐语，在《说鱼》中提出隐语理论，以《诗经》中的“鱼”为典型的隐语而进行论述。实际上在明确提出隐语之前，他已经触及《诗经》中的隐语。早在1927年的《诗经的性欲观》中就发现《诗经》表现性欲的象征性对象如“虹、云、雨、风、笱、鱼”等，当时视为隐喻；1935年发表的《高唐神女传说之分析》及随后的《朝云考》就寻绎出《诗经》中写到鱼的诗歌，指出：“在《国风》里男女间往往用鱼来比喻他或她的地方”①，同时释“隮”、释“虹”、释“饥”，是将“隮”“虹”和“饥”看作与“鱼”同类的两性关系意义象征。这都还没有明确为隐语，到1945年的《说鱼》，闻一多就正式提出《诗经》中的隐语运用，并从理论上进行总结，在《诗经》的实际中进行了考察。由此可见，第一，闻一多对《诗经》中隐语的发现是经过了一个漫长的探索过程，这个过程既是他研究《诗经》的历程，也是他整个学术研究的历程，在此历程中他的研究是在不断地发展和深化中；第二，理论源于实践，隐语理论既来自他的实际研究中，又源自以《诗经》为代表的中国古典诗歌的具体作品中；既而在理论的指导下深入探究和发现《诗经》的艺术美。正是在《诗经》作品的深入研究和具体隐语的考察中，闻一多发现出《诗经》中不同于“兴”、不同于“比”、不同于隐喻的隐语，他对《诗经》中所出现的“鱼”个案进行了细致的考察。

闻一多在《说鱼》中指出，“鱼”是代替“匹偶”或“情侣”的隐语，“打鱼”“钓鱼”是“求偶”的隐语，“烹鱼”“吃鱼”是合欢或结配的隐语，吃鱼的鸟类和兽类如《诗经》和历代及各地民歌中出现的“鹈鹕”“白鹭”“雁”“獭”“野猫”等是情侣中主动一方的隐语，被动的一方即比作鱼。闻一多在《说鱼》中基本依照时代顺序，梳理

① 闻一多：《高唐神女传说之分析》，《闻一多全集》第3卷，湖北人民出版社1994年版，第3页。

和引证了有关“鱼”的诗歌特别是民歌，包括打鱼、钓鱼、烹鱼、吃鱼等隐语所表现的男女关系过程的诗歌。闻一多原本就将《诗经》中的大部分诗歌特别是《国风》从“经”还原为情歌和民歌，《诗经》中鱼的隐语也基本上出现在作为情歌和民歌类的诗歌中，《诗经》对后代诗歌的影响一方面指向文人诗，另一方面指向民间诗。民间保留了《诗经》的以民歌形式表现情歌内容的传统也是题中应有之义，或者也可以说，《诗经》中相当一部分诗歌本来就“采”自民间，民间歌谣从《诗经》时代就自成系统而发展到即使现代也自有其传统，闻一多正是以从现代民歌上溯古代民歌以历史还原法逆推出《诗经》的情歌内容和民歌艺术形态，自然也就逆推出隐语的艺术表现方式。显而易见，鱼作为诗歌隐语既最早见于《诗经》中，又见于历代诗词歌赋中，更多见于流传于各民族、各地域的民间歌谣中。闻一多广收和博采了各地各族的吟咏鱼的民歌，除自己亲自采集外，参照了陈志良的《广西特种民族歌谣集》，陈国均的《贵州苗夷歌谣》《民俗》及北京大学研究所的《国学门月刊》，在《说鱼》中进行征引，与《诗经》中咏鱼的诗歌相映生辉，共同证明了诗歌中“鱼”作为情侣和匹偶隐语的永恒性和广泛性。闻一多的《说鱼》汇集了中国诗歌中以鱼为“主题词”的大部分诗歌，从《诗经》开始到历代诗歌，从诗词到歌赋，从文人诗到民间歌谣，从各个民族的民歌到各个地域的民歌，涉猎之广泛正说明了“鱼”这一物象之于诗歌创作的吸引力，《说鱼》可以说是一部“鱼”诗歌的集大成作。其中以《诗经》为源头，特别大量汇集了“咏鱼”的民歌，既可见与《诗经》在情歌内容和民歌形式及隐语运用方面的对应关系，更可见对于鱼的民间观念。

应该说，《诗经》作为中国最古老的诗歌包含着或透示着最原始的观念，而民歌包含着或最是能体现出民间观念的，而民间观念在相当程度上是历史传承下来的，其中不无原始观念的遗留。从《诗经》中的情歌到现代民歌，既可以看到原始观念又可以把握民间观念。而诗歌中多以鱼为歌咏对象、以鱼为情偶隐语，不仅仅是艺术表现的需要，其象征意义的背后隐含着更为深远的原始观念，包含着更为深厚的民间观念。鱼作为隐语的象征意义，无论是原始观念，还是民间观念，都有其深层的历史动因和文化起源意义。那么，为什么古今中外各民族都对鱼如此钟情，为什么诗歌特别是民歌中如此不厌其烦地歌咏鱼，鱼为什么会在诗歌中成为情偶的隐语？闻一多对此的解释是，因为鱼具有强大的繁殖功能，所以在以繁衍后代为目的的两性婚姻关系中，鱼成为两性关系的隐语，他说：“为什么用鱼来象征配偶呢？这除了他的繁殖功能，似乎没有更好的解释。大家都知道，在原始人类的观念里，婚姻是人生第一大事，而传种是婚姻的唯一目的，这在我国古代的礼俗中，表现得非常清楚，不必赘述。种族的繁殖既如此被重视，而鱼是繁殖力最强的一种生物，所以在古代，把一个人比作鱼，在某一意义上，差不多就等于恭维他是最好的人，而在青年男女间，若称对方为鱼，那就等于说：‘你是我最理想的配偶！’现在浙东婚俗，新妇出轿门时，以铜钱撒地，谓之‘鲤鱼撒子’，便是这观念最好的说明，上引《寻甸民歌》‘只见鲤鱼来摆子’，也暴露了同样的意识。”① 鱼作为一种自然生物，具有强大的繁殖力是自然现象，而两性婚姻和种族繁衍是人类的社会现象，两者的联系反映在人类观念中生成了诗歌中鱼的隐语象征意义。但鱼作为闻一多所说婚姻关系中基于传种的情侣、匹偶观念并非鱼之于人类的最原始观念，正如诗歌是人类文明后起的文化形式一样，鱼的繁殖力象征人类婚姻的观念也是后起的，如母系氏族时期既没有出现婚姻，也就不会以鱼来象征爱情中的情侣和婚姻中的传种。按照摩尔根《古代社会》的观点，人类的史前史分三个阶段，蒙昧时代、野蛮时代和文明时代，恩格斯将各时代特征概括为：“蒙昧时代是以采集现成的天然食物为主的时期；人类的制造品主要是用作这种采集的辅助工具。野蛮时代是学会经营畜牧业和农业的时期，是学会靠人类的活动来增加天然产

① 闻一多：《说鱼》，《闻一多全集》第3卷，湖北人民出版社1994年版，第248页。

物生产的方法的时期。文明时代是学会对天然产物进一步加工的时期，是真正的工业和艺术产生的时期。"① 与此相对应，人类两性关系、婚姻和家庭的产生经历了一个漫长而复杂的发展过程，两性爱情、一夫一妻制、个体家庭是文明发展到比较高的阶段才产生的，在最原始的阶段，如恩格斯所引用的摩尔根的研究结论认为，曾经存在过一种原始的状态，那时部落内部盛行毫无限制的男女关系，因此，每个女子属于每个男子，同样，每个男子也属于每个女子。与此相伴随的家庭形式是原始的群婚制，"我们发现历史上可以确切证明并且现在某些地方还可以加以研究的最古老、最原始的家庭形式是什么呢？那就是群婚，即整个一群男子与整个一群女子互为所有，很少有嫉妒余地的婚姻形式。其次在较晚的一个发展阶段上，我们又发现了多夫制这种例外形式……"② 在从野蛮时代到文明时代，家庭形式经过了血缘家庭、普那路亚家庭、对偶家庭、一夫一妻制家庭。一夫一妻制家庭是在野蛮时代的中级阶段和高级阶段交替时期从对偶家庭中产生的，恩格斯称之为"文明时代开始的标志之一"。我们说，闻一多这里所说的鱼为情侣和匹偶的隐语源于鱼的繁殖力而象征人类婚姻中的种族繁衍功能，是人类文明发展到比较高级阶段的产物，是两性具有爱情关系、一夫一妻制为主的婚姻形式、个体家庭等产生以后才会具有的观念。当然，无论《诗经》中歌咏鱼的情歌，还是历代各地各族以鱼为隐语的民歌，都是基于爱情追求和婚姻目的，亦如闻一多所说，最终是为了婚姻、家庭中的传种功能而取鱼为隐语。

而鱼和人类的关系既古老又普遍，而且在时间和空间上都呈现出复杂的联系和更丰富的观念。首先，鱼以其强大的繁殖力象征种族繁衍的观念在空间上有更大的普遍性，在世界范围内都可以发现这种鱼的象征

① 恩格斯：《家庭、私有制和国家的起源》，《马克思恩格斯选集》第4卷，人民出版社1972年版，第23页。

② 恩格斯：《家庭、私有制和国家的起源》，《马克思恩格斯选集》第4卷，人民出版社1972年版，第30页。

意义，如闻一多在《说鱼》中最后指出的，以鱼为情偶的象征观念并不限于中国，在古代埃及、西部亚洲以及希腊等民族都有类似观念，即使现代野蛮民族也有着同样的观念。他指出：“任何人都是生物，都有着生物的本能，也都摆不脱生物的意识，我们发现在世界的别处，这生物的意识，特别发达于各野蛮民族和古代民族间，正如在中国，看前面所举各例，汉族中，古代的多于近代的，少数民族的又多于汉族的。”①其次，如果进一步追问，鱼和人类的关系在文明社会之前的观念是什么，为什么会成为生殖功能的象征？追问到鱼和人类关系的最古老时候就会发现，鱼在原始社会时和人类就有异常密切的自然关系和观念上的联系。摩尔根和恩格斯的考察以及文化人类学的研究说明，人类在蒙昧阶段从树上生存落到地面上后，首先是生活在有水的地方，从采集鱼类为食物开始的，人类生存离不开水，所以人类文明最早发源于江河流域，如阿拉伯地区的两河流域文明、古埃及的尼罗河流域、中国文明起源于黄河流域和长江流域。有水的地方就有鱼，鱼首先成为人类的食物，保证了人类的生存需要。这样，人类和鱼首先就建立起一种自然关系，在此基础上生发出抽象的精神关系，那就是在观念上，人类对能够保证其生存的鱼由依赖进而产生出感恩心理，以为鱼是上天或祖先恩赐于他们的，由此产生对鱼的崇拜，甚至有的部落会把鱼作为本部族的图腾加以崇拜，企求鱼的保护；在图腾崇拜的基础上，部族需要繁衍和发展，进一步会发展出生育崇拜，生育崇拜和鱼图腾崇拜相结合，就会以鱼的繁殖力来象征人类自身的生殖力。鱼以其强大的繁殖力给人类提供了容易生存的食物，鱼也应该能够以其强大的繁殖力为人类的发展即种族繁衍提供保佑。这样，鱼和人类就建立起了双重的关系，一是现实的自然关系即鱼供给了人类食物，一是抽象的观念上的联系即祈求鱼护佑种族如鱼一样大量繁衍而保证种族的发展。正如有论者在闻一多研究观

① 闻一多：《说鱼》，《闻一多全集》第3卷，湖北人民出版社1994年版，第249页。

点基础上指出的，鱼在原始社会是繁殖最多、最容易获取的食物，原始人的生存依赖着鱼，“人们由依赖鱼而崇拜鱼并进而企求鱼的保护来达到自己的目的。——半坡鱼图多是鱼纹、网纹共生，多有珥鱼、衔鱼，正是企求鱼的保护，驱鱼入网，获得更多的鱼的愿望的体现。这种带有某种巫术性质的鱼崇拜是生产斗争的必要手段和补充。另一方面，出于延续种族的迫切愿望，人们艳羡鱼的强大的生殖能力，希望自己的子孙能像鱼一样地绵绵不绝。当时受孕生育被认为是神的恩赐，是图腾精灵进入妇女体内的结果。姜嫄履大人迹而有孕，简狄吞玄鸟卵而生子都是这种观念的遗留。与图腾神交合、感天而生子被认为是非常幸运的事，屡感不孕则被认为是灾祸的征兆。崇拜鱼以增殖后代对于鱼图腾部族来说意义尤其突出。既然崇拜对象本身以善于繁衍为人注目，那么他的后代子孙的那种大量增殖以像其祖先的愿望当然也就更加迫切和强烈。半坡鱼图中的嘴角衔鱼、耳边挂鱼以及大量的富于变化的鱼纹正体现着人们对于鱼性——其中包括他的繁殖能力和生生不已的特征——的向往”。“总之，人们崇拜鱼首先在于他是人们生存必需的食物，人们对它由依赖而崇拜；其次在于部族需要增殖，由对于增殖的企望而崇拜。前者关系到自身的生存，后者关系到部族的发展。二者对于原始氏族都是至关重要的。……在以鱼为食物来源的原始氏族中，都紧紧地系结于鱼的强大的生殖能力。鱼被神化并受到崇拜，完全在于他的生殖能力。所以，人们崇拜鱼，以鱼为丰收、繁衍和生命的象征，归根结底是崇拜生殖的表现。”① 正是在鱼和人类的这种共生关系中，随着人类文明的发展和发展中爱情、婚姻、家庭的产生，鱼渐渐演变为情侣和匹偶的象征，在诗歌中表现为情侣和匹偶的隐语。

人类以和鱼之间密切的双重关系生成了人类的鱼观念，无论是自然关系基础上的图腾崇拜还是社会和精神联系中的生殖象征及情偶隐语，

① 赵沛霖：《兴的源起——历史积淀与诗歌艺术》，中国社会科学出版社1987年版，第28、30页。

都可以见出鱼本身的象征意义。而鱼进入诗歌中成为隐语，从艺术表达尤其是语言表达上，正体现了艺术中隐语产生的特征。观念的生成过程并不等同于艺术方法的形成，诗歌中隐语的产生既隐含着人类的文化心理，又包含着语言和艺术自身的根源。闻一多在说明《诗经》中“兴”的缘起时提到了“沓布”的作用：“《诗》——作为社会诗、政治诗的雅，和作为风情诗的风，在各种性质的沓布（taboo）的监视下，必须带着伪装，秘密活动，所以诗人的语言中，尤其不能没有兴。”可以说，隐语的产生在最初同样有着“沓布”的原因，即在原始禁忌或社会政治禁忌的影响下，对不能直言或不敢明言的对象、内容采取隐语表达。把鱼作为情侣和匹偶隐语，如闻一多在《诗经》中所发现的“虹”“云”“雨”“风”“笱”等，都与两性对象、活动、行为有关。

隐语是一种艺术化的表达，固然有针对“难言之隐”的对象如社会心理以为粗鄙的性而将之雅化的一面，但更有将凡是难言、忌言、讳言的内容趣化的一面。无论是雅化还是趣化，实际上都是艺术化的过程，表现在日常游戏中便形成了谜语，表现在诗歌创作中就是闻一多在《诗经》中所发现的隐语艺术方法。在诗歌中，固然因为内容的或难言，或忌言，或讳言而采用隐语的表达，但同时隐语的运用亦是诗歌艺术自身内在的需要，是诗歌艺术方法之一种，其目的是达到闻一多所说“把本来可以说得明白的说得不明白点”。就创作主体而言，隐语是“揣着明白说糊涂”，以造成诗歌的艺术化和达到艺术审美效应；就对象主体而言，本来是平凡、庸俗甚至粗鄙的内容经过隐语的艺术“包装”而熠熠生辉，散发出了艺术魅力，如闻一多在《诗经的性欲观》中所发现的《诗经》中一些表现性爱活动的诗歌，对象本身并不美，但因艺术化表达从而是赋予了艺术魅力；就接受主体而言，隐语会激发起艺术探索的无穷兴趣，将隐语以艺术化语言“说糊涂”的“明白内容”探索出来，在诗歌语言本身的审美过程中仿佛猜谜语似地完成诗歌的审美过程，在这一过程中自有无穷的艺术趣味。所以，从闻一多所发现的《诗经》中的隐语，成为中国诗歌包括民歌的主要艺术手段，构成了中国诗歌的艺术传统，既源于上古社会文化心理，又源于《诗经》的艺术世界。

诗歌中的隐语呈现出静态和动态相结合的特征，一方面具有一定的稳定性，另一方面具有相当的可变性。从稳定性的一面来说，一种指称一定内涵的隐语一旦形成，在不同时代的不同诗歌中会反复出现，如闻一多《说鱼》中的隐语“鱼”，从《诗经》开始形成，以后的诗歌特别是民歌就一直沿袭，均以“鱼”隐指情偶，实际上成为不言自明的套语，已经无隐可言，失去了诗歌应有的创新活力和诗歌本身的韵味及含蓄性，这也就是一部分民歌为什么艺术性不高的原因，是因为多陷于如以鱼为隐语的模式中。闻一多在《说鱼》附记中提道：“朱佩弦先生指出，这个古老的隐语（指鱼），用到后世，本意渐渐模糊，而变成近似空套的话头。”闻一多以为朱自清的意见是对的，所以附记在《说鱼》后。实际上，鱼在诗歌中的普遍化，本意倒未必模糊，变为“空套的话头”是确实的。所谓“空套的话头”，在语言上实际就是一种“套语”，犹如日常生活中的“套话”，已经没有实际的内容，只是反复搬用习用的语词表达形式，这在中国文学史上并不鲜见，即如《诗经》，就有研究者指出其创作的“套语化”，如王靖献在《〈诗经〉的套语及其创作方式》中指出：“历史上曾经有过这样一个时期，无论在中国或在欧洲，作诗是歌唱与随口而歌，仅只是熟练地运用职业性储存的套语。评价一首诗的标准并不是‘独创性’而是‘联想的主体性’。如果对这一特殊的创作方法没有设身处地地理解，要想体验《诗经》‘已经完成的内容’将是非常困难的。”论者所谓《诗经》“套语”是指：“所谓套语者，即由不少于三个字的一组文字所形成的一组表达清楚的语义单位，这一语义单位在相同的韵律条件下，重复出现于一首诗或数首诗中，以表达某一给定的基本意念。”书中特别指出：“也许，闻一多是第一个注意到：借助对套语系统的考察，是研读《诗经》的众多方法之一。”① 当然，王著主要从诗歌音节韵律角度总结《诗经》语言形式上的套语系统，没有涉及隐语的习用。朱自清所说并为闻一多所意识到的隐语在稳定性中的沿袭性，实际上也形成了中国诗歌中的“套语”系统，事实上，闻一多在《说鱼》中按照时代顺序所汇集的歌咏鱼的诗歌，正构成了隐语“鱼”的套语系统。隐语成为套语，成为套语后实际上既消解了隐语之“隐”，又造成了诗歌的陈陈相因，因而缺乏相当的独创性。而这种隐语的套语化不完全体现在语言上，也形成了诗歌艺术的模式化，艺术一旦模式化，当然也就表现出相当的僵化和僵化中的单一性。《诗经》作为最早的口述诗歌自成套语后，影响到后世诗歌在包括隐语运用上的艺术模式化传统，这种语言的套语化和模式化不仅表现在诗歌创作中，而且在叙事性文学中亦成为习见的现象。王靖献在《〈诗经〉的套语及其创作方式》中敏锐地意识到闻一多在《风诗类抄》中对《诗经》套语系统的考察，以为闻一多是第一个注意到《诗经》“套语”系统的，那么，《说鱼》也可以为证，闻一多在中国诗歌中考察作为隐语的“鱼”的同时也考察出了“鱼”在中国诗歌中

① 王靖献：《〈诗经〉的套语及其创作方式》，谢谦译，四川人民出版社1990年版，第154、52、11页。该研究是依据美国米尔曼·帕里提出的套语理论，据该书译者序：“所谓套语理论，最早是由美国哈佛大学古典文学教授米尔蔓·帕里（Milman Parry）在本世纪（20世纪）30年代提出来的，后经帕氏的学生阿伯特·洛尔德（Albert lord）发展扩充为一套文章的批评体系，对西方古代文学研究发生了广泛而深刻的影响。在帕、洛二氏那里，套语理论只适用于荷马史诗等古典文学的研究，但自从50年代历来，西方学者将这一理论推而广之，使之成为一种跨文化系统的批评方法，并被广泛地应用于英、法、德、俄等民族的古代叙事史诗的研究之中；而且东方文学专家也开始运用这一方法来研究日本、印度、朝鲜等国的古典诗歌。”生于我国台湾、执教于华盛顿大学亚洲语言文学系的王靖献亦使用“套语”理论来研究《诗经》，发现《诗经》最初作为口述文学的套语化特征。帕里把文学分作口述形式和书写形式两种，早期诗歌的基本性质是“口述的”，而口述诗歌总的语言特点则是“套语化与传统性”。帕里认为，套语是“在相同的韵律条件下被经常用来表达某一给定的基本意念的一组文字”；套语系统是“一组具有相同韵律作用的短语，其意义与文字非常相似，诗人不仅知道它们是单一的套语，而且把它们当作某一类型的套语来运用”。如《诗经》中的“言采其+植物名”套语系统。

的“套语”系统。① “鱼”的套语化，或说隐语的因为套语化而“不隐”，是“鱼”及其所代表的意义在诗歌发展中过分稳定的结果，是隐语的稳定性的体现。从隐语动态的可变性一面，第一，同一隐语在不同时代的不同诗歌中会有不同的含义，如闻一多所考察的隐语“鱼”，大体上鱼在从《诗经》到民歌中是隐指情侣和匹偶，但从原始氏族和部落形成的对鱼的体认观念以及流传于后世民间中的观念，其内涵要丰富得多，当然有时也代表着与两性情爱或婚姻中的传宗接代完全无关的含义，如农业社会中指代农业的丰收和生活的富裕，如民间有所谓吉庆有余（鱼）的俗语。闻一多在《说鱼》中主要取隐指情侣和匹偶的诗歌为例说明隐语，同时也是集中展示中国诗歌中鱼为隐语的一个方面的主题而未及其他含义的诗歌。也就是说，一种隐语不仅有一种含义，隐语的动态性可能会赋予特定隐语更为丰富的内涵，如同谜语中的一个谜面由于其不确定性会有两个或两个以上的谜底一样。而诗歌中的隐语更会由于诗歌艺术本身的不确定性、朦胧性和广阔的想象空间会有更丰富的含义，诗人创作过程中使用一个隐语时会突破已有的意义规定，诗歌中的隐语之解也不会有“标准答案”，不同的读者会有不同的隐语解答。第二，同一指称对象及其意义随着历史的发展和文化观念的变迁，在不同时代会有不同的隐语。诗歌创作有时不在于表现新的情思，情思是一定的，但抒写方式在不断变化或者说在不断创新，也意味着诗歌的创造

① 中国诗歌语言的套语化是艺术模式化的表现之一。“五四”文学革命运动中，胡适在《文学改良刍议》中就提出“务去滥调套语”，认为中国诗歌多“滥调套语”，其实古典小说和戏曲在表现上都有鲜明的“套语”和“模式”。闻一多从研究《诗经》到发现诗歌中的隐语触及中国文学这一主要特征，可惜没有充分展开研究。王靖献在《〈诗经〉的套语及其创作方式》一书中指出闻一多是第一个考察《诗经》套语系统的学者，但进而他也指出：“由于他的早逝，闻一多没有来得及详尽地发挥他在粗略的计划中提出的观点。尽管如此，说闻一多已接近把《诗经》当作口述套语创作来读，还是武断的。”（第11页）但事实上闻一多在《说鱼》中从隐语的角度触及不仅是《诗经》，还触及整个中国诗歌包括民歌的套语系统。

性，这种表现方式的创造性特别体现在意象的翻新上，也体现在隐语的翻新上，尽管一时的新会因为后来的沿用和习用而"套语"化。这种翻新也体现出诗歌隐语的动态性和可变性。如爱情诗，在诗歌史上用以指代爱情的意象丰富多彩，从隐语的角度，用来隐指情偶的隐语也不限于闻一多《说鱼》中所发现的鱼。历史在发展，文化观念在变迁，诗人以不同时代的观念不断地作出新的审美发现，如闻一多所说，配偶的隐语从鱼变化为鸳鸯、蝴蝶和花之类。鸳鸯、蝴蝶、花（如玫瑰）、鸟（如夜莺）等在诗歌中指代爱情和爱情对象已经和鱼一样屡见不鲜，而从鱼的隐语到鸳鸯、蝴蝶、花等隐语的发展正体现了情偶隐语的可变性。同时，变化了的不仅仅是隐语本身，隐语所象征的意义也在变化，不同的隐语所隐指的意义反映了不同时代的文化心理和价值观念。在闻一多看来，鱼为隐语是偏于古代的，而鸳鸯、蝴蝶、花之类的隐语则是后起的，鱼作为情侣、匹偶的隐语包含了"繁殖种族的生物意义"和婚姻中"保存种族的社会意义"，而鸳鸯、蝴蝶、花之类的配偶隐语则体现出一种"个人享乐主义"，如扬州民歌所歌咏的："城里的琼花城外的鱼，花谢鱼老可奈何！"鱼为隐语是属于过去的、乡村的、下层社会的、代表实用的，花为隐语是属于现代的、城市的、上层社会的、代表装饰和享受的，在闻一多看来，前者是比较健康的，而后者则是病态的。之所以有如此变化，是文化发展的结果，他说："文化发展的结果，是婚姻渐渐失去保存种族的社会意义，因此也就渐渐失去繁殖种族的生物意义，代之而兴的，是个人享乐主义。"① 他把后者的状态称为"文化病"，是文化造成了人类爱情婚姻中原始的、实用的、纯真的人性的变异和一定程度的"病态"。闻一多从诗歌中表现配偶的隐语的变化发现思想上的"二律背反"，即区分出"生物的人"和"文化的人"，人不断地创造文化而以文化使自己脱离生物性进化为"文化的

① 闻一多：《说鱼》，《闻一多全集》第3卷，湖北人民出版社1994年版，第249页。

人”，而进化的结果则失去了作为“生物的人”的宝贵自然性，而如果保留“生物的人”的自然属性就不具备社会文化的品行，仍然会停留在生物性阶段。这其实是人类从一开始就面临的永恒困境，如哲学上所说的是一个“二律背反”。闻一多从“鱼”这一隐语而进入思想上关于人的生物性和文化性矛盾的思考，诗歌艺术上隐语的发现不仅仅是艺术发现，从中更发现了重大而深刻的关于“人与文化”的关系命题，这也是闻一多后期学术研究一贯关注和思考的内容，意味着他从古典诗歌研究到文化思考的思想升华。

多变的态度与多元的诗学观：当闻一多遭遇李商隐

李海燕
（广东海洋大学）

作为现代诗论开拓者，闻一多不仅在现代诗学演进中有着杰出贡献，其对中国古典文学研究与评判也有独特价值，“不仅是前无古人，恐怕还要后无来者”①，而古代诗人及作品研究是其古典文学研究颇为重要的部分。闻一多诗学复杂而多变，他的诗学主张不仅随着时代变化表现出不同面貌，同一时代闻一多的诗学观念也有明显差异。这种复杂多变现象在闻一多的古代诗人评价中亦常常出现，对晚唐李商隐的评价，便经历了“指责—推崇—批评”的数次转变。

闻一多出身书香世家，其国文功底颇为深厚，幼时便从父熟读唐诗，清华期间更是计划用两年时间学完中国古诗，由此可知闻一多早年便已接触晚唐诗人李商隐。但闻一多对李商隐的评价却首见于其1921年6月发表的《评本学年〈周刊〉里的新诗》，在这篇闻一多最早的诗学评论文章中，闻一多倡导新诗，反对旧诗，要求做诗应“言之有物”，注重真的情感和自然想象，指责李商隐《对雪》诗是“狗嘴里吐不出象牙来”，认为只有李商隐那样堕落的诗人才能写出这样的诗句来，“我想温飞卿、李义山这派人底思想根本已经受毒了，所以他所见

① 闻一多：《闻一多全集》第12卷，湖北人民出版社1993年版，第432页。

所闻的无往而非‘章台舞絮，陌巷飞花’……这种诗家究竟是时代的畸形底产物”①。

闻一多对李商隐的鄙弃态度在短短一年后便发生了变化，1922年6月赴美留学的闻一多给好友梁实秋写信告知他准备作《义山诗目提要》，同年12月26日致梁的信件中更表示自己的诗作颇受李商隐影响，“《忆菊》、《秋色》、《剑匣》具有最浓缛的作风。义山、济慈的影响都在这里”，“我想我们以美为艺术之核心者定不能不崇拜东方之义山，西方之济慈了”。② 很明显，闻一多此时对李商隐的推崇与其当时“纯诗”艺术的追求颇有关联。

随着思考深入及时代社会变化，闻一多对李商隐的态度亦发生极大转变。在1944年9月发表的《诗与批评》中，闻一多为古代诗人们划分等级，其中忧国忧民的杜甫被他高度评价为一等诗人；而李商隐虽从杜甫而来，但“你只念杜甫，你不会中毒，你只念李义山就糟了，你会中毒的，所以李义山只是二等的诗人了”③。闻一多对李商隐其人其诗的态度如此游移，前后转变之大颇让人困惑，有学者甚至以闻一多性格的随性、率意来解释其态度的复杂多变性。然而，如果我们深入闻一多的文学、文化和心理世界，便会探究到闻一多态度的游移不仅与其文化心态的复杂多变性密切相关，其艺术主张及诗歌评价标准的不断变化也是决定其态度的重要条件。

一、多变的文化心态

闻一多在提及现代艺术时曾说：“艺术不是西方现有的艺术，更不

① 闻一多：《闻一多全集》第2卷，湖北人民出版社1993年版，第46页。

② 闻一多：《闻一多全集》第12卷，湖北人民出版社1993年版，第124~128页。

③ 闻一多：《闻一多全集》第2卷，湖北人民出版社1993年版，第222~223页。

是中国的偏枯腐朽的艺术底僵尸，乃是融合两派底精华底结晶体。”①在《〈女神〉之地方色彩》中，他干脆提出新诗要做中西艺术结婚后的宁馨儿。他既吸取西方创造进取的现代文化，又继承传统民族文化的精粹，是典型的兼顾新旧、融汇中西的文化心态。然而，闻一多的文化心态并非一成不变，不同时期的他在文化倾向上有着明显差异。

与“五四”初期大多数知识分子表现出的否定传统、一切西化欧化的态度不同，早年闻一多在清华时期虽已开始接触西方自由平等的现代文化观念，并接受基督教洗礼，但家庭、启蒙教育、民族尊严感和文化危机感等因素却影响着闻一多对中国传统文化表现出深深依恋。此时的他以东方“老憨”自居，提倡“振兴国学”，所写散文、文论大多是对传统文化的认识和评价，思想上则以儒家入世精神和修身治国平天下的理想追求为主导，对西方基督教的信仰不过是闻一多品行修养及崇高人格建构的力量源泉。闻一多颇为注重崇高人格的追求和锻造，《名誉谈》中他认为“名”于世人极为重要，人生若白驹过隙，若要存念于世界，则惟“名”而已，而“名”亦被其视为第二生命。与闻一多始终坚守崇高人格不同，仕途失意前的李商隐因生活所迫曾写下大量阿谀奉承带有明显功利色彩的干谒诗作，在道德行为上则背负背恩无行“俱无特操、恃才诡激、为当涂者所薄”② 的恶名；仕途失意后的李商隐，更是沉沦酒色、走马章台、作狭邪游，在香艳绝丽的欢爱描写和深邈绵长的情感诉求中，构筑迷离恍惚的爱情幻境。重“名”的闻一多在遭遇“恶”名的李商隐时，便表现出明显的排斥与厌弃，要求“骨格”的闻一多斥责李商隐“狗嘴里吐不出象牙来”，一味沉溺于风花雪月，纠缠于章台陌巷，更评价李商隐、温庭筠等人的诗词是“亏得你

① 闻一多：《闻一多全集》第2卷，湖北人民出版社1993年版，第15页。

② （五代）刘昫：《旧唐书·李商隐传》（卷一百九十下），中华书局1975年版，第5077页。

的歌讴——文章，/变作了‘倚门市’的私娼。/宇宙化的琵琶巷”。①

闻一多对李商隐厌弃的态度在1922年后有很大转变，这一变化与闻一多文化心态的改变息息相关。1922年8月闻一多离开清华到美国留学，对家乡的思念、对物质文明带来的异化，以及因弱国子民所遭受的歧视等原因，使闻一多在心理上仍偏向于民族传统文化。但闻一多此时青睐的主要是中国“均齐”“蕴藉”“圆满”等性质的“美”文化，这一文化在律诗那里得到了很好呈现，律诗因此被闻一多视为中国最纯粹的艺术代表。在眷恋中国“美”文化的同时，西方启蒙主义、唯美主义文化思潮越来越多地影响着他，促使他寻求中西文化的融合之路，西方文化在他的人格塑模、文学创作及研究中发挥了更多、更大的作用。如人格塑造上，此时的闻一多体现出青春型艺术美人格，异域启蒙与浪漫主义文化中的自由反叛、浪漫张扬为闻一多吸收接纳，一向理性内向的闻一多个性张扬，浪漫恣意，充满火一般热情。艺术创作上，西方浪漫主义和唯美主义的文化倾向驱使他以唯美、浪漫、张扬个性等标准去进行文学艺术创作和批评。

受西方现代文化意识熏陶的闻一多在评价诗人及诗歌时，便有了不一样的感想与认识。如闻一多在1922年12月提及“诲淫之作”《蕙的风》时说道，“淫不是不可诲的，淫不是必待诲而后有的。作诗是作诗，没有诗而只有淫，自然是批评家所不许的”②。很明显，此时的闻一多认为“淫”乃人之本性，可加以讴歌与抒写，但诗歌应有诗的本质。闻一多对传统文化的质疑在其《诗经》评价中更为明显。在1927年7月连载于《时事新报·新灯》上的《诗经的性欲观》中，闻一多对儒家文化的虚伪矫饰颇为不满，自然率真的朴野人性则成为他礼赞的对象，“讲《诗经》淫，并不是骂《诗经》……那些劳人思妇的情绪之

① 闻一多：《闻一多全集》第2卷，湖北人民出版社1993年版，第46~47页。

② 闻一多：《闻一多全集》第12卷，湖北人民出版社1993年版，第127页。

粗犷，表现之赤！……他们想的，我们决不敢想，他们讲的，我们决不敢讲”①。李商隐在闻一多眼里便也呈现出另样风采。从个人情感经历来看，此时的闻一多因爱情之伤与李商隐时有心意相通之感，而李商隐哀伤怅惘的爱情诗因其深沉缠绵、感情真挚丰富显露出纯净而高远的意味，这恰恰是闻一多所欣赏的爱情境界。“五四”初期闻一多曾指斥李商隐为堕落诗人，究其原因为李商隐流连于章台陌巷，喜欢描写香艳绮丽的欢情场面。闻一多的这种极端观点在1922年得以改观，从西方开放自由的文化角度出发，李商隐的诲淫之作显露出新的面貌，表现出自由、反叛、浪漫的气息：李商隐一反诗歌载道言志的功能而书写性爱，表现性心理，不仅是对传统诗歌规范的突破，更是对儒家文化禁锢人性的反叛，是李商隐个性张扬、人格浪漫的有力呈现。闻一多对李商隐兴趣的增厚既源于李商隐爱情诗反叛浪漫的风格，还因为李商隐诗歌所表现出的含蓄、圆融、典雅的中国美，与济慈、王尔德等宣扬的唯美文化颇有融合之处，对唯美文化的注重使闻一多将李商隐和济慈视为自己崇拜的对象，闻一多对李商隐的倚重此时达到了巅峰。

后期闻一多对传统文化的虚伪和丑陋更是予以犀利地揭露与批判。他指责儒、道、墨的本质是偷儿、骗子和土匪，传统儒家的各种道德规范只会让人作呕，而他先前欣赏的圆融均齐等“美”文化的根本——儒家的中庸之道则被闻一多视为儒家帮凶的手段。在对传统文化批判的同时，闻一多试图发掘民族文化中的原始野性与强盛生命力，要求人们以火热般的生命强力对抗外敌入侵和强权压迫。在寻求民族强力的同时，闻一多对西方宗教文化中的创造进取、永不屈服精神颇为欣赏，他将宗教精神、民族强力及“经世致用”思想联系起来，超越西方自我精神审视而扩展到为民族国家服务的基督教崇高牺牲精神。与此同时，马克思文化思想对闻一多的影响日益明显，自由和平的新民主主义、社会主义社会成为闻一多奋斗的目标。闻一多此时的文化心态影响到他对

① 闻一多:《闻一多全集》第3卷，湖北人民出版社1993年版，第169页。

前人的评价态度，永不屈服的宗教精神使闻一多倾向于认同杜甫、屈原等充满骨气硬气的文人。与杜屈二人相比，李白、李商隐在国家纷乱、个体飘零之时却遁世入道、颓废消沉，一个恣意纵酒，一个流连章台，而李商隐因家世寒微、沉沦下僚，在性格上更趋向多愁善感、谨慎软弱。李商隐软弱隐忍的性格与感伤愁怨的诗风对此时充满斗争精神、呼吁民族血性的闻一多来说肯定不欣赏，对时处危难和水深火热之中的国家、民族及民众而言也不合时宜。

二、多元的文艺思想

闻一多对李商隐前后评价的差异如此之大不仅与其文化心态的变化有关，艺术观念的转变更是直接影响着闻一多对古代诗人诗歌的看法和态度。闻一多的文艺思想复杂多变，学界较流行的看法是将其文艺观以1933年《〈烙印〉序》的发表为界分为前后两期。前期的闻一多倡导“为艺术而艺术”，提出诗歌“三美”主张，推崇格律化，追求艺术“纯形”；后期的他则注重诗歌的现实功利性和社会性，要求“艺术为人生”，甚至“艺术为人民”。不过也有人提出清华文学社成立前后及闻一多诗论文章《时代的鼓手》发表前后的文艺观仍存在较大差异，结合闻一多对李商隐其人其诗的多种不同态度，笔者将闻一多文艺思想划分为两个时期四个阶段。第一个时期以清华文学社的成立为标志分成两个阶段，社团成立前的闻一多以朴素唯物主义思想为基础，其文艺观倾向于艺术的社会功利性，社团成立后至《〈烙印〉序》的发表则是闻一多唯美主义“纯诗”的倡导阶段。第二个时期则以1943年11月13日发表《时代的鼓手》为界，前一阶段是文艺思想的渐变期，后一阶段则是彻底的“艺术为人民”的思想。

闻一多早期的文艺思想呈现出“为艺术而艺术”的整体倾向，但其具体表现却复杂而多元，清华文学社成立前的闻一多更关注艺术的社会性。早在1919年，闻一多等人便成立美术社，并发表《建设的美术》，认为美术能起到振兴工业的作用。《出版物的封面》中闻一多提出对封面的要求不仅要美观，而且要讲究实利，视只顾美观不要实用为时间与精力的浪费。《征求艺术专门的同业者底呼声》中闻一多则直接宣告，“艺术确是改造社会底急务/艺术能替个人底生计保险”。① 从艺术功利的角度出发，闻一多要求改变传统旧诗繁缛艰涩、言之无物的面貌，反对“无病呻吟”或纠缠于琐屑事物及些微伤痛，倡导新诗，重视情感、幻象等内在原素。闻一多提倡的新诗和“五四”其他文人一样，是“时代的公共话语与公共意志”的体现，“它不具有日常生活性和私人性”②，这与李商隐注重个体及日常生活的爱情诗完全不同。至于《对雪》一诗则在形式上严整华丽、内容上多用典故、意象多为“玉女扉”等传统情诗中常见之物，与通俗易懂、意象新颖的新诗相比，该诗形式守旧、内容晦涩、意象与意境矫揉造作、牵强附会，并非出于天然，故闻一多批评李商隐为旧时代畸形的产物。

清华文学社的成立在闻一多文艺思想史上占有重要意义，闻一多在社团时便开始撰写《律诗底研究》，完成了《〈冬夜〉评论》，并做过一场《诗的节奏研究》报告。从这些论著中，我们可以看出闻一多对艺术纯美的追求。1922 年 10 月闻一多在写给友人的信件中则直接提及他们社团“主张的是纯艺术的艺术”，他们的文艺观点是“以美为艺术之核心”。③ 同年的另一信件中，他干脆认为自己就是一个“极端唯美主义者”，而“我的诗若能有所补益于人类，那是我的无心的动作”。④《戏剧的歧途》中，闻一多干脆提出“纯形”观念，他认为艺术的最高目的就是要达到纯形。

闻一多对艺术纯形的追求与唯美主义诗人李商隐的关系密切。李商

① 闻一多：《闻一多全集》第 2 卷，湖北人民出版社 1993 年版，第 14 页。
② 孟繁华：《激情岁月》，山东教育出版社 1998 年版，第 26 页。
③ 闻一多：《闻一多全集》第 12 卷，湖北人民出版社 1993 年版，第 95 页。
④ 闻一多：《闻一多全集》第 12 卷，湖北人民出版社 1993 年版，第 159～160 页。

隐诗歌在缠绵幽深的情感、精雕细琢的语言、秾丽多彩的画面、整饰圆融的结构等方面影响闻一多颇多，而李商隐奇绝繁复的意象、暗示象征手法的绝妙运用更让闻一多佩服不已。从宋人陶敖孙“绮密瑰妍”与元代辛文房“为文瑰迈奇古”的评语可知李商隐诗歌色彩的秾丽与丰富早已为世人注目，他的诗歌中随处可见各种现实或非现实的色彩意象，“彩凤”“沧海”“紫府”“蓝田”“红烛”等各色意象在李商隐诗歌中不断出现，无怪乎朱鹤龄以“沉博绝丽”概括义山色彩。李商隐以象征暗示手法借繁复秾丽意象表达自我情感的诗歌创作方法对闻一多影响颇大。从诗歌的抒情性来看，闻一多诗歌的情感特征极为明显。他的《红烛》诗歌情感复杂炽热，他的《死水》诗集深沉内敛，而闻一多诗歌的缠绵深思、失落孤独与李商隐诗歌情感颇为相似，这驱使闻一多在表现情感时并不直抒胸臆，而是如李商隐般借用外在意象含蓄地传达出来。闻一多喜用且擅用意象，其意象在浓丽繁密、构思奇特等方面与义山诗很是相近，如《秋色》中的意象色彩绚丽浓艳：紫葡萄、金鲤鱼、朱砂燕、枫叶、绿茵、红脸、棕黄的橡叶、金色的树木、黄绿的宫瓦、绚缦的祥云……秋天在闻一多笔下斑斓多姿、美丽无比。闻一多的象征也多为整体性象征，其诗歌的象征意义常通过整首诗表现出来，如《死水》以腐臭的死水象征黑暗腐败社会，《孤雁》则是身处异国他乡诗人的象征，其他如《红烛》《黄鸟》《剑匣》《忆菊》《荒村》等莫不如此。除此之外，闻一多部分诗歌甚至可见李商隐的身影，其《剑匣》《孤雁》等诗作与义山诗的意象颇为类似，《红烛》引用了义山《无题》中“蜡炬成灰泪始干”诗句，《黄鸟》则仿若从义山诗《流莺》演化而来，《秋色》更是直接喊出，“借义山济慈的诗/唱着你的色彩”。

随着时代的急剧变化和抗日战争的全面爆发，曾一度向内而专注纯诗艺术追求的闻一多慢慢远离纯美。1933年闻一多在《〈烙印〉序》中直接提出重生活轻形式的言论，“克家的诗，没有一首不具有一种极顶真的生活的意义。……如果为保留这一点，而忽略了一首诗的外形的完美，谁又能说是不合算？”①《〈烙印〉序》的发表，标志着闻一多的艺术目标已由最初的追求纯美，转变成强调诗歌的现实功利性。《时代的鼓手》中，闻一多首次提出诗歌要为人民服务，强调诗歌是鼓，在战争来临的时代，诗人要用急促的鼓声唤醒沉睡的人们，鼓励人们去勇敢地爱与恨。1944 年纪念“五四”的联大晚会上，闻一多干脆呼吁将文学与政治打成一片。《诗与批评》中闻一多更是注重诗歌的社会性与人民性，“诗是社会的产物，若不是于社会有用的工具，社会是不要他的”②。他批评陶渊明、谢灵运的诗歌虽美丽而无用，杜甫的伟大之处在于他为社会和人民而作，李商隐诗歌则与社会和人民相隔太远，诗歌内容除少部分咏史诗外，大多是爱情诗与干谒诗。这对后期提倡“人民至上”的闻一多而言，并非是最好最适合的阅读对象。故闻一多提出，李商隐沉郁的风格虽出于杜甫，却只能为二流诗人。

三、对闻一多评价态度游移的认识和思考

闻一多对李商隐及其诗歌的态度由最初朴素唯物主义阶段的指责，到唯美艺术追求时期的崇拜，再到为人生而艺术时期的理性批评，经历了两次重大转变，其转变与闻一多文化心态、艺术观念的变化紧密相关，艺术评价标准的不同则是闻一多态度转变的直接原因。而我们更可以从转变中发现闻一多诗歌批评和诗学观点的不断发展和渐趋理性成熟的特点。诚如闻一多在《诗与批评》中所说，“什么是诗呢？我们谁能大胆地说出什么是诗呢？我们谁敢大胆地决定什么是诗呢？不能！”③闻一多对以往诗坛的一元化诗歌思维模式大声提出质疑，他改变自己昔日或单凭人品或仅从艺术出发的批评方法，倡导诗歌应自由发展，什么

① 闻一多：《闻一多全集》第 2 卷，湖北人民出版社 1993 年版，第 174～175 页。

② 闻一多：《闻一多全集》第 2 卷，湖北人民出版社 1993 年版，第 221 页。

③ 闻一多：《闻一多全集》第 2 卷，湖北人民出版社 1993 年版，第 217 页。

样的内容和形式都可纳入。《文学的历史动向》里闻一多更是提出诗歌应拥有“无限度的弹性”，固执于单一狭隘的诗歌观念将使诗歌难以立足。闻一多的这些言论鲜明地表达了其诗学由一元化向多元化转变的文学思想，他的诗歌评论因此呈现出多元化特点。

或许有人会提出多元化诗歌评论是否反映出闻一多诗歌价值观的混乱，这种看法虽有一定道理，但闻一多的多元观往往与时代性紧密相连。闻一多认为诗歌会随着时代变化在内容、形式等方面表现出不同风采，诗歌是否具有时代特色是评价一首诗歌的重要标准。在《〈女神〉之时代精神》中，闻一多高度赞扬郭沫若诗歌的重要依据便是其时代性，《〈冬夜〉评论》中闻一多批评《冬夜》因词曲音节之限而拘束于中国传统意象和意境，诗歌的时代意识大大受损，诗歌的新诗特色也就并不突出。与诗歌应具有时代意识的观点相适应，闻一多诗评的时代色彩也非常明显，《诗与批评》是闻一多关于诗歌评价标准的重要理论文章。在这篇文章中，闻一多提及诗歌批评存在两种主张——价值论和效率论，价值论者注重诗歌的宣传效果，效率论者则沉迷于诗歌的文字与技巧。闻一多通过考察诗歌评价史发现诗歌评价与时代特色颇有关联，在《诗经》时代只有价值批评论，且全是负责的教育价值，个人主义时代则只有效率论。闻一多以孔子诗评为例，说明要兼顾价值论与效率论，只是不同时代着重点有一定差异。从闻一多诗评的时代性来看，他对待李商隐及其诗歌的评价，其态度的游移与转变便不难理解了。

闻一多对李商隐及其诗歌的评价不仅呈现出多元化、时代性特点，将人品与诗品相关联也是他评价诗人及诗歌的重要标准。闻一多非常注重诗人的人品，他往往从人格出发品评诗人的诗风和诗品，认为人品高诗品必高，而唐朝诗歌之所以发达，“就是因为时代变了，人们复活了追求人格美的风气，于是这时期诗人的作品都能活现其人格”①。闻一

① 郑临川：《闻一多论古典文学》，重庆出版社1984年版，第128页。

多对律诗的欣赏也因为“首首律诗里有个中国式的人格在”。① 从人品的角度出发，闻一多对屈原、杜甫、韩愈等人的诗歌评价颇高，如他认为屈原《离骚》的成功不仅是艺术的，更是政治的，而屈原之所以获得人们的热爱与崇敬，不是因为文采，而是“行义”，是他伟大的人格。杜甫之所以被闻一多评为一等诗人，除了诗歌的社会性与人民性，其人格的崇高也是重要因素。一面是因人格高大从而肯定其诗作，另一面则因人格卑小对诗人持一定排斥态度。如闻一多早期评价李商隐为堕落诗人，批评《对雪》诗庸俗鄙陋；评价“李白有他的天才，没有他的人格”，指责李白“在乱中的行动却有做汉奸的嫌疑”；而王维的诗境如其在安史之乱中的表现一样，“象一个反抗无力而被迫受辱的女子”。②

闻一多不仅用人品来衡量诗人的诗品，他同时要求“诗如其人”，诗歌同诗人一样应有骨格。所以他欣赏《诗经》《离骚》及盛唐诗歌，喜爱杜甫、韩愈、白居易、陈子昂的诗，而李商隐干谒诗有奉承之意，爱情诗有艳情之色，诗风则以感伤缠绵为主，这于提倡诗歌应有骨格和骨气的闻一多来说未免缺憾，故闻一多认为义山诗应和其他诗歌一起阅读，单读义山诗作则会中毒。闻一多“诗如其人”“人如其诗”的诗评标准虽是中国诗评的优良传统，但片面以人品高下判断诗歌之优劣却不是诗评的正确做法。从人格角度品评诗人及诗歌只是诗评的一种方法，更多时候我们应将人格批评法与诗评的时代性、多元化相结合，唯其如此我们才能得到客观理性的评价。

闻一多对李商隐其人其诗的评价复杂多变，文化心态、艺术观念是影响闻一多诗评的重要因素。早年闻一多怀抱治世精神、崇尚“圣贤”人格、讲究艺术的实用功能，道德上背负恶名、艺术上迷恋情爱题材的李商隐对此时的闻一多来说颇为不喜。留美后的闻一多对西方现代启蒙

① 闻一多：《闻一多全集》第10卷，湖北人民出版社1993年版，第159页。
② 郑临川：《闻一多论古典文学》，重庆出版社1984年版，第135页。

文化和唯美文化的兴趣日增，李商隐哀婉幽深的情爱诗显现出反叛浪漫的色彩，其绮密瑰妍的唯美风格更为闻一多所推崇。后期闻一多因时代需要倾向于民族朴野文化与基督教牺牲精神，艺术上则偏重社会现实与人民利益，性格偏于软弱、题材多囿于个人、诗风偏向感伤阴柔的李商隐及其诗歌在“民主斗士”闻一多眼里表现出极大的局限性。闻一多不同时期对李商隐态度的差异，还与其批评标准的变化有直接关联，早期的闻一多主要以人格批评法认识李商隐及其诗歌，留学后的闻一多则主要从唯美角度评价义山诗歌，后期闻一多的认识渐趋理性成熟。总的来说，闻一多对李商隐及其诗歌的认识经历了一个由主观非艺术，到客观多元的发展过程。不同时期的闻一多因文化心态、艺术主张、批评标准的不同，在李商隐评价上表现出多种面孔，晚年闻一多在诗歌评价上更为理性客观，他的诗评兼顾时代、人格、艺术、社会等多种原素，从而显现出时代性、人格化及多元化特色。

闻一多对《女神》同时褒奖与贬抑的原因

李乐平

（广东海洋大学）

引　言

在21世纪以来多次的闻一多国际学术研讨会上，均有很多参会学者对闻一多1923年6月3日发表在《创造周报》第4号的《〈女神〉之时代精神》，以及是年6月10日发表在同刊第5号的《〈女神〉之地方色彩》观点表示疑惑。提出这两篇诗评，应该都在《创造周报》发表前者很早时，就已写出并投稿给该刊，而绝非发表前者后，又收到后者并且发表。因为当时闻一多是在大洋彼岸的芝加哥留学，仅稿件邮寄就需很多时日，况且刊物发表稿件亦需要一定时间准备。问题的关键在于，既出自闻一多同一手笔，又几乎同时发表的作品，何以两者观点大相径庭，前者激情澎湃对《女神》进行褒奖，后者则对《女神》批评，贬抑其失去“地方色彩”。不仅如此，即便高等教育出版社出版的朱栋霖等主编的权威教材《中国现代文学史》，也只在其《研习导引》的“新诗之‘新’与郭沫若诗歌的评价”① 中，仅列举闻一多《〈女神〉之时代精神》和《〈女神〉之地方色彩》中互相反对的核心观点，却并

① 朱栋霖：《研习导引》，《中国现代文学史》上，高等教育出版社2014年版，第85页。

无任何原因的说明，似要将此谜团留给教学研究。就在笔者和教材编者电话探求其他问题，并涉及该课题相关情况即原因后，教材编者亦坦诚没有对此作深入研究。① 针对这情况，就让笔者萌发解开闻一多发表这两篇诗评背后隐秘的意念，以之捧献给学界。

一、闻一多这两篇诗评的基本观点

我们首先应该清楚《〈女神〉之时代精神》和《〈女神〉之地方色彩》这两篇诗评的基本观点。前者开篇，就对《女神》褒奖说："若讲新诗，郭沫若君底诗才配称新呢，不独艺术上他的作品与旧诗词相去最远，最要紧的是他的精神完全是时代的精神——二十世纪底时代的精神。"根据法国著名文艺理论家丹纳《艺术哲学》思想即种族、时代等互相联通的原理，他说"有人讲文艺作品是时代的产儿。《女神》真不愧为时代底一个肖子"。闻一多给《女神》如此定调之后，就以其独特视角从五个方面进行归纳：这即"二十世纪是个动的世纪。这种精神映射于《女神》中最为明显"，二是"二十世纪是个反抗的世纪。'自由'底伸张给了我们一个对待威权的利器，因此革命流血成了现代文明底一个特色"。因此"《女神》中这种精神更了如指掌"。三是"《女神》底诗人本是一位医学专家。《女神》里富于科学底成分也是无足怪的。况且真艺术与真科学本是携手进行的呢。然而这里又可以见出《女神》里的近代精神"。四是"科学底发达使交通底器械将全世界底相互关系捆得更紧"。他说"因有史以来世界之大同的色彩没有象今日这样鲜明"，所以"《晨安》便是这种 cosmopolitanism（按即世界大同）底证据"。五是"物质文明底结果便是绝望与消极。然而人类底灵魂究竟没有死，在这绝望与消极之中又时时忘不了一种挣扎抖擞底动作"。虽然"二十世纪是个悲哀与奋兴底世纪。二十世纪是黑暗的世界，但

① 2019年3月29日晚上，笔者和朱栋霖先生的电话内容。

这黑暗是先导黎明的黑暗”。虽然“二十世纪是死的世界，但这死是预言更生的死”。因此“这样便是二十世纪，尤其是二十世纪底中国”。①

从这篇对《女神》高度赞扬的诗评可以看出，闻一多对郭沫若是多么崇拜。然而令人绝对想不到的是，就在此后一周，闻一多竟然“翻脸”贬抑《女神》，又在《创造周报》发表和《〈女神〉之时代精神》观点迥异的《〈女神〉之地方色彩》。如果认为前者的写作是闻一多受丹纳的种族、时代等思想影响，那么后者的阐述，则具有《艺术哲学》的种族和环境等内容的质素。和前者开篇就将《女神》定性具有“时代精神”的写作方法相同，后者的开篇，闻一多就亮出其核心观点：“一般的新诗人”，也只是“作时髦解的新”，具有“一种欧化的狂癖”。尤其“他们的创造中国新诗底鹄的，原来就是要把新诗做成完全的西文诗”。郭沫若的“《女神》不独形式十分欧化，而且精神也十分欧化”。这不仅表现为“《女神》中所用的典故，西方的比中国的多”，而且“《女神》中底西洋的事物名词处处都是，数都不知从哪数起”。虽然当时诗人喜用洋文以显摆学问，但闻一多却说《女神》“最明显的缺憾那便是诗中夹用可以不用的西洋文字”。论及《女神》精神的欧化，闻一多认为“《女神》之薄于地方色彩底原因”，并不全在“作者所居的环境”，而“疑心或就是《女神》之作者对于中国文化之隔膜”。虽然闻一多坚定地认为“爱国底情绪见于《女神》中的次数极多”，而且“比别人的集（按即诗集）中都多些”，然而他又说郭沫若在《女神》中“鉴赏中国文化底地方极少了，而且不彻底”。闻一多批评郭沫若在《女神》中崇拜西洋文化的内容很多，包括“他所讴歌的东方人物如屈原，聂政，聂嫈，都带几分西方人底色彩”。而且，“他爱庄子是为他的泛神论，而非为他的全套的出世哲学。他所爱的老子恐怕只是托尔斯泰所爱的老子”。在此，闻一多一改对《〈女神〉之时代

① 闻一多：《〈女神〉之时代精神》，《闻一多全集》第2卷，湖北人民出版社1993年版，第110~115页。

精神》肯定的“富于西方的激动底精神”，是因郭沫若“对于东方的恬静底美当然不大能领略”。

就在闻一多批评《女神》缺乏地方色彩的同时，他也提出自己的诗学主张。这即“总以为新诗径直是‘新’的，不但新于中国固有的诗，而且新于西方固有的诗；换言之，他不要做纯粹的本地诗，但还要保存本地的色彩，他不要做纯粹的外洋诗，但又要尽量底吸收外洋诗底长处；他要做中西艺术结婚后产生的宁馨儿”。尤其新诗人不能“忘记我们的‘今时’同我们的‘此地’”。这样，“我们自会有了自创力，我们的作品自既不同于今日以前的旧艺术，又不同于中国以外的洋艺术。这个然后才是我们翘望默祷的新艺术”。因此，闻一多主张节制盲从欧化的情绪。他说“那便是我要时时刻刻想着我是个中国人，我要做新诗，但是中国的新诗，我并不要做个西洋人说中国话，也不要人们误会我的作品是翻译的西文诗”。就是这篇诗评文章，闻一多还将《女神》缺乏地方色彩的原因，归结为并非郭沫若“不爱中国”，而是不爱“中国底文化”。闻一多还将他和郭沫若的爱国特点进行比较。他说“我个人同《女神》底作者底态度不同之处是在：我爱中国固因他是我的祖国，而尤因他是有他那种可敬爱的文化的国家”。然而郭沫若却不同，他说“《女神》之作者爱中国，只因他是他的祖国，因为是他的祖国，便有那种不能引他的敬爱的文化，他还是爱他”。对这情况，闻一多认为因“爱祖国是情绪底事”，而爱文化则是“理智底事”。针对当时所谓“世界文学”的提倡，闻一多强调“只有各国文学充分发展其地方色彩，同时又贯以一种共同的时代精神，然后并而观之，各种色料虽互相差异，却又互相调和。这便正符那条艺术底金科玉臬‘变异中之一律’”。①

① 闻一多：《〈女神〉之地方色彩》，《闻一多全集》第2卷，湖北人民出版社1993年版，第118~123页。

二、闻一多写作《〈女神〉之地方色彩》的过程

闻一多这两篇诗评无论对《女神》褒扬抑或贬抑，都具有很强说服力，但读者的兴趣并不在此，而是闻一多何以同时对《女神》的评价如此反差？这其中的奥秘确实令人费解。但如果翻检闻一多当年的书信，这谜团就迎刃而解了。其实，闻一多最先写出并请梁实秋代为投稿《创造周报》的稿件，并非《〈女神〉之时代精神》，而是《〈女神〉之地方色彩》。虽然仅从1922年9月29日闻一多给梁实秋和吴景超信之内容，即“吾拟评《女神》。材料在校时已收好，希望即日可以动工”。① 乃至同年10月15日致闻家騄、闻家驷信之内容，即“我现在又在作《女神评》”。②还有10月28日致父母亲：“我如今又在作《女神》底评论”③等，当然看不出闻一多所撰写的是《〈女神〉之地方色彩》。但从10月27日他写给清华文学社友的信之内容，就可看出所作是《〈女神〉之地方色彩》。因为这封信中，不仅有“我现方从事著作《女神》评论”的说辞，而且更有“与《创造》并峙称雄”④的内容。既然要“与《创造》并峙称雄”，其所评论者当然不是《〈女神〉之时代精神》，因为该诗评是褒奖《女神》的。因此，那就只能是闻一多既认为《女神》形式欧化，又认为其精神即内容欧化的《〈女神〉之地方色彩》。如果认为这推理还不充分，我们可在闻一多12月26日又致梁实秋信之内容得到明确答案。这即“前回寄上的稿子请暂为保留。那

① 闻一多：《致梁实秋、吴景超》，《闻一多全集》第2卷，湖北人民出版社1993年版，第80~82页。

② 闻一多：《致致闻家騄、闻家驷》，《闻一多全集》第12卷，湖北人民出版社1993年版，第100页。

③ 闻一多：《致父母亲》，《闻一多全集》第12卷，湖北人民出版社1993年版，第109页。

④ 闻一多：《致梁实秋附信清华文学社社友》，《闻一多全集》第12卷，湖北人民出版社1993年版，第106页。

里我还没有谈到《女神》的优点，我本打算那是上篇，还有下篇专讲其优点。我恐怕你已替我送到《创造》去了。那样容易［引］（按：引字为编者所加）起人误会。如没有送去，候我的下篇成功后再一起送去罢”①。分析至此，无需再作其他论证，就可表明我们的观点。

现在我们需要研究的是，闻一多何以要写《〈女神〉之地方色彩》批评郭沫若的《女神》？正确的答案则是，当时的闻一多要挑战权威。他说：“我们若有创办杂志之胆量，即当亲身赤手空拳打出招牌”。而“要打出招牌，非挑衅不可”。因此闻一多给梁实秋说：“你的‘批评之批评’一文非作不可。用意在将国内之文艺批评一笔抹杀而代以正当之观念与标准。”他还说：“要一鸣惊人则当挑战。”②为挑战权威打出招牌，闻一多早在1922的上半年，就已制定一个宏伟计划。论据则为他于是年5月7日给闻家驷信之内容。他说：“我现在又在起手作一本书名《新诗丛论》。这本书上半本讲我对于艺术同新诗的意见，下半本批评《尝试集》《冬夜》《草儿》（《冬夜》是俞平伯底诗，《草儿》是康白情底诗，都已出版）及其他诗人底作品。《冬夜》底批评现已作完。但只这一章，全书共有十章。”就在这信中，闻一多还说：“我很相信我的诗在胡适、俞平伯、康白情三人之上，郭沫若（《女神》底作者）则颇视为劲敌。”③虽然该信没有透露闻一多要写批评《女神》的信息，但从他之“《女神》虽现天才，然其technique（按即诗艺）之粗篷篾以加矣”④ 的内容中，即可看出端倪。当然，从现有资料看，闻一多的《新诗丛论》最终没有完成。虽然如此，但毕竟他在清华学校时

① 闻一多：《致梁实秋》，《闻一多全集》第12卷，湖北人民出版社1993年版，第128页。

② 闻一多：《致梁实秋》，《闻一多全集》第12卷，湖北人民出版社1993年版，第215~216页。

③ 闻一多：《致闻家驷》，《闻一多全集卷》第12卷，湖北人民出版社1993年版，第33页。

④ 闻一多：《致梁实秋、吴景超》，《闻一多全集》第12卷，湖北人民出版社1993年版，第81页。

就已写出《〈冬夜〉评论》，并在留学美国后相继写出《〈女神〉之地方色彩》等。

三、闻一多和郭沫若诗学追求的差异

在此需要说明的是，当时尚未出国仍在清华学习的梁实秋和吴景超给闻一多信说，他们的文学社拟创办清华《月刊》，并发表闻一多的《〈冬夜〉评论》和梁实秋的《〈草儿〉评论》。闻一多收信后当即回复说："月刊之议，我始极赞成，继而反对，终而睡了一晚觉，复又赞成了。"之所以如此，他说："办出版物还是极有兴味的一件事。我所以反复怀疑终归赞成者，正为此兴味所迷耳。我所谓兴味者非视为儿戏也。实则我的志愿远大的很。"根据"景超所陈三条理由"即"一、与文学社以刺激，二、散布文学空气于清华，三、与国内文坛交换意见"等内容，闻一多说他"以为比较地还甚微琐"。因为其"宗旨不仅与国内文坛交换意见"，而且还"径直要领袖一种之文学潮流或派别"实为极端唯美主义。其实，闻一多的《〈女神〉之地方色彩》不仅是他《新诗丛论》的组成部分，而且也是他当时唯美主义的宣言，和其发表《〈冬夜〉评论》的初衷一脉相承。所以闻一多在该信中还说："我们皆知我们对于文学批评的意见颇有独立价值；若有专一之出版物发表之，则宜受群众之注意——收效速而且普遍。"① 闻一多如此热情地支持清华文学社创办刊物，这因他于留学美国前的1922年5月，就完成对俞平伯是年3月出版的《冬夜》诗集的评论。诗人兼理论家朱自清为之写序的《冬夜》出版之后，当即就获得文坛的叫好。闻一多虽也很快发声对《冬夜》肯定否定兼备，但批评却是主要内容而且强烈。闻一多不仅从内之情感和外之音节两个质素批评《冬夜》，更极力反对《冬

① 闻一多:《致梁实秋、吴景超》,《闻一多全集》第12卷，湖北人民出版社1993年版，第80~81页。

夜》中俞平伯所谓“诗底进化的还原论”实践，即摒弃高雅，还原歌谣或民歌形貌，追求平民内容的表现，因此将其定性为“这条迷涂便是那畸形的滥觞的民众艺术”。于是他说“作诗该当怎样雍容冲雅，‘温柔敦厚’”。①然而《冬夜》却为“新诗革命”大纛的胡适诗派所推崇，因此闻一多这才认为“《评冬夜》因与一般意见多所出入，遂感依归无所之苦”。尤其当时闻一多尚未在诗坛发表过任何作品，更遑论后来《红烛》的出版。所以深切感受到当时倡导“为人生而艺术”派的同人刊物“《小说月报》与《诗》必不欢迎”。虽然“为艺术而艺术”派的同人刊物“《创造》颇有希望”，但因“迩来复读《三叶集》，而知郭沫若与吾人眼光终有分别，谓彼为主张极端唯美论者终不妥也”。正所以如此，他才说“吾人若自有机关以供发表，则困难解决矣”。更何况“吾人之创作亦有特别色彩。寄人篱下，朝秦暮楚”，“作品之值价何在？”②

从闻一多这段书信内容可知，他之所以支持清华文学社创办刊物，就是要为社友们创造发表自己理论主张或创作的园地。但我们重点分析者并不在此，而是闻一多担心他原本认为“为艺术而艺术”派的“《创造》颇有希望”，却因“迩来复读《三叶集》，而知郭沫若与吾人眼光终有分别，谓彼为主张极端唯美论者终不妥也”。闻一多这段话的含义非常明确，但却省略了一个重要内容，这即他包括文学社诸多社友，都是主张极端唯美论者。这段话实际是省略大前提的关系三段论，可将该推理整理恢复如下：吾人是极端唯美论者，郭沫若和吾人眼光不同，因此谓彼为主张极端唯美论者终不妥也。关于此问题，笔者在21世纪初

① 闻一多：《〈冬夜〉评论》，《闻一多全集》第2卷，湖北人民出版社1993年版，第62~62、84页。

② 闻一多：《致梁实秋、吴景超》，《闻一多全集》第12卷，湖北人民出版社1993年版，第80~81页。

就做过专论并发表①，因此不再赘述。那么现在，我们分析当时自称极端唯美论者的闻一多，和其认为并非极端唯美论者，进而担心难于发表《〈冬夜〉评论》的创造社魁首郭沫若，他们的诗学追求有哪些不同。既然闻一多说“迩来复读《三叶集》，而知郭沫若与吾人眼光终有分别”，就让我们先从《三叶集》中，窥探郭沫若并非极端唯美论者的言说。这即“我常希望我们中国再生出个纂集‘国风’的人物——或者由多数人组织成一个机构——把我国各省、各道、各县、各村的民风，俗谣，采集拢来，择其精粹的编集成一部《新国风》。我想这定可以为‘民众艺术的宣传’”。郭沫若还说：“我们要宣传民众艺术，要建设新文化，不先以国民情调为基点，只图介绍些外人言论，或发表些小己的玄思，终竟是凿枘不相容的。”②和郭沫若理念不同，当时闻一多极力反对所谓民众艺术的宣传，他认为诗应“‘艺术化’，因为要‘艺术化’才能产生出艺术”。因此，闻一多坚决反对当时其所认为“村夫市侩底口吻”，尤其“叫嚣粗俗之气”③的所谓平民内容入诗。不仅如此，闻一多更在致梁实秋信中谈及《红烛》的修改，直言说他“要的是你们的意见，我并不想讨大众的好”④。虽然闻一多承认当时其“基督教的信仰已失”，但“那基督教的精神还在”他“心里烧着”，他还“要替人们 consciously（按即自觉地）尽点力”，然而他又说“我的诗若能有所补益于人类，那是我的无心的动作（因为我主张的是纯艺术的艺

① 李乐平：《闻一多文艺思想论——兼驳其并非“极端唯美论者”说》，《文艺争鸣》2001 年第 4 期。

② 郭沫若：《致宗白华》，《郭沫若论创作》，上海文艺出版社 1983 年版，第 239 页。

③ 闻一多：《〈冬夜〉评论》，《闻一多全集》第 2 卷，湖北人民出版社 1993 年版，第 62~84 页。

④ 闻一多：《致梁实秋、吴景超》，《闻一多全集》第 12 卷，湖北人民出版社 1993 年版，第 124 页。

术）”。①闻一多和郭沫若诗学追求的差异当然并不仅此，其他诸如郭沫若厌恶形式而闻一多追求形式，郭沫若“写”诗主张自然流露，闻一多则强调“做”诗要加工提炼等。所有这些，都构成他们文艺思想的差异。这即闻一多所以最先写出《〈女神〉之地方色彩》，以之挑战被誉为开一代诗风、震撼人心战鼓和鼓舞人心号角《女神》作者的原因。

四、闻一多写作《〈女神〉之时代精神》的过程

根据以上分析，我们即可看出闻一多挑战郭沫若的必然性。但闻一多何以又写出与《〈女神〉之地方色彩》观点迥异的《〈女神〉之时代精神》呢？这则因郭沫若对《〈冬夜〉〈草儿〉评论》的肯定。后来，闻一多、梁实秋他们的《〈冬夜〉〈草儿〉评论》几经周折，终于在1922年11月以清华文学社丛书名义出版。其后，除东南大学的学生胡梦华有函表示支持外，并未被当时的评论界看好，相反却有诸多反对之声，这在闻一多的书信中就有反映。他说“北京胡适之主持的《努力周刊》同上海《时事新报》附张《文学旬刊》上都有反对的言论”。②闻一多所说《努力周刊》的反对声音，当是该刊署名“哈”者“一段短评”的“冷嘲热讽”。③虽然闻一多对此“并不奇怪，因这正是”他“所攻击的一派人”，他“如何能望他们来赞成”。④但就在山重水复无路之时，却突然柳暗花明。这即闻一多于1922年12月27日，收到梁

① 闻一多：《致梁实秋》，《闻一多全集》第12卷，湖北人民出版社1993年版，第159页。

② 闻一多：《致父母亲》，《闻一多全集》第12卷，湖北人民出版社1993年版，第131页。

③ 梁实秋：《清华八年》，《秋室杂忆》，中国工人出版社2012年版，第53页。

④ 闻一多：《致父母亲》，《闻一多全集》第12卷，湖北人民出版社1993年版，第131页。

实秋从国内转发寄自日本的郭沫若夸赞他们《〈冬夜〉〈草儿〉评论》的信函内容。闻一多给梁实秋复信说："接到你十一月二十五日一信并《努力》之评论。实秋，我们所料得的反对同我们所料得的同情都实现了。我们应该满意了。"他不仅说"郭沫若来函之消息使我喜若发狂"，而且更说"我们素日赞扬此人不遗余力，于今竟证实了他确是与我们同调者"。惊喜之余，闻一多还剪下一张《密勒氏评论》选征中国现代十二大人物的票格，投票给郭沫若作为回报。虽然他说"本来我们文学界的人不必同军阀，政客，财主去比较长短，因为这是没有比较的。但那一个动作足以见我对于此人的敬佩"①。

郭沫若给梁实秋的信究竟说些什么，让闻一多如此激动？这在闻一多收到梁实秋信之当日的"致父母亲"中作了说明。他说"今早得梁实秋信称郭沫若君曾自日本来函与我们的《冬夜草儿评》表同情。来函有云：'……如在沉黑的夜里得见两颗明星，如在蒸热的炎天得饮两杯清水……在海外得读两君评论，如逃荒者得闻人足音之跫然。'"就在这封信中，闻一多还说"总之假如全国人都反对我，只要郭沫若赞成我，我就心满意足了"。②闻一多太在乎《〈冬夜〉评论》的反响了：他此前就给梁实秋信不仅说"《冬夜评》发表后有何影响，确寄我一读"，而且还说"万里之外不能握三寸管以应敌操战，真恨事也"。③就在得知郭沫若信之内容这种亢奋状态下，因清华文学社经费困难而停止丛书继续出版计划，闻一多这才回信梁实秋，让他暂停《〈女神〉之地方特色》的投稿，而俟其专讲优点的下篇写好后，一并投稿给《创造周报》发表，为的是怕创造社同人误会。闻一多在此所说的"下篇"，

① 闻一多：《致梁实秋》，《闻一多全集》第12卷，湖北人民出版社1993年版，第128页。

② 闻一多：《致父母亲》，《闻一多全集》第12卷，湖北人民出版社1993年版，第131页。

③ 闻一多：《致梁实秋、吴景超》，《闻一多全集》第12卷，湖北人民出版社1993年版，第182页。

实际就是《〈女神〉之时代精神》。事实果真如此，就在半年之后的1923年6月3日，《创造周报》最先发表了闻一多的《〈女神〉之时代精神》，一改《〈女神〉之地方色彩》中批评角度，而充分肯定《女神》“不独喊出人人心中底热情来，而且喊出人人心中最神圣的一种热情”。①

五、郭沫若何以夸赞闻一多及闻一多写作这两篇诗评的原因

在此亦应说明的是，郭沫若从日本来函对《〈冬夜〉〈草儿〉评论》表示的夸奖，这除当时他们诗学追求相近的因素外，并不排除因闻一多在《〈冬夜〉评论》中，将《冬夜》和《女神》进行比较并赞扬后者，尤其对《女神》的褒奖竟达五处之多。闻一多说郭沫若是“极少数”具有“幻想力”的诗人。更肯定其诗具有强烈的情感，除其“《新阳关三叠》之外”，当时出版的诗集“差不多都非好诗”。为贬抑《冬夜》诗句“其直如矢，其平如砥”的“浅薄”，闻一多列举《无烟煤》中“云衣灿烂的夕阳/照过街坊上的屋顶来笑向着我”，以之说明“包括了多少意思”。为证明“《冬夜》里句法的简单”，闻一多又摘取《密桑索罗普之夜歌》诗句“啊！我与其学做个泪珠的鲛人，/返向那沉黑的海底流泪偷生，/宁在这缥缈的银辉之中，/就好象那个堕落了的星辰，/曳着带幻灭的美光，/向着‘无穷’长陨！”据此闻一多说：“像《女神》这种曲折精密层出不穷的句法，那里是《冬夜》梦想得到的啊！”闻一多认为俞平伯的《冬夜》缺乏意象，即便“意象很好颇有征引底价值者”，也远非郭沫若《笔立山头展望》之“弯弯的海岸，好像Cupid（按即丘比特）底弓弩呀！/人底生命便是箭，正在海上放射

① 闻一多：《〈女神〉之时代精神》，《闻一多全集》第2卷，湖北人民出版社1993年版，第117页。

呀”等诗句“意象奇警，而且思想隽远，耐人咀嚼”。①闻一多如此褒扬郭沫若，这就不能不让郭沫若投桃报李来函夸赞闻一多们。

其实反过来说，闻一多也是如此。尤因他的《〈冬夜〉评论》当时正有“哈”者们嘲讽遭遇挫折，因此在闻知郭沫若对他和梁实秋的夸赞内容后，在海外的他如同遇到知音，很快就写出充分肯定《女神》内容的《〈女神〉之时代精神》，这便是闻一多写作这篇诗评的直接原因。但更重要者，是闻一多写作这篇诗评的根本原因，即闻一多对于郭沫若的态度，虽然始终处在矛盾状态，但却毕竟非常崇拜他的才华，尤其“受郭君人格之影响最大”，说他“生平服膺《女神》几于五体投地”。②因此在清华时就“每每称道郭君为现代第一诗人”。③甚至在他留学赴美的船上给清华校友写信，也信手拈来郭沫若《密桑索罗普之夜歌》的诗句借以抒情。④就因谁也否定不了《女神》在当时的影响和成就，而在“若要抵抗横流，非同别人协力不可”，并且当时“只有《创造》诸人”⑤情况的推动下，因《女神》在诗坛的显赫地位，闻一多终竟挣不脱对郭沫若的崇拜，写出《〈女神〉之时代精神》并在《创造周报》发表。无独有偶，闻一多最先写作的《〈女神〉之地方色彩》，也有其直接和根本原因。直接原因是他挑战权威欲引领文学潮流或派别，“以与《创造》并峙称雄”，根本原因则是他和郭沫若诗学追求的差异。虽然二人都曾声称“为艺术而艺术”，但闻一多当时更强调纯艺

① 闻一多：《〈冬夜〉评论》，《闻一多全集》第2卷，湖北人民出版社1993年版，第67~80页。

② 闻一多：《致梁实秋附信》，《闻一多全集》第12卷，湖北人民出版社1993年版，第41页。

③ 闻一多：《致父母亲》，《闻一多全集》第12卷，湖北人民出版社1993年版，第131页。

④ 闻一多：《致吴景超、顾毓琇、翟毅夫、梁实秋》，《闻一多全集》第12卷，湖北人民出版社1993年版，第43页。

⑤ 闻一多：《致梁实秋》，《闻一多全集》第12卷，湖北人民出版社1993年版，第128页。

术而无任何功利追求，而郭沫若当时在宣称“艺术为艺术”同时，却又将艺术和人生相结合。当然，我们并不否认闻一多这两篇诗评，都有过分褒奖或贬抑的绝对化内容。这原因则为其“性格，喜欢走极端”①，这就让他在分析时，无论肯定抑或否定，都将他所阐述的内容发挥到极致。

结　语

根据以上梳理，我们现在终于明白闻一多何以先发表褒奖郭沫若《女神》内容的《〈女神〉之时代精神》，继而又发表认定《女神》是欧化狂癖的《〈女神〉之地方色彩》。从开始的迷雾重重到这谜团解开，毫无疑问会给我们文学研究者一个启示，这即学术研究不能简单地只看文本表象，而应深入到文本表象背后进行探究。否则，就只能知其然却不知其所以然，这就不可能得出正确结论，甚或误入研究的歧途。当然，就此具体问题而言，一般的闻一多研究者对该课题的观照，很难深入问题实质的背后，但却不能作为“偷懒”的借口。闻一多是个复杂的存在，在这“金银盾”中，我们可以窥见很多丰富内容。尤其当时只有23岁的他之文艺思想的阶段性表现，如要真切明白其相关表述的原因，就必须深入研究他当时发声的背景，乃至多维的流派问题及复杂的人际关系。只有这样，才能获得正确答案。

---

① 闻一多：《论文艺的民主问题》，《闻一多全集》第2卷，湖北人民出版社1993年版，第227页。

爱国者的呐喊

——闻一多、李公朴诗歌略论

赵玉泉

（李公朴研究会）

古往今来，有多少爱国爱民的知识分子，为了追求真理而在血与火的斗争中，用诗歌这种文学形式，来抒发自己的真情实感，表达自己的爱民情怀，关注国家与民族的命运，并将其作为战斗的工具和呐喊的号角。中国民主同盟的两位革命烈士闻一多和李公朴，生前都是这样的爱国诗人。中国人民的伟大领袖毛泽东主席，曾用诗的语言赞颂他们“以身殉志，不亦伟乎！”

闻一多诗歌的爱国情怀

为谁写诗，是检验作者站在哪一阵营的试金石。闻一多用他的诗作证明了他是站在广大劳动人民一边的。《洗衣歌》就是他在美国留学时创作的反映华侨悲苦命运的诗。诗人在初版《序》中说明了他创作这首诗的动机：“美国华侨十之八九以洗衣为生，外人至有疑支那乃举国洗衣匠者。国人旅外之受人轻视，言之心痛，爰假洗衣匠口吻作曲以鸣不平。”该诗除开头、结尾两节用反复的手法表达愤懑的心情外，中间六节，真切地描绘华工辛苦屈辱的生活。诗人抒发了华工的愤慨，刻画了华工的人格尊严不可侮辱，有力地讽刺揭露了“高贵者”的肮脏、罪恶和虚伪。诗人为中国劳动人民鸣不平，抒发了强烈的爱国爱民思想。梁实秋称这首诗是闻一多爱国诗中的代表作，“是一首有血有泪的诗”。

爱民与爱国不可分割，而爱国就是为人民。1925 年闻一多怀着无比深情创作的《七子之歌》，是一首反响强烈的充满爱国激情的代表作。清朝末年，帝国主义列强不断蚕食中国，先后侵占我国澳门、香港、台湾、威海卫、广州湾、九龙岛、旅顺和大连等七块领土，闻一多将它比作七个失去母亲的孩子，各写一章，以拟人化的手法，发出了“我要回来”的呼喊，其中写澳门的：

你可知“妈港”不是我的真名姓？
我离开你的襁褓太久了，母亲！
但是他们掳去的是我的肉体，
你依然保管着我内心的灵魂。
那三百年来梦寐不忘的生母啊，
请叫儿的乳名，叫我一声“澳门”！
母亲，我要回来，母亲！

听着一声声情真意切的呼喊：“母亲，我要回来，母亲！”能不伤心、动容吗？诗人抒发了“失养于祖国，受虐于异类”的同胞们“孤苦亡告，眷怀祖国之哀忱”，也抒发了中华民族独立自由、急切盼望祖国和平统一的愿望！1999 年澳门回归时，该诗中“澳门”一节由作曲家李海鹰谱成曲，一时间《七子之歌》响彻祖国万里长空，真真切切地表达了澳门人民回归祖国的急切心情。

如果说真实的情感抒发是诗歌的主要特征，那么 1946 年 7 月 15 日，闻一多牺牲前在李公朴追悼会上拍案而起所作的《最后一次讲演》，完全可以看作是一首气势磅礴的诗。闻一多怀着满腔怒火，严厉谴责心狠手辣的特务，宣称“我们不怕死，我们有牺牲的精神，我们随时像李先生一样，前脚跨出大门，后脚就不准备再跨进大门!”正是这种崇高的精神，把闻一多与李公朴联系了起来。

李公朴诗作的号角功力

李公朴写诗着眼情感的表达，都是直抒胸臆式的作品，是诗人激昂慨慷，痛快淋漓的直接表达，且不大愿意受形式的束缚。

李公朴早期不写诗。因为组建“救国会”，发动和领导许多抗日救亡斗争，便和“七君子”其他战友一起被国民党当局关押在苏州监狱。在狱中他“看了几首陶行知先生的白话诗，不觉也破天荒的诗兴大发”，开始了诗歌的创作。如《羁押生活不自由·题记》①，不过他的诗大多只是抒发自己的想法和情感，写了自己看看，很少拿去发表，因此丢失很多。笔者从《李公朴文集》《李公朴日记》《李公朴传记》以及一些李公朴的亲友、同事的回忆录中搜集到20多首。

李公朴有几首咏物和写景诗，是借助于具体的意象来抒发情怀的，写得很美。如《梅石图题词》② 是一首咏物诗，是在他岳父和夫人张曼筠为祝贺沈钧儒先生70寿辰所作的梅石图上的题词：

在寒冷的时代生长
在寒冷的季节开放
在冰雪封锁的地带
吐泄出圣洁的芬芳
且苦撑过残冬
将近要呼唤他

---

① 李公朴:《羁押生活不自由·题记》，转引自周天度、孙彩霞:《李公朴传》，群言出版社2002年版，第75页。

② 李公朴:《梅石图题词》，转引自张则孙:《民主斗士李公朴》，中央文献出版社2002年版，第221页。

阳春来临
不惜我这盘根错节
还抖擞起少壮精神

在题词的后面，李公朴还写了一段题记，交代作画、题词的原因和目的："衡山（沈钧儒的字）先生平生奔走国是，心力交瘁。今值先生古稀之庆，而国运又适在最艰苦阶段中，云山遥阻，曷胜依依，引领蜀道，觉其节弥高，其志弥坚。家岳小楼先生因写梅以象其德，内子曼筠写石以状其坚。绘成后我题数语，聊志恋慕之忱云尔。"

这首诗的意象是吐芳的梅。李公朴倾力赞颂梅花的精神，诗中没有一字写沈钧儒，以梅喻人，沈钧儒先生的形象却十分鲜明。诗人高度赞颂了沈钧儒先生在"最艰苦"的环境中"其节弥高，其志弥坚"的高尚品格，字里行间洋溢着诗人的敬佩深情。

《太行山风雨之夜》① 是李公朴的借景抒情诗。李公朴1940年9月率领抗战建国教学团来到晋察冀根据地，住宿在太行山上。一个雨夜，他面对眼前生机勃勃的情景，触景生情，创作了这首诗——

一阵阵纺纱声，
伴着风声呼啸。
窑洞中烛光摇摇，
有人看《纲鉴》，
有人读《战报》，
抗战三年人更少。

不羡那黄浦江边，

① 李公朴：《太行山风雨》，转引自周天度、孙彩霞：《李公朴传》，群言出版社2002年版，第151页。

不羡那峨眉山麓，
不羡那牯岭莲谷，
我却愿消夏在太行山巅。
伟大的时代呀，
充满着战斗的豪情。

人生是战斗，
没有战斗，
就没有人生。
风雨过后万里晴空，
一片碧绿的海洋，
处处都是英雄的战场。

第一小节描绘了风雨的夜晚，在紧张战斗的间隙，战士们抓紧时间或工作或看书学习，充分展示了革命战士奋发图强的精神状态。两句描写风声和烛光的诗，起着有力的烘托作用，赞美之情充溢在字里行间。第二小节，一连用三个“不羡”和“却愿”相对照，用一组繁华享乐之美景来反面烘托，进一步赞颂革命战士的精神可贵，因为他们心中“充满着战斗的豪情”。第三小节富于哲理性：“人生是战斗，没有战斗，就没有人生”，揭示革命战士高昂的精神境界。最后三句雨过天晴的美景，既包含了对革命战士的赞赏，也是未来必胜信念的展示。这首诗结构严谨，情感丰富含蓄，堪称李公朴诗歌的代表作。

1946年4月8日，王若飞、秦邦宪、叶挺、邓发、黄齐生等乘飞机从重庆返回延安途中，不幸于山西兴县黑茶山触山遇难。这是中共的重大损失，李公朴也失去了几位珍贵而真挚的朋友。噩耗传来，李公朴悲痛欲绝，几乎是哭喊着写了一首《你们的死叫我格外不怕死——献给若飞、博古、邓发、希夷、齐生诸先生》① 的悼亡诗。字字泪，声声泣，表达了极度悲恸的情怀：

你们的死，
超过了晴天霹雳，
震痛了每个爱好和平、民主人们的心灵。
我从来没有过这样的悲恸！
这几天来的脑子，
似乎已经失去了作用，
像我这样渺小的人，
还有什么值得生存?!

诗人用“超过晴天霹雳”，强调听到噩耗时的震惊；接着用脑子“已经失去了作用”，再次强化悲伤的程度。他接着写道——

你们的死，
叫全国受伤的都不再呻吟。
你们为了创造人类的幸福而牺牲，
中华民族永生之花，
已经开放在黑茶山上，
你们真正是粉身碎骨。

他称先烈为“中华民族的永生之花”，他们为了“创造全人类的幸福而牺牲”，崇敬之情洋溢在字里行间。诗人还在诗中用较多的篇幅，充分地表达先烈的精神对自己的影响，表达为“消灭法西斯蒂”“为了

① 李公朴：《你们的死叫我格外不怕死——献给若飞、博古、邓发、希夷、齐生诸先生》，转引自周天度、孙彩霞：《李公朴传》，群言出版社2002年版，第229页。

争取民主与和平”战斗到底，“准备随时死”的决心——

你们的死，
使我没有什么话说，
只有叫我格外不怕死。
你们的死，
叫我没有什么能说，
只有格外多做事，
准备随时死。
你们的死，
叫我还有什么可说，
只有增加我的责任与勇气，
在未死之前，要尽力消灭法西斯蒂！

这也是李公朴用诗的形式公开表达自己政治倾向和坚定立场的诗。

李公朴的诗吹响民族斗争的号角，每一首都高扬着爱国主义的旋律，激荡着保卫祖国、捍卫民众利益的激情。如《怒涛》① 就是李公朴为夫人张曼筠创作的同名画所作的题词，创作于 1941 年 4 月。那时反侵略战争正处于最艰难的相持阶段，敌人封锁，物质匮乏，生活极度贫困，有些人看不清前途，对反侵略战争失去信心。李公朴凝视画幅上汹涌澎湃的波涛，心有所动，提笔在画幅的空白处写了这首诗。诗的开头就对画面上怒涛的形象进行了描绘：

你这个极大的
大到不易形容的整个儿的东西

① 李公朴：《怒涛》，转引自王健：《李公朴画册》，群言出版社 1996 年版，第 94 页。

不受任何的分化与离间
不怕任何的阻碍与打击
永远保持这整个儿的一块
扫荡了一切陈腐

扬弃了一切古旧的东西
永远是前进
永远是不可克服

李公朴首先抓住“怒涛”的外形，状其“大”，状其“整”；其次写出“怒涛”不受任何分化与离间，内部很团结。唯其团结，才能产生巨大的力量，才能“扫荡”“扬弃”一切陈旧的东西，才能永远前进，才能“永远不可克服”，是无坚不摧。诗人从外到内把滚滚向前的怒涛描摹得如此活灵活现，汹涌澎湃，写出了怒涛的精神，人们似乎听到了怒涛扫荡“一切陈腐”震耳欲聋的隆隆轰响。接着诗人将“人类进步的力量”和“怒涛”作比较，写道——

人类进步的力量也从来是这样
也将必然是这样
你是大自然的一部分
我们也是它的一部分
都是来自一个源头
你永远不感疲倦的战斗力量
表现着自然界伟大的动力
象征着人类解放的光明前途

李公朴指出人类进步的力量“从来是这样，也将必然是这样”。这里指代什么？就是指代怒涛的团结，怒涛“永远是前进”的精神与不可战胜的力量。最后他满怀信心地指出："我们应该比你更有力量，也将必然的更有力量。"

李公朴用怒涛象征汹涌澎湃的民族解放运动。当时反侵略的统一战线正经历着团结与分裂、前进与倒退的阵痛。李公朴在诗中不仅表达了他对反侵略统一战线的忧虑，更表达了他不管在什么情况下，都主张团结战斗的决心和意志，对祖国未来充满必胜信念，字里行间发出了强烈的爱国主义的呐喊。

1945 年 8 月 5 日，日本侵略者宣布无条件投降，中国人民经过艰苦卓绝的 14 年斗争，终于取得了伟大胜利，无不沉浸在欢乐之中。而以蒋介石为代表的反动势力却蓄意挑起内战。9 月 2 日，西南联合大学新诗社举办以"为胜利民主团结而歌"为主题的诗歌朗诵会。李公朴听着大家热情朗诵歌颂"胜利和欢乐"的诗章感慨万千，决定给大家泼一点冷水。稍作思索，他便站起来，即席赋诗一首——《不要教胜利冲昏头脑》:①

不要狂欢，且慢骄傲，
胜利团结与民主并没有真正得到。
它还要靠咱们大家努力，
抓紧时机共同创造。
八年来团结成了个空口号，
中国的命运几乎不能保。
现在"胜利"总算被"等"到，
胜利的果实不能白白地送掉。
今天为胜利团结与民主而歌，
却不要教胜利冲昏了头脑。

① 李公朴:《不要教胜利冲昏头脑》，转引自周天度、孙彩霞:《李公朴传》，群言出版社 2002 年版，第 104 页。

团结的障碍多得很。
民主的暗礁更不少。
我们要抓紧时机打定主意，
把民主和平高唱入云霄。
把反民主的将军、老爷、汉奸走狗、摩擦专家、顽固分子，
一齐都打倒！打倒！打倒！

李公朴为什么要给狂欢胜利的人们当头泼一瓢冷水？因为“团结的障碍多得很，民主的暗礁更不少”。这无疑是向沉浸在狂欢中的人们敲响了不可多得的警钟，这是一个民主先驱用诗的语言发出的预警。后来的事实证明，他的预警是正确的。

纵观闻一多和李公朴的诗，都有一条鲜明的怀民爱国思想的红线贯穿其中，是他们追求真善美、抨击假恶丑的意志表达；尽管每首诗内容各别，但反映的是同一时代背景和社会环境，同他们其他体裁的著作一样，都是中华民族思想和文化艺术宝库中不可多得的精神财富，也是闻一多和李公朴吹响的打碎旧世界、建设新世界的战斗号角，它永远回荡在一切爱好和平民主与追求真善美的人们的心中。

闻一多《七子之歌》中“祖国—母亲”的政治隐喻

舒开智

（黄冈师范学院）

闻一多是我国近现代文学史上杰出的诗人、著名的学者，伟大的爱国主义者、坚定勇敢的民主斗士。在20世纪的中国历史和文学发展进程中，他的人生选择和文学创作始终心系国家与民族的前途命运，以独创性的诗歌在文学史上留下光辉的篇章，以赤子之心抒发了对祖国和人民的深切挚爱，表达了对黑暗现实的猛烈抨击和痛斥憎恶，表现了对光明未来的向往和追求。近年来，学术界围绕闻一多的美术思想、诗歌创作、戏剧艺术、古典文学研究等方面展开探讨，取得了引人注目的成绩。本文的研究，主要从20世纪中国文学中的“祖国—母亲”这一政治隐喻出发，揭橥闻一多的《七子之歌》中建构的“祖国—母亲”政治隐喻在20世纪中国现代文学史上的开创意义。

一、隐喻与政治隐喻

长期以来，传统语言学理论一直把“隐喻”当作一种语言修辞策略或方法、一种典型的修辞格，是对常规语言的背离和叛逆。虽然中国古代不乏与“隐喻”有关的“比喻”“比兴”“意象”“意境”等的研究，但是严格地讲，在中国，由于“文以载道”思想的影响，直到20

世纪80年代，要么把隐喻看作比喻的一个分类，要么“还是把隐喻看作一个语言形式上的修饰、一个修辞格”①。在西方，从亚里士多德、柏拉图伊始，在漫长时期内，对隐喻的理解，也停留在说话的修辞手段上。随着20世纪语言学和文学理论等人文学科的发展，现代以来，学者们意识到，隐喻已经超越了作为一种话语修辞的方略，在深层次上成为一种认知现象，与人类对语言的潜意识运用和思维方式密切相关。20世纪西方修辞学的发展，出现了从哲学本体论意义上探讨隐喻的意义。理查兹在《修辞哲学》中就认为，隐喻与人类的认知紧密相连，隐喻在本质上是思想和行为对人类社会的发展和对世界的认识的派生物。有学者指出：“人类的语言与所生活的自然世界之间的关系通过隐喻的使用而变得丰富多彩。隐喻不是对自然进行科学上的真理性陈述，而是通过想象力，发现事物之间的相似性，在虚拟之中发现‘本质’上的真实。”② 理查兹的隐喻理论对当代隐喻研究起到了转折性的重要推动作用。自此以后，西方隐喻理论进入迅猛发展阶段，经过布莱克、塞尔、戴维森、利科等人的努力，20世纪80年代西方隐喻理论研究达到一个崭新的水平。

1980年美国学者乔治·莱考夫、马克·约翰逊从认知语言学的视域出发，合作出版了《我们赖以生存的隐喻》，掀起了隐喻研究的旋风。他们提出的概念隐喻理论使得对隐喻的研究上升到体验哲学的层面，同时也改变了人们对世界的看法。“不论在语言上还是在思想和行为中，日常生活中隐喻无所不在，我们思想和行为所依据的概念系统本身是以隐喻为基础的。”③ 这一研究揭示了语言中隐喻产生的本质原因，

① 冯晓虎：《隐喻：思维的基础，篇章的框架》，对外经济贸易大学出版社2004年版，第71页。

② 朱锋颖：《中外隐喻理论及篇章隐喻解读》，吉林大学出版社2019年版，第21页。

③ ［美］莱考夫、约翰逊：《我们赖以生存的隐喻》，何文忠译，浙江大学出版社2015年版，第1页。

隐喻来源于人的隐喻性思维，已经不仅仅是一种特殊的语言现象，隐喻塑造了我们的思维方式，建构了我们的感知。对隐喻的认识，诚如该书标题所显示，有些隐喻已经是“我们赖以生存的隐喻”，社会和文化语境中的人们就靠这些已有隐喻来理解世界并付诸行动。随着社会的发展，人们经常会创造新的隐喻，这些新的隐喻富于想象力、创造力和形象性，让社会成员对自己的经验有一种新的理解，让他们的过去、他们的日常活动、他们的知识和信仰富有新的意义。每一个新的隐喻创造出来后，影响社会成员的感知和行动，规束着他们的意念，创造新的感知结构和现实世界。莱考夫和约翰逊发现：“刻画我们日常活动的隐喻概念建构了我们眼前的现实。新隐喻有创造一个新现实的力量。当我们按照隐喻开始理解我们的经验时，这种力量开始起作用；当我们按照它开始活动时，它就会变成一个更深刻的现实。如果新隐喻进入我们赖以活动的概念系统，它将改变由这个系统所产生的概念系统、知觉、活动。许多文化变革起因于新隐喻概念的引入和旧隐喻概念的消亡。”① 从认知的视角出发，两位学者提出，隐喻不仅仅是一种修辞手段，更是人类重要的认知机制和思维方式。“隐喻的本质就是通过另一种事物来理解和体验当前的事物。”② 莱考夫由此出发，提出了概念隐喻的学说并系统阐述了它的工作机制。今天，隐喻理论的发展和对隐喻的研究深入广泛，成为跨学科、多学科研究的对象，语言学、文学批评、文学理论、语用学、心理学、社会学、哲学、符号学、新闻学、翻译学等都从不同视角研究隐喻。

按照隐喻的使用领域，隐喻大体上可以分为日常生活隐喻和文学文本隐喻。日常生活中的隐喻主要是为了委婉表达情感的需要，或者追求修辞文采以及言说策略。文学文本中的隐喻能巧妙地表达作者意图和劝

---

① ［美］莱考夫、约翰逊：《我们赖以生存的隐喻》，何文忠译，浙江大学出版社 2015 年版，第 134 页。

② ［美］莱考夫、约翰逊：《我们赖以生存的隐喻》，何文忠译，浙江大学出版社 2015 年版，第 6 页。

说同化效果，“隐喻具有化异为同的亲和功能，隐喻的收—发者由此产生‘自己人’或‘非我族类’的认同感”①。文学作品中的隐喻能够拉近读者之间的距离，塑造社会读者的共识，成为一个民族、国家或社会保持向心凝聚、维护团结稳定的重要法宝。特别是在涉及政治话语时，恰当合适的隐喻，不仅能增加文学作品的艺术魅力和审美水准，还带给读者阅读接受的轻松愉悦。“隐喻是一种认知工具，它对政治语言来讲更是一个指向现实的说服工具。政治隐喻调动我们在非政治领域的已有知识和经验，为我们观察政治世界选定框架。”② 尽管文学与政治的关系异常复杂，但是文学离不开政治，文学又不是政治说教。所以，在文学作品中通过政治隐喻的创造和建构，能避免单纯政治话语的生硬和尖锐，清晰有力地揭示和阐明抽象复杂的政治内容或意图。

历史上，虽然亚里士多德早就说过，“人类在本性上，也正是一个政治动物”，但是，由于政治是社会上层建筑的组成部分，具有抽象性特点，社会成员对政治的感受还是比较隔膜和生疏，而一定的政治概念、政治意图又要传递给社会个体并内化为他们的信念和行动，这样一来，政治隐喻便应运而生，通过创造具有亲和力和相似感的隐喻，政治语言、政治概念能以通俗易懂的方式，“润物细无声” 地潜入社会成员的头脑之中，易于为社会成员理解、接受。今天，不仅在文学作品中，在政治人物的演讲稿和外交新闻报道中，政治隐喻随处可见。政治隐喻不但可以消释政治概念、政治话语、政治意图的隐蔽晦涩和复杂抽象特点，还可以增加它们的凝聚力、感召力，在无意识层面激发社会成员的共鸣，使得社会大众能理解政治事件的含义并感同身受。文学作品中的政治隐喻具有审美性、创造性和新颖性，有利于文学追求并形成较高的审美水准，实现文学与政治的有机融合，以更好地发挥文学的情感动员

① 赵一凡等主编：《西方文论关键词》，外语教学与研究出版社 2006 年版，第 782 页。

② 吴建伟：《政治隐喻的说服机制与知觉过程》，《华东理工大学学报（社会科学版）》2016 年第 6 期。

和塑造认同功能。

二、“祖国—母亲”政治隐喻出现的思想渊源与历史语境

20 世纪英国著名文化唯物主义理论家雷蒙德·威廉斯开创了关键词研究方法，他从历史语义学出发，发现“其实词义本身及其引申的意涵会随时代而有相当的不同与变化”①。在威廉斯看来，在特殊的社会秩序里及社会、历史变迁的过程中，意义与关系常常是多样化与多变性的。根据考证，在中国古代，并没有将祖国比喻成母亲的，《论语·微子》：“枉道而事人，何必去父母之邦。”这里的“父母之邦”，指的是父母之国，也即是祖国。《孟子·万章下》“去父母国之道也”这里的“父母国”，指的是故乡、祖国。类似的“父母国”“父母之邦”的表述，在后代诗文中比较常见，都只是表示一种身份归属关系，没有性别差异。例如唐代韩愈在《后廿九日复上宰相书》中写道：“今天下一君，四海一国，舍乎此则夷狄矣，去父母之邦矣。”唐代阎朝隐在《奉和送金城公主适西蕃应制》中写道：“回瞻父母国，日出在东方。”但是中国古代文学作品里，有表达对父母养育之恩的、感激之情的。《诗·小雅·蓼莪》“哀哀父母，生我劬劳”就是表达对逝去父母的无尽哀悼和对其养育之恩的不尽感谢。《史记·屈原列传》“夫天者，人之始也；父母者，人之本也”更是指明了父母是一个人的根本，对父母要有孝心。可见，“祖国—母亲”的隐喻在中国古代虽然没有明确出现，但是古代诗文中已有滥觞和雏形，那就是对父母的感恩、对居住地和故土家乡的怀念。

费孝通先生在《乡土中国》中分析指出，血缘所决定的社会地位

① ［英］威廉斯：《关键词：文化与社会的词汇》，刘建基译，三联书店 2005 年版，导言第 9 页。

不容个人选择。“世界上最用不上意志，同时在生活上又是影响最大的决定，就是谁是你的父母。谁当你的父母，在你说，完全是机会，且是你存在之前的既存事实。”① 可见，在以农耕经济为主导形态的中国乡土社会里，血缘关系不以个体意志为转移，它对社会个体的权利与义务观念产生至关重要影响。在中国社会从古代向近现代转型发展过程中，父母与子女之间的这种血缘关系所形成的权利与义务观念（父母养育了子女，子女要孝敬爱戴父母）自然而然地影响社会文化心理和文学创作，闻一多在清华大学十年的学习期间，广泛涉猎了中国古代诗集、诗话、史书、笔记等，扎实深厚的中国古典文学修养和功底为其新诗隐喻创造奠定了基础。

诚如有学者指出：“‘祖国母亲’作为一种中国近代以来产生的政治隐喻和话语建构，有着深刻的历史、政治和文化背景。这一隐喻的背后关联着中西方的两种政治文化。”② 就中国国内来说，“祖国—母亲”隐喻的出现，除了本文上述所说乡土社会的文化心理和结构传统之外，还有一个关键因素，那就是跟20世纪初中国的民族主义思潮兴起有关。作为一个复杂事件和现象的“五四”运动，提供了民族复兴的宏伟蓝图和具象途径，在“救亡与启蒙”的主题感召下，建构了具有现代民族国家意识的中华民族共同体观念，开启了中国现代文学进程的历史大幕，有学者指出：“经过‘五四’运动的洗礼，一般国人都更为明确地感受到了来自帝国主义压迫的中华各族人民共同的民族命运，找到了各民族共同的敌人——帝国主义，认识到帝国主义侵略与分裂他民族的本性所在和现实威胁，‘反对帝国主义’的口号也因此被明确提出，这构成为现代‘中华民族’整体观念得以确立的重要政治基础和思想条件

① 费孝通：《乡土中国》，北京大学出版社2012年版，第116页。

② 潘祥辉：《“祖国母亲”：一种政治隐喻的传播及溯源》，《人文杂志》2018年第1期。

之一。”① 面对内忧外患的危机现实，面对多难贫弱的脚下土地，这个时期涌现出了一大批具有鲜明爱国主义感情的新诗，对祖国的高歌赞美、对民族的深沉挚爱、对新生事物的向往渴望、对故土家园的眷念难忘，中国古代文学中绵延不绝的爱国主义传统在“五四”文学中得到了继承和升华。

熟谙东南亚问题的全球知名学者本尼迪克特·安德森在其《想象的共同体》中认为“民族”“民族主义”等都是特殊的人造的文化产物，“我主张对民族作如下的界定：它是一种想象的政治共同体——并且，它是被想象为本质上有限的，同时也享有主权的共同体”。在他看来，民族的建构需要想象甚至虚构，“它是想象的，因为即使是最小的民族的成员，也不可能认识他们大多数的同胞，和他们相遇，或者甚至听说过他们，然而，他们相互联结的意象却活在每一位成员的心中”②。虽然他这个说法不完全对，因为民族不只是想象性存在，还是一种实体性存在，但是文学的想象性书写的确有助于现代民族国家的团结和认同。“祖国—母亲”这一政治隐喻的出现，就有助于现代中华民族共同体意识的塑造。束定芳认为：“我们文化中的隐喻概念对我们的日常思维和行为方式也起到了重要的引导和制约作用。隐喻还具有特殊的社会功能，可以反映甚至加强交际者之间的亲密关系。”③ 在中国现代历史和文学进程中，“祖国—母亲”隐喻的出现就能使社会成员之间建立一种亲密的认同和纽带关系。因为，在隐喻的解读和隐喻意义的生成过程中，人类的经验、认知、想象会起很大作用。“隐喻一旦进入解读阶段，施喻者当时所想表达的意义则需要依凭受喻者通过隐喻本身及受喻者自身储藏或积淀于大脑的诸种内在心理要素对隐喻展开各种认知活动

① 黄兴涛：《重塑中华：近代中国“中华民族”观念研究》，北京师范大学出版社 2017 年版。

② ［美］本尼迪克特·安德森：《想象的共同体：民族主义的起源与散布》，吴叡人译，上海人民出版社 2005 年版，第 6 页。

③ 束定芳：《隐喻学研究》，上海外语教育出版社 2000 年版，第 112 页。

来解读。”① “祖国—母亲” 政治隐喻的出现，之所以便于解读和接受，跟施喻者与受喻者所共处的社会历史语境密切相关，“惟有在世界知识、对社会常规的把握、人生经验和记忆有累积的基础上，施喻者才能抓住各输入空间之间的共相或透过这些输入空间的表象深入其某一共享的特性或本质”②。在“五四”运动思潮的影响下，中国传统文化中的以权威主义为主要特点的“三纲”（父为子纲、君为臣纲、夫为妻纲）思想受到批判和冲击。在这种背景下，“祖国—母亲” 隐喻的出现也很顺应时代语境了。

从国外思想影响来看，“祖国—母亲” 政治隐喻的出现，也受到西方特别是欧洲政治文化的影响。作为清华 20 世纪 20 年代的留美学生，闻一多博览涉猎，对 19 世纪以来在欧洲民族国家解放运动中滥觞的国家主义产生了浓郁的兴趣。他与罗隆基、潘光旦等在美发起成立大江会，以宣传国家主义，唤起民众国家观念。在欧洲，对西方现代民族主义兴起和发展起到推动作用的是法国，法国大革命推翻了封建君主专制，建立了统一的民族国家，创造了新的民族主义观念。法国的民族主义特别重视文化认同。自此以后的法国史的叙述都建立在“法兰西整体性” 的话语之上，“法兰西万岁” 的口号深入人心，“‘保卫祖国’‘为国牺牲’ 等词汇继续成为爱国主义与民族主义的政治修辞与动员口号，形成了一套完整的意识形态”③。在苏联，“母亲形象不仅是一种宗教传统，更是一种政治隐喻，母亲形象和祖国、民族联系在一起”④。“祖国—母亲” 的政治隐喻经常与“大地”“土地” 联系在一起，例如

① 王文斌：《隐喻的认知建构与解读》，上海外语教育出版社 2007 年版，第 224 页。

② 王文斌：《隐喻的认知建构与解读》，上海外语教育出版社 2007 年版，第 121 页。

③ 于京东：《祖国：一项基于近代西方语境的概念史考察》，《南京大学学报》2017 年第 3 期。

④ 李一帅：《母亲形象：解读苏联文化的一种视角》，《文艺理论与批评》2020 年第 1 期。

涅克拉索夫在其叙事长诗《在俄罗斯谁能快乐而自由》中写道：“俄罗斯母亲呵！你又贫穷又富饶，你又强大又软弱。”① 晚清以来，随着民族国家观念的引入，这种国家象征女性化的欧洲传统也传入了中国，法国及苏联政治文化的影响尤其明显。中国自身政治演变逻辑及中国传统文化自孟郊以来对“慈母”的歌颂也使得“祖国—母亲”的比喻契合中国文化心理。

三、闻一多《七子之歌》中“祖国—母亲”政治隐喻的开创意义

关于闻一多的诗歌艺术和成就，以国内代表性的《中国现代文学史》教材为例，一般都是认为，闻一多的诗论对新月派诗人产生了很大影响，“其诗论的核心内容是讲究诗的‘三美’：音乐美、绘画美、建筑美。闻一多的诗歌创作实践了这些主张”②。教材对这一知识点叙述都很详细。教材中对《七子之歌》的介绍只有简单的一句话：《七子之歌》以被帝国主义列强侵占的我国土地之口，控诉帝国主义的罪行，抒发对祖国的热爱。有的教材只是蜻蜓点水式地提到以闻一多为代表的前期新月派诗人积极倡导新格律诗。在专著和论文方面，王诗客在其博士论文中指出：“《七子之歌》是汉语新诗中关于‘祖国母亲’隐喻的发轫之作，甚至可被视为现代汉语中‘祖国是母亲’的起源。”③ 该论文主要从认知语言学的角度，来研究中国新诗中祖国—母亲隐喻，以期揭示不同时期国人心中不同的祖国形象和祖国观念变迁。目前，从现代文学史的角度研究闻一多《七子之歌》中“祖国—母亲”政治隐喻的

---

① 《列宁选集》第2卷，人民出版社1960年版，第370页。

② 朱栋霖、丁帆、朱晓进主编：《中国现代文学史》（第二版上册），高等教育出版社2012年版，第92页。

③ 王诗客：《汉语新诗中祖国母亲隐喻的多维度研究》，浙江大学2012年博士学位论文，第56页。

开创意义尚不多见。在本文看来，这种政治隐喻的成功开创和运用，不但开启了现代白话新诗爱国主义传统的大幕，更使得我们的现代文学乃至当代文学自觉追求并实现与政治正确相匹配的艺术审美水准，避免了文学与政治、意识形态关系的僵化胶粘，也避免了唯美主义创作的肤浅藻饰。这或许是闻一多《七子之歌》中“祖国—母亲”政治隐喻在中国现代文学史上的独特意义。

《七子之歌》是闻一多1925年3月在美国留学期间创作的，发表在《现代评论》杂志上。当时，澳门、香港、台湾、威海卫、广州湾、九龙、旅大等七个重要城市先后变成殖民地，国内满目疮痍，国外豺狼横行，帝国列强对中国人实施压迫和歧视，他心中既挂念和笃爱祖国，又燃起了对帝国主义列强仇恨的怒火。《七子之歌》就是在这种背景中诞生的，闻一多把七个殖民地城市比作离开母亲（祖国）怀抱的七个儿子，受尽蹂躏，痛苦难言，渴望回到母亲身边。诗人将自己的家国之痛，在现代文学史上，第一次运用“祖国—母亲”的隐喻，以现代白话新诗表现出来。

《七子之歌》中的第一章便是现在人们耳熟能详的《澳门》，诗中这样写道：“你可知MACAU不是我真姓，我离你太久了，母亲！但是他们掳去的是我的肉体，你依然保管着我内心的灵魂。三百年来梦寐不忘的生母啊，请叫儿的乳名，叫我一声澳门！母亲！我要回来，母亲！”第二章是《香港》，诗中有这样的句子：“我好比凤阙阶前守夜的黄豹，母亲呀，我身份虽微，地位显要。”“母亲呀，我哭泣号啕，呼你不应。母亲呀，快让我躲进你怀抱！母亲！我要回来，母亲！”第三章是《台湾》，当时的台湾正处在日寇的铁蹄下。诗中最后三句这样写道：“母亲，酷炎的夏日要晒死我了；赐我个号令，我还能背城一战。母亲！我要回来，母亲！”后面的《威海卫》中有这样的句子“母亲，莫忘了我是防海的健将”，“母亲！我要回来，母亲！”《广州湾》中“母亲呀，你千万不该抛弃了我！母亲，让我快回到你的膝前来，我要紧紧地拥抱着你的脚踝。母亲！我要回来，母亲！”《九龙》中“母亲呀，可记得你的幼女九龙？”“母亲，我天天数着归宁的吉日，我只怕希望要变作一场空梦。母亲！我要回来，母亲！”《旅顺，大连》中：“母亲，归期到了，快领我们回来。你不知道儿仍如何的想念你！母亲！我们要回来，母亲！”①

《七子之歌》一共七章，每章七行，格律谨严整齐，复沓回环又变化交替，文本中反复出现“母亲！我要回来，母亲！”这种隐喻具有很强的表现力。有学者指出：“隐喻的表现性主要体现在四个方面，首先是相似性的选择过程；其次是隐喻的情感性；再次是作者利用隐喻的意图；最后是读者对隐喻的认识。”② 闻一多选择“母亲”比喻“祖国”就是作者刻骨铭心体验的结果，根据闻一多三子闻立鹏先生回忆，本来由于闻一多在美国纽约艺术学院学习期间成绩优异，但是由于号称“文明”国度充满种族歧视，他所遭遇和听到的一切，都深深刺痛了他强烈的民族自尊心，使他对故国家园产生了深深的眷恋。组诗中以受伤的“孩子”——七个殖民地城市的口吻抒发对“母亲”的眷念向往，将“祖国”比喻为“母亲”，将割让的殖民地比喻为“孩子”，诗中满怀悲痛炽热，读起来让人潸然泪下。作为20世纪中国现代文学史上第一个正式在作品中创建“祖国—母亲”隐喻的作家，闻一多将“五四”时期的个人话语与国家话语有机地融合了，突破了早期的唯美主义风格，“祖国—母亲”这一隐喻在20世纪20年代以“拟血缘关系”塑造了国民个体与祖国休戚与共的亲密关系，塑造了认同导向关系，激发了民族国家想象，动员组织了全体中华儿女为建立新生的人民共和国而矢志不渝地浴血奋战，这一政治隐喻，具有审美性、开创性、新颖性，成为整个20世纪中国文学中最活跃的概念。

威廉斯指出：“在每一次变革中堪称新事物、新情况的，正是社会语言本身的历史发展。这种发展不断为某种处在变化中的实践意识找到

① 以上《七子之歌》均引自闻一多：《闻一多经典》，当代世界出版社2016年版，第213~216页。

② 朱全国：《文学隐喻研究》，中国社会科学出版社2011年版，第166页。

新的（活动）方式、新的形式和新的定义。"① 在20世纪初的中国，"祖国—母亲"这一政治隐喻的出现和流行有着必然的逻辑，"社会以及政治现实是抽象的思想体系，需要隐喻来使它们概念化并加以传递"②。闻一多开创的这一政治隐喻已经从诗歌蔓延发展到小说、散文、报告文学等多种文学样式以及音乐（陆在易创作了歌曲《祖国，慈祥的母亲》）、新闻、美术等其他领域中，成为整个20世纪中国文学作品中普遍性的爱国话语表达，树立了文学中爱国主义书写的标杆。胡风的《为祖国而歌》、方志敏的《可爱的中国》、郭沫若的《炉中煤》、冰心的《祖国母亲的心》、巴金的《我们伟大的祖国》等都是这种传统的赓续。20世纪的中国文学发展历程中，很多作家创造了独具特色的隐喻，有的随着使用频率的增加和接受的扩大而成了常规语言，变成"死的隐喻"，但是闻一多开创的"祖国—母亲"的隐喻至今依然散发耀眼的光芒，成为中华儿女心中最亲切最温暖的词语！

① 高建平、丁国旗：《西方文论经典》第6卷，安徽文艺出版社2014年版，第234页。

② 文旭：《政治话语与政治隐喻》，《当代外语研究》2014年第9期。

闻一多书信中的“记事”与“议论”研究

许祖华
（华中师范大学）

闻一多曾在给家人的信中说：“书札不仅为道平安、叙寒暄，千篇一律之刻板文字。书札中可以发议论，亦可以记事迹。”① 观闻一多遗留下来的书信，最值得我们关注的内容，也恰恰正是闻一多所认可和提倡的“发议论”和“记事迹”的内容，因为，这些内容不仅在闻一多成型并已经公开发表的文章、著作中难觅踪迹，还可以让我们窥见其在不同历史时期、不同环境下的人生轨迹与心路历程，而且书信特殊的形式与功能（形式自由，不是为了发表而作），还在最直接的意义上保留了这些内容中所包含的社会性、文化性信息和闻一多本人当时的思想、生活等最原始的也是最本真的状态。当然，闻一多在书信中所发的议论和所记的事迹也是较多的，特别是关于文学、学术、艺术之事的记录与议论，不仅随处可见，而且常常妙语连珠，但由于这些内容，闻一多在相关文章、著作中阐述得更为系统，学界对此也早已关注，因此，我这里不准备就这些方面的内容展开论述，只准备摘取一些在闻一多的相关文章、著作中少见，学界也关注不够的内容进行一个勾勒和论述。

---

① 闻一多：《闻一多书信集》，群言出版社 2014 年版，第 83 页。

一、关于“五四”运动的记事与议论

“五四”运动，作为揭开中国新民主主义革命序幕并为中国共产党的成立作了组织上和思想上准备的一场伟大政治运动，当这场改变中国历史命运的伟大运动爆发的时候，闻一多正在这场运动的发生地北京的清华学校读书。1919年5月17日，闻一多在写给自己父母的书信中，开篇不仅叙述了这场运动的“前世今生”及其基本状况，而且也叙述了自己所在清华学校在这场运动中的情况及学生们的表现：“山东交涉及北京学界之举动，迪纯兄归，当知原委。殴国贼时，清华不在内，三十二人被捕后始加入，北京学界联合会要求释放被捕学生，此事目的达到后各校仍逐日讨论进行，各省团体来电响应者纷纷不绝，目下声势甚盛，但傅总长、蔡校长之去亦颇受影响。现每日有游行演讲，有救国日刊，各举动积极进行，但取不越轨范以外，以稳健二字为宗旨。”①

由于“五四”运动在中国现代史上具有不可替代的重要地位和意义，因此，关于这场运动所留存下来的资料和后来经过整理的资料，不说已经达到了汗牛充栋的地步，至少也已经达到了十分可观的程度。闻一多虽然在“五四”当天没有走上街头直接参加这场伟大的运动（从上面的引文可知，闻一多是在“五四”运动爆发后，听自己的同学迪纯讲述的，当然，随后，闻一多就参加了5月7日由清华学生组织的旨在“领导学校爱国运动”的“学生代表团”并担任了中文书记职务②)，但却提供了一些我们在既往关于“五四”运动的资料中难以寻索到的资料，如，清华学校的学生参加“五四”运动的情况，“五四”当天过后，“运动”的继续——北京学生仍然“每日有游行演讲”以及青年学生在这场运动中“理智”的表现，等等。这些资料，在我看来，

① 闻一多：《闻一多书信集》，群言出版社2014年版，第12页。
② 闻黎明：《闻一多传》（增订本），人民出版社2016年版，第50页。

至少具有两个方面的意义和价值，一个是“大”的方面，即对我们更全面、客观地了解和科学地认识“五四”运动的性质、特点具有直接的帮助；一个是“小”的方面，即对我们了解当时参与“五四”运动的学生、学校的情况，也有直接的帮助。

从“大”的方面来看，既往，史学家们在论述翻开了中国现代历史新篇章的“五四”运动时，几乎没有例外地将“五四”运动定性为一场“爱国运动”，“从五月四日到六月二十八日的这场政治斗争，就是‘五四’爱国运动”①。这是非常得体的，而在论述这场运动的“爱国”性质时，史家们常常要提及学生当时由于“激愤”所做的两件事，一件是“痛殴国贼”章宗祥；一件是“火烧赵家楼”（赵家楼为当时北洋政府交通总长曹汝霖的住宅），并将这两件事与学生们的“爱国”情怀联系起来。这样的论述是有一定道理的，因为，“五四”运动作为中国现代的一场“爱国运动”，其与中国历史上的其他“爱国运动”不同的一点就是彻底地反对外国帝国主义和彻底地反对统治了中国几千年的封建主义，而“五四”运动中，青年学生们“痛殴国贼”和“火烧赵家楼”的行为，正是具有反帝反封建性质的行为，也是青年学生们“爱国情怀”的现实性（或曰实践性）的表达，因为，在“五四”时期，青年学生们的爱国情怀与精神，不仅通过宣传、游行示威表现出来，更通过反抗帝国主义及其奴才、帮凶的压迫表现出来。不过，这种论述虽然有一定的道理，但却是不全面的，因为，这样的论述仅仅只从“暴力”的层面揭示了“五四”运动“内除国贼，外抗强权”的“爱国”性质以及“激愤”的特点，而忽视了这样的事实，即“五四”运动作为一场伟大的“爱国运动”，其中固然有“暴力”的色彩，但更具有“理性”的色彩，即青年学生们并不是仅仅基于一时的“冲动”掀起的这场伟大的爱国运动，他们固然殴打了国贼，火烧了赵家楼，但在

① 李新、陈铁健主编：《伟大的开端》，中国社会科学出版社 1983 年版，第 1 页。

更多的时候，他们所采用的仍是非暴力的“游行演讲”、办刊物宣传爱国的主张等，也就是闻一多所说的“各举动积极进行，但取不越轨范以外，以稳健二字为宗旨”。也正是从“全面”认识、了解“五四”运动的层面出发，所以，我认为闻一多在自己给家人的书信中所记的“五四”运动之事，对于我们更全面、科学地认识“五四”运动的性质与特点具有重要的价值与意义。

从“小”的方面看，如果我们翻读各种关于“五四”运动的资料，我们可以发现，关于“北京大学”学生在“五四”运动中的表现及所作出的贡献的资料很多，如，1979年为纪念“五四”运动六十周年中国社会科学出版社出版的《五四爱国运动》（上、下）、《五四运动回忆录》（上、续）两套丛书，其中内容最多的是关于北京大学与“五四”运动关系的记录与回忆，却很少有人提及后来一直与“北京大学”齐名的“清华”学生与“五四”运动的关系，而闻一多却不仅在书信中如实地记录了清华学生参加“五四”运动的情况（清华学生并不是一开始就投入到运动中的，而是“三十二人被捕后始加入”），并且认为，清华学生加入“五四”运动虽比其他学校（特别是首举义旗的北京大学）的学生要晚，但“此次北京二十七校中，大学虽为首领，而一切进行之完密、敏捷，终推清华”①（闻一多如是将“清华”与“大学”分开，是因为“五四”时期的“清华”还不是“大学”，只是由美国政府在中国办的“留美预备学校”）。闻一多如此高度首肯清华学生为中国现代伟大的“五四”运动所作的贡献，固然留存着他自己是清华学生的痕迹，但清华学生在参加“五四”运动的过程中，也的确是十分“理智”而“完密”的，这从清华学生在“五四”运动中组织的“学生代表团”的情况就可以得到说明，这个代表团，不仅分工明确，有外务、推行、秘书、会计、干事、纠察六个部门，而且秉持了清

① 闻一多：《闻一多书信集》，群言出版社2014年版，第12页。

华的一贯作风——“作事，有秩序，有精神”①。即使说闻一多对清华学生在“五四”运动中的表现有溢美之嫌，但其所提供的“记事”，对于我们更好地研究“五四”运动，至少也是有参考价值的。

闻一多不仅在书信中记录了“五四”运动的状况，而且展开了议论：“国家至此地步，神人交怨，有强权，无公理，全国懵然如梦，或则敢怒不敢言。卖国贼罪大恶极，横行无忌，国人明知其恶，而视若无睹，独一般学生敢冒不韪，起而抗之，虽于事无大济，然而其心可悲，其志可嘉，其勇可佩！所以北京学界为全国所景仰，不亦宜乎?”② 这段议论，既高度赞美了“五四”运动的发起者——北京青年学生的勇气、志向，又揭露了“卖国贼”的罪恶，既直接地指出了“五四”运动爆发的国际背景，又揭示了“五四”运动爆发的国内背景，从而在这“四者”的结合中，凸显了“五四”运动的伟大意义，并进而表达了自己参加“五四”运动的初衷：“男在校中，颇称明大义，今遇此事，犹不能牺牲，岂足以谈爱国?”③ 由此可见，闻一多参加“五四”运动并担任清华学生代表团职务的初衷不是别的，正是为了“爱国”。由此，我们也就可以理解，闻一多作为一名书生，一位在艺术上曾经秉持“为艺术而艺术”主张的“新月派”成员，为什么到了后来（抗战胜利后）能够参加中国民主同盟义，无反顾地投入到为国家、民族、大众争民主、争自由的尖锐斗争之中，并在斗争中最终成为一位杰出的民主斗士并用自己的生命成就了一个民主斗士彪炳史册的辉煌！原来，早在“五四”时期，闻一多在情感的层面就已经具有了强烈的“爱国”情怀，在理智的层面就已经有了对斗争、牺牲与爱国的关系如此清醒甚至深刻的认识。

① 《闻一多书信集》，群言出版社 2014 年版，第 12 页。
② 《闻一多书信集》，群言出版社 2014 年版，第 12 页。
③ 《闻一多书信集》，群言出版社 2014 年版，第 12~13 页。

二、关于“徒步入滇”的记事与议论

1937年7月7日，日本帝国主义发动了蓄谋已久的全面的侵华战争，中国人民也开始了艰苦卓绝的十四年抗战。为了躲避战火，更为了中华民族的抗战与未来的建设，北方的大学纷纷南迁。闻一多所任教的清华大学，先迁移到了湖南，与一同南迁的北京大学、南开大学在长沙合并成立了长沙临时大学。后因战事紧张，1938年初，长沙临时大学决定迁入云南。当时，由长沙进入云南有三条路线，一条路线是经广州、香港、越南进入云南；一条路线是经湖南、贵州进入云南；一条路线是经桂林、安南进入云南。走第一条路线和第三条路线入滇可以乘车；走第二条路线入滇则只能步行。长沙临时大学校方决定，学生一律走第二条路线徒步入滇，而教师则走第一、第三条路线入滇。闻一多在1938年1月30日给妻子的信中曾经告诉过妻子这一决定：“学生将由公路步行入滇，教职员均取道香港、海防去。”① 闻一多作为教师，本来是可以坐车取道香港入滇的，但他却选择了与学生一道徒步入滇。至于闻一多为什么要选择这样的方式入滇，他在写给家人和友朋的书信中有清楚的交代，不再赘述。对于此次徒步入滇，闻一多认为：“此行可称壮举矣。”② 此次中国最著名的几所大学的学生和教职员工徒步入滇，虽然不能与中国工农红军的二万五千里长征相比，但也的确可以称为“壮举”，因为，索诸中国教育史，甚至扫描世界教育史，又有哪个时期、哪个国家和民族的师生创造过这样的“壮举”呢？所以，有学者从中国教育史的层面得出了这样的结论：“湘黔滇全程3300余里，如此长距离的迁徙在中国教育史上堪称壮举。”③ 胡适更是从“世界教育史”的层面得出这样的结论：“临大决迁昆明，当时有最悲壮的一件事

① 闻一多：《闻一多书信集》，群言出版社2014年版，第116页。
② 闻一多：《闻一多书信集》，群言出版社2014年版，第121页。
③ 闻黎明：《闻一多传》（增订本），人民出版社2016年版，第262页。

引得我很感动和注意：师生徒步，历 68 天之久，经整整三千余里之旅程。后来我把这些照片放大，散布全美。这段光荣的历史，不但联大值得纪念，在世界教育史上也值得纪念。”① 不过，这样的“壮举”却是一个个学生和包括闻一多在内的老师以克服困苦为代价换来的。至于他们经历了怎样的困苦，闻一多在写给亲友的一些书信中，提供了较为直观而详细的材料。

首先是行路方面的困苦。从长沙出发六天后，闻一多在给父母的信中写道：“第一至第三日各行六十里，第四日行八十五里，第五日行六十里，第六日行二十余里。第四日最疲乏，路途亦最远，故颇感辛苦。”② 进入贵州境内后，闻一多又在给父母的信中说：“贵州境内遍地皆山，故此半月中较为劳苦，加之天时多雨，地方贫瘠，旅行益形困难。本地谚云‘天无三日晴，地无三尺平，人无三两银’，盖得其实矣。”③ 3300 里路，历经三个省，27 个县的数百个村庄，闻一多与他的学生还有几位同事一起，在总共 68 天的时间里，就是这样，忍受着身体极度的疲劳，顶风冒雨，翻山越岭，一天几十里地一步一个脚印地走过来的。

其次是“饮食起居”方面的困苦：“至途中饮食起居，尤多此生从来尝过之滋味，每日六时起床（实则无床可起），时天未甚亮，草草盥漱，即进早餐，在不能下咽之状况下必须吞干饭两碗，因在晚七时晚餐时间前，终日无饭吃，仅中途约正午前后打尖一次而已。所谓打尖者，行军者在中途作大休息，用干粮、饮水是也。至投宿经验，尤为别致，六日来惟今日至沅陵有旅馆可住，前五日皆在农舍地上铺稻草过宿，往往与鸡鸭犬豕同堂而卧。”④ 闻一多与他的学生和同事，每天走几十里

---

① 转引自闻黎明：《闻一多传》（增订本），人民出版社 2016 年版，第 266~267 页。

② 闻一多：《闻一多书信集》，群言出版社 2014 年版，第 125 页。

③ 闻一多：《闻一多书信集》，群言出版社 2014 年版，第 128 页。

④ 闻一多：《闻一多书信集》，群言出版社 2014 年版，第 125 页。

路，就是在这样的“后勤”保障的情况下完成的，其间的艰难困苦，由此也可见一斑了。不过，尽管徒步入滇的过程是如此艰苦，但十分可贵，让我们肃然起敬的是，闻一多不仅全程走了下来，没有半途而退(与闻一多一起的有些老师和学生因各种原因半途而退了。闻一多在到达昆明后给妻子的信中记录了其事：“总共在途中六十八天，除沿途休息及因天气阻滞外，实际步行了四十多天。全团师生及伙夫共三百余人，中途因病或职务关系退出团体，先行搭车到昆明者四十余人，我不在其中。教授五人中有二人中途退出，黄子坚因职务关系先到昆明，途中并时时坐车，袁希渊则因走不动，也坐了许多次的车，始终步行者只李继侗曾昭抡和我三人而已”①），而且，即使在写给亲友们的书信中，面对自己所亲身经历的这些艰难困苦，这位夫子般的书生也没有发一句牢骚话。

当然，虽然经历了许多的困苦，闻一多也收获了很多宝贵的东西，在这些宝贵的东西中，有一些东西是有形的，有一些东西是无形的却是更为重要的。

就所收获的有形的东西来看，在徒步入滇结束后的第二天，即1938年4月30日，闻一多在给妻子的信中罗列了这样一些有形的东西：“现在我可以很高兴的告诉你，我的身体实在不坏，经过了这次锻炼以后，自然是更好了。现在是满面红光，能吃能睡，走起路来，举步如飞，更不必说了。途中苦虽苦，但并不象当初想象的那样苦。第一，沿途东西便宜，每人每天四毛钱的伙食，能吃得很好。打地铺睡觉，走累了之后也一样睡着，臭虫、跳蚤实在不少，但我不很怕。一天走六十里路不算什么事，若过了六十里，有时八九十里，有时甚至多到一百里，那就不免叫苦了，但是也居然走到了。至于沿途所看到的风景之美丽，奇险，各种的花木鸟兽，各种样式的房屋器具，和各种装束的人，真是叫我从何说起！途中做日记的人甚多，我却一个字还没有写。十几

① 闻一多：《闻一多书信集》，群言出版社2014年版，第129页。

年没有画图画，这回却又打动了兴趣，画了五十几张写生画。”① 从这封信所提供的内容看，闻一多此次徒步入滇所收获的有形的东西，主要有三类，首先是身体得到了锻炼，到达昆明后，身体十分健硕；其次是看到了以前没有看到过的“美丽”“奇险”的自然风景和别具风格的人文景观还有一些少数民族的人等；第三是画了五十几张写生画。

就所收获的无形但却更为重要的东西来看，这些东西之一，是让闻一多有了这样的体会：“如此继续步行六日之经验，以男等体力，在平时实不堪想象，然而竟能完成，今而后乃知‘事非经过不知易’矣。”② 这些东西之二是，此次徒步入滇经历的艰难困苦以及闻一多与大家一起战胜这些艰难困苦的经验，成为闻一多后来的精神财富。在后来的日子里，如果遭遇到什么艰难困苦，如，在昆明时期，由于日本帝国主义的封锁，昆明的生活条件较为艰苦，物资也较为短缺，闻一多一家的生活自然也较为困难，在这种情况之下，闻一多总用自己徒步入滇的胜利来鼓励自己。当自己的妻子即将带着几个孩子从湖北启程赴云南的时候，闻一多深知妻子此次的旅程一定充满了凶险，为了鼓励妻子，他在给妻子的信中特别地强调：“途中自然相对麻烦，但若拿出我步行三千里路的精神来，也就不算一回事了。”③ 由此可见，此次徒步入滇的胜利完成的巨大收获，尤其是精神上的收获，作为一种精神财富，已然成为闻一多生命的最后几年做学问、面对各种艰难困苦而一往无前的动力，甚至成为闻一多鼓励别人，包括自己妻子战胜困难的“法宝”。

闻一多不仅将自己徒步入滇的胜利作为一种精神财富来鼓励自己和家人，而且还以自己徒步入滇的胜利为基础展开了“议论”。有一年，闻一多受了点伤，他的一位学生得知后写信问候他，他在回复的信中写下了这样一段话：“四千里（此处应该是闻一多的笔误，因为此次入滇

① 闻一多：《闻一多书信集》，群言出版社 2014 年版，第 129~130 页。
② 闻一多：《闻一多书信集》，群言出版社 2014 年版，第 125 页。
③ 闻一多：《闻一多书信集》，群言出版社 2014 年版，第 143 页。

的路程只要三千多里——引者注）徒步旅行算什么？一个人只要有理想，有勇气，任何艰苦的事都易如反掌，在学生中没有比你更能了解我的，做学问如此，其他一切莫不皆然。”① 闻一多就是这样，从自己徒步入滇的胜利经验出发，将自己这种胜利的经验，上升为一种充满乐观情绪的人生观。

三、关于美国的记事与议论

1922年8月，闻一多到达美国，开始了自己留学美国的生活。在美国求学的几年时间里，他不仅用书信记录下了自己在美国学习和生活的情况，也直接地记录下了自己在美国的所见所闻。在闻一多所记录的众多关于美国的所见所闻中，除了自己的学习、生活情况以及与一些美国人的交往情况之外，较为值得关注的内容还有一个，这就是关于美国的城市之景、之事的“记事”。

闻一多到美国求学进入的是坐落在美国密歇根湖南端的著名的芝加哥美术学院。作为美国第二大城市的芝加哥，不仅是闻一多求学的第一站，也是闻一多在美国求学期间待的时间较长的一座城市。关于芝加哥，闻一多在刚到芝加哥一个星期后，就在给友人的书信中，作了这样的描绘：“芝加哥乃美国第二大城。我只讲一件事，你们就知道这里工厂之多。米西根街一带房屋皆着黑色，工厂吐出之煤烟熏之使然也。我们在那里去一回，领子就变黑了。这里对于我最imposing的两个地方是美术学院里的美术馆和芝加哥电影园。美术馆之壮丽辉煌，你们自然能够臆想得到。戏园决非在清华看看Fairbanks Mary Pearl White的人所能梦见的。我们从前攻击的诲淫诲盗的长片，在这里见不着。这里最好的片子都是一次演完的。并且最大的戏园里每次的会序中电影不过是一小

① 闻一多：《闻一多书信集》，群言出版社2014年版，第329页。

部分。那里最好的还是音乐同跳舞。”①

国内外学者在研究闻一多与美国芝加哥关系的时候，或者认为：“芝加哥最初给闻一多留下的印象并不好。”② 或者认为：“在书信中，闻一多也对当时芝加哥公害问题的严重性表示了不满。”③ 他们得出这样的结论，虽然也有一定的道理，但却是“片面的”，因为，这些观点所依据的虽然也是闻一多在给友人的信中的这段话，不过，得出这些观点的学者们都只引用了闻一多这段话的“前一半”，其观点也仅仅只是依据这“一半”的话得出的，而忽视和没有引用这段话中的后一半，所以，我认为，他们的这些观点虽然有一定的道理，但却是片面的。全面考察闻一多对芝加哥的描述，仅从这段描述中我们也可以发现，一方面，闻一多的确“如实”地“记录”了工业极度发达的芝加哥由于只注意了发展而没有注意环境的建设所带来的弊端，另一方面，他也记录了芝加哥“好”的一面，而且几乎是用十分兴奋的笔调“记录”了芝加哥“好”的一面。事实上，闻一多不仅在这段话中记录了芝加哥“好”的一面，在另一封给友人的信中，他也记录了芝加哥“好”的风景：“芝加哥结克公园底秋也还可人。熊掌大的橡叶满地铺着。亲人的松鼠在上面翻来翻去找橡子吃。有一天他竟爬到我身上从左肩爬到右肩，张皇了足有半晌，才跳下去。这也别是一种风致不同于清华的。”④ 由此可见，对于自己求学的美国城市芝加哥，闻一多在书信中的“记事”是“全面”的，其态度也是双重的：既讨厌、反感其发达的工业所造成的污染和对环境的破坏以及由此对人的生活造成的不利影响，又十分欣赏其美丽而生机盎然的公园风景和壮丽辉煌的美术馆以及娱乐场所与娱乐项目。

---

① 闻一多：《闻一多书信集》，群言出版社 2014 年版，第 176~177 页。

② 闻黎明：《闻一多传》（增订本），人民出版社 2016 年版，第 125 页。

③ ［日］铃木义昭：《闻一多之书信——英文篇》，陆耀东等编：《1994 年闻一多国际学术研讨会论文选》，武汉大学出版社 2005 年版，第 392 页。

④ 闻一多：《闻一多书信集》，群言出版社 2014 年版，第 215 页。

其实，在闻一多关于芝加哥的书信中，最值得关注也最有价值的是闻一多由芝加哥的“两副面孔”所引发的“议论”：“美国人审美底程度是比我们高多了。讲到这里令我起疑问了，何以机械与艺术两个绝不相容的东西能够同时发达到这样的地步呢？我们东方人这几千年来机械没有弄好，艺术也没有弄好，我们的精力到底花到那里去了呢？啊！这里便是东西文明的分别了。西方的生活是以他的制造算的，东方的生活是以生活自身算的。西方人以 accomplishment 为人生之成功，东方人以和平安舒之生活为人生之成功。所以西方文明是物质的，东方的是精神的。”① 闻一多由芝加哥的“两幅面孔”所引出的这段议论，其观点当然只是闻一多的一家之言，完全可以商榷，但这段话对于我们进一步认识闻一多这个人，进一步研究闻一多对东西方文化与文明的态度，却是很有价值的。

毫无疑问，闻一多是很维护东方尤其是中国文化与文明的，而对西方文化与文明则发表了很多否定性的言论。刚到美国的时候，面对美国一些人的种族歧视倾向，他曾在给家人的信中激愤地说：“呜呼，我堂堂华胄，有五千年之政教、礼俗、文学、美术，除不娴制造机械以为杀人掠财之用，我有何者多后于彼哉。”② 于是，在美国芝加哥的时候，闻一多就有了这样一个让他的朋友们“莫名其妙”的举动：“今天我带黄荫普、何运暄、宋俊祥、雷海宗、姚崧龄等去逛 Field Museum 同 Art Institute Museum，我不引他们久看西洋画，而到有中国底美术品之处，我总对他们讲解赞叹，他们莫名其妙了。”③ 其实，闻一多如此让人“莫名其妙”的举动，正是其亲东方文明而远西方文明的一种具体的举动。但从我上面所引用的闻一多对芝加哥的美国人能将机械与艺术两个绝不相容的东西同时发达到十分高的地步的赞叹以及对我们中国人机械没有弄好，艺术也没有弄好的批评来看，闻一多又是认可并且是赞赏地

① 闻一多：《闻一多书信集》，群言出版社 2014 年版，第 177 页。

② 闻一多：《闻一多书信集》，群言出版社 2014 年版，第 29 页。

③ 闻一多：《闻一多书信集》，群言出版社 2014 年版，第 229 页。

认可了以美国为代表的西方文明的，而对东方文明，特别是中国文明，又进行了批评。其真实内心，大约是学习先进、发展自己并跻身于美好世界之中。综合来看，闻一多对东方文明也好，对西方文明也罢，他并非“顽固不化”地偏执于一隅的，而是很能“实事求是”的，这正是闻一多十分可贵的一个方面的品质。

其实，在书信中，闻一多不仅对芝加哥的文化设施及艺术活动十分赞赏，而且，对美国最大的城市纽约，也在实事求是的“记事”中表达了自己由衷的羡慕与赞赏。1924 年，闻一多曾在给家人的信中如此地描绘纽约：“纽约之繁华为人梦想所不及者，在天空者有高架电车，架铁为桥，高出屋顶，车行其上，可通全城。在平地上者有电车，有汽车，络绎不绝，夜以继日。在地心者有地底电车，于街道之下，河流之下，穿土为隧道，行电车其中，五分钱可遍行全城。围城有火车，河上有轮船。交通如此之多，而行人之拥挤犹数倍蓰于上海。来此半月矣，尚未见一层之房屋，十层楼者常事耳。最热闹处，夜间缀电灯为招牌，瞬息百变，异彩夺目，真所谓‘不夜之城’也。”① 在这段描述中，闻一多虽没有什么议论，但对纽约发达的现代化交通、繁盛的街景、鳞次栉比高楼的赞赏之意溢于言表。这才是一个“全面”的闻一多！

① 闻一多：《闻一多书信集》，群言出版社 2014 年版，第 87 页。

闻一多《周易》研究的诠释学考察

曾　军

（黄冈师范学院）

20 世纪上半叶的《周易》研究，处于中西文明碰撞期，有很强烈的突破传统的意识，大体上表现为一个“去经学化”的过程。较早如《古史辨》第三册上编集中收录顾颉刚《周易卦爻辞中的故事》《论易系辞传中观象制器的故事》《答适之先生论观象制器书》及《论〈易经〉的比较研究及〈彖传〉与〈象传〉的关系书》，钱穆《论〈十翼〉非孔子作》，李镜池《〈易传〉探源》《论易传著作时代书》《〈左〉、〈国〉中易筮之研究》及《周易筮辞考》，余永梁《易卦爻辞的时代及其作者》，容肇祖《占卜的源流》等辨伪专论。又如郭沫若《〈周易〉时代的社会生活》，胡朴安《〈周易〉古史观》和《〈周易〉人生观》等历史、社会学论述；又有于省吾《双剑誃易经新证》、高亨《〈周易〉古经今注》和闻一多《周易义证类纂》等新注释，都力图突破传统《周易》学的义理、象数之说，从多方面、多角度，运用新方法去除经学给予《周易》的神秘主义的外衣，还原经典原貌。闻一多《周易》著述时间稍后，并多征引以上诸人之论。

闻一多的《周易》研究，有学者认为代表了西方文化人类学影响下的《周易》学的“人文—社会学转向”①。有学者认为他构建了上古

---

① 苏志宏：《论闻一多的〈周易〉研究》，《学术月刊》2000 年第 1 期。

社会史史料学，具有提供《周易》社会史结构和社会史内容的双重作用。① 有学者认为闻一多从《周易》看上古社会形态和历史面目属《易》学史事派，由唯物史观发展到社会史观，具有思想家、诗性思维和历史意识三重特性。② 这些研究凸显闻氏《周易》研究"钩稽古代社会史料"的研究目的、文化人类学的研究方法和诗史合一的研究特征，增进了对闻一多《易》学研究的认识。

尚须追问的是，闻氏"以钩稽古代社会史料之目的解《周易》"，是为何种研究准备史料？传统注释之法如何让《周易》生出新义？其《周易》诠释效用何在？

一、文学史中的社会史料

闻一多《周易》研究著述，有《周易新论》《周易义证类纂》《周易杂记》《周易字谱》《周易分韵引得》《易林琼枝》《璞堂杂识》《璞堂杂业》。仅《周易义证类纂》已刊。闻一多自何时开始注意《周易》，自何时开始研究《周易》，研究《周易》的目的是什么，几部《周易》著述之间是何种联系，这些是深入了解闻一多《周易》诠释必须先回答的问题。

1922 年 3 月 8 日，闻氏《律诗底研究》完成，文中提及《周易》："我们的形而上学当然以《易》为总汇。他的道理都是从阴阳（或曰乾坤，刚柔）两个原力变化出来的。《易》所谓'两议'、'四象'、'八卦'，其数皆双。双是均齐底基本原素。……《易》理不独是整齐，而

① 周晓瑜：《闻一多的〈周易〉社会史史料学研究》，《周易研究》2006 年第 1 期。

② 刘殿祥：《论闻一多和郭沫若〈周易〉研究的联系——从郭沫若的"易学"史学观到闻一多的"易学"观》，《中国社会科学论坛文集·郭沫若与文化中国》，中国社会科学出版社 2013 年版，第 362~381 页。

且是有变异的整齐；这也可于八卦里看得出。”① 此时闻氏认为《周易》是中国哲学思想的总汇，其中的阴阳观念是律诗艺术特质——均齐美的源头。

闻一多《周易》研究大约开始于1937年。朱自清说：“他研究《周易》，是二十六年在南岳开始；住到昆明司家营以后。转到伏羲的神话上。记得那时汤用彤先生也住在司家营，常来和他讨论《周易》里的问题，等到他专研究伏羲了，才中止了他们的讨论。”② 冯友兰说：“清华在南岳麓山的校舍又只建成了很小一部分，不能用，只好把理、法、工三个学院设在长沙市内，把文学院设在长沙以南一百多里地的南岳市。……大家都展开工作。汤用彤写他的中国佛教史，闻一多摆开一案子的书，考订《周易》。学术空气非常浓厚。”③ 闻一多随清华大学师生到昆明大约在1937年，从长沙南岳到昆明这一段时间，他的研究重心在《周易》。

1939年12月，《易林琼枝》一卷辑成。这是闻一多首次撰写《周易》相关的著述。该书“原系作者《中国文学史讲稿》的一部分，今据作者手稿照相复制件并参照开明版《闻一多全集·诗选与校笺》编入本卷。手稿题下原有‘民国二十八年十二月一多自署’”④。这说明闻一多《周易》研究源于要撰写一部《中国上古文学史》，该著是其文学史讲稿的一部分。此时他是把《周易》当作诗来读的。

以上是从占筮书《易林》里摘出的片段。……除乐府、古诗

---

① 闻一多：《律诗底研究》，《闻一多全集》第10册“文学史编”，湖北人民出版社1993年版，第160页。

② 朱自清：《开明版〈闻一多全集〉编后记》，《闻一多全集》第12册，湖北人民出版社1993年版，第457页。

③ 冯友兰：《三松堂自序》，《三松堂全集》第一卷，河南人民出版社2000年版，第87~88页。

④ 闻一多：《易林琼枝》，《闻一多全集》第10册“《周易》编”，湖北人民出版社1993年版，第67页。

外，汉代还有着两部分非文学的文学杰作，一部分在《史记》里，另一部分在《易林》里……《易林》是诗，它的四言韵语的形式是诗；它的“知周乎万物”的内容尤其是诗。——这意见在我心里远在十年以前就已确定了。……这援《易》入诗的勾当并不是我们的创见。《系辞》下传曰：“其称名也小，其取类也大，其旨远，其辞文，其言曲而中，其事肆而隐……”这不比古今许多诗的定义来得更中肯点吗？……故《易》与诗关系最基本——在精神不在外表。①

闻一多把《易林》中摘取的片段称作“《周易》中人生的镜头”。又曰：“《易》卦爻辞托始于周初，写定于东周，其性质盖等于近代之观音签、牙牌诀之类。”② 可见，他是用看待文学史且民间文学史料的眼光看待《周易》的。又据季镇淮所编《年谱》：

1940年，5月26日给冯夷信“到此闲居将近一年，除略事整理《诗经》，《楚辞》，乐府，神话诸旧稿外，又从《易经》中寻出不少的古代社会材料，下年将加开‘上古文学史’一课，故对于诗歌、舞蹈、戏剧诸部门之起源及发展，亦正在整理研究中。”③

1941年，4月《周易义证类纂》写定。“以钩稽古代社会史料之目的解《周易》，不主象数，不涉义理”，从《易》学史上说，这是“独辟蹊径”的。《清华学报》十三卷第二期。④

① 闻一多：《易林琼枝》，《闻一多全集》第10册“《周易》编”，湖北人民出版社1993年版，第61、62页。

② 闻一多：《易林琼枝》，《闻一多全集》第10册“《周易》编”，湖北人民出版社1993年版，第66页。

③ 闻一多：《年谱》，《闻一多全集》第12册，湖北人民出版社1993年版，第503页。

④ 闻一多：《年谱》，《闻一多全集》第12册，湖北人民出版社1993年版，第504页。

> 1942年，暑假过后先生讲授“《周易》”、“乐府诗”、“中国文学史问题研究”。先生讲《易》和讲《诗经》、《楚辞》一样，从文字训诂入手。①

从内容来看，《周易新论》类似于《周易》研究计划或讲义提纲，有些条目仅罗列材料，较少完整的论述，犹可见闻氏《周易》研究的思想、原则与方法，可谓闻氏《周易》研究之纲要。《周易字谱》将《周易》用字按古韵23部排列，《周易分韵引得》将《周易》相关语句、词汇按古韵23部排列，是《周易》字词资料的分韵长编。《璞堂杂识》计35条，训诂《周易》文字，多数为《周易义证类纂》所用。《璞堂杂业》为32部古籍的词语或文句加案语，或简或详。其中《易》类有《易通卦验郑康成注》4条和《易林》3条。这些古籍均为《周易义证类纂》所征引。《周易杂记》计30条，约20条或删改或合并收入《周易义证类纂》。闻氏曰“计可补苴旧注者百数十事。删汰芜杂，仅得九十”，此30条正与之合。可知闻氏几部相关著述皆为讲义与前期准备资料，仅《周易义证类纂》经闻氏精择定稿，正式刊发。故探究闻一多《周易》诠释的特征，当据《周易新论》观其思想，析《周易义证类纂》察其方法，其余为辅。

闻一多《周易》研究实为其“中国上古文学史”中的一个部分。1940年，闻氏《中国上古文学史研究报告》计划研究结果之“专书研究要目”中列有《周易闲话》（可能即《周易新论》）、《易林琼枝》。此报告的研究旨趣一是了解文学作品，二是考察时代背景。他说：“文学作品为文学史之最基本，最直接的材料。学者对于文学作品，苟无较深了解，而遽侈谈其渊源流变，何异无的放矢？唯是上古文学，最为难读。乾嘉以来学者凭其校勘训诂诸工具，补苴旧□，发扬幽隐，厥功伟

① 闻一多：《年谱》，《闻一多全集》第12册，湖北人民出版社1993年版，第505页。

矣，然而古书之不可索解者，犹十有四五。今拟遵清人旧法，佐以輓近新出材料（如敦煌残卷，及殷墟卜辞，商周铜器等），对于先秦两汉诸古籍之奇文滞义，作更进一步的探索，冀于昔贤传注，清儒考订之外，有所补充焉。”① 闻氏为寻上古文学史材料而阅读《周易》，为读懂《周易》而训诂文字，又在其中发现古代社会史料，进而专门钩稽整理研究，写定《周易义证类纂》，积累材料又去作伏羲神话研究。可知闻氏从《周易》钩稽古代社会史料，探究原始社会的文化源头，是为了更好地研究上古文学史。

闻氏 1943 年说：“经过十余年故纸堆中的生活，我有了把握，看清了我们这民族，这文化的病症，我敢于开方了。方单的形式是什么——一部文学史（诗的史），或一首诗（史的诗），我不知道，也许什么也不是……我始终没有忘记除了我们的今天外，还有那二三千年的昨天，除了我们这角落外还有整个世界。我的历史课题甚至伸到历史以前，所以我研究了神话，我的文化课题超出了文化圈外，所以我又在研究以原始社会为对象的文化人类学。”② 朱自清认为：“抗战以后他又从《诗经》《楚辞》跨到了《周易》和《庄子》；他要探求原始社会的生活，他研究神话，如《高唐神女传说》和《伏羲考》等，也为了探求‘这民族，这文化’的源头，而这原始的文化是集体的力，也是集体的诗，他也许要借这原始的集体的力给后代的散漫和萎靡来个对症下药罢。”③ 在这个意义上，闻一多《周易》研究成为“五四”以来中国知识分子寻求文化救国药方的一个缩影。

闻氏《周易》研究的初衷本是为上古文学史准备史料，结果在其

---

① 闻一多：《书信》，《闻一多全集》第 12 册，湖北人民出版社 1993 年版，第 367 页。

② 闻一多：《书信 · 致臧克家》，《闻一多全集》第 12 册，湖北人民出版社 1993 年版，第 380、381 页。

③ 朱自清：《开明版〈闻一多全集〉序》，《闻一多全集》第 12 册，湖北人民出版社 1993 年版，第 446 页。

中发现了古代社会史料，产生了寻找文化源头的兴趣，致使其研究延伸到有记载的历史以前，溢出文学之外，展开了对古代神话、中国原始社会的研究。他的转向既是“五四”文化精神的延续，也恰好与同时代世界方兴未艾的文化研究接轨。

二、象数、义理的语言学诠释

闻一多的《周易》研究，明确提出“不主象数，不涉义理”的诠释原则，与传统《周易》象数派、义理派立异。《周易新论》阐述《周易》成书和《易》学形成的观点，体现出新的象数、义理思想。

“象”即设卦观象，“数”即极数占筮。“象指卦象和卦位，即八卦和六十四卦所象的事物及其位置关系；也指爻象，即六十四卦中阴爻阳爻所象之事物。数指阴阳数及爻数，如奇数为阳，偶数为阴，又每卦六爻的位次表明事物的位置关系。”① 象数学以卦象、爻象与卦位、爻位、阴阳诠释《周易》卦爻辞。《四库全书总目提要·易类序》曰：

> 圣人觉世牖民，大抵因事以寓教。《诗》寓于风谣，《礼》寓于节文，《尚书》、《春秋》寓于史，而《易》则寓于卜筮。故《易》之为书，推天道以明人事者也。《左传》所记诸占，盖犹太卜之遗法。汉儒言象数，去古未远也。一变而为京、焦，入于禨祥，再变而为陈、邵，务穷造化，《易》遂不切于民用。王弼尽黜象数，说以老庄。一变而胡瑗、程子，始阐明儒理，再变而李光、杨万里，又参证史事，《易》遂日启其论端。此两派六宗，已互相攻驳。又《易》道广大，无所不包，旁及天文、地理、乐律、兵法、韵学、算术以逮方外之炉火，皆可援《易》以为说，而好异

① 周振甫：《周易译注·前言》，中华书局1991年版，第12页。

者又援以入《易》，故《易》说愈繁。①

传统《易》学诠释分象数、义理两派，象数派包括占卜、禨祥、造化三宗，义理派含老庄、儒理、史事三宗。汉《易》多言象数，宋《易》多言义理，不同时期此伏彼起。唐李鼎祚《周易集解》卷首列“卦气、消息、爻辰、升降、纳甲、纳十二支、六亲、八宫卦、纳甲应情、世月、二十四方位”等，存汉《易》象数之法。四库馆臣曰：“王学既盛，汉《易》遂亡。千百年后学者，得考见画卦之本旨者，惟赖此书（《周易集解》）之存耳。”② 清李道平赞《易》学曰：“凡互卦、卦变以及卦气、爻辰、消息、纳甲、飞伏、升降之说，皆所不废。盖去圣未远，古义犹存。”③

与汉《易》言卦气、爻辰、消息、升降、谶纬等不同，闻一多从语言的起源说《易》之象数。《周易新论》有“数卜与字卜的混合物——卦与易”条，无阐述也无引文。据上下文，数卜与字卜均为占筮之法；易既指占筮，也指占筮之辞。闻氏意应是说，数卜与字卜结合形成卦与易占之辞，说明《周易》卦爻辞的形成是数卜与字卜混合的结果。

什么是数卜？闻氏认为，由数卜发展到象数，有一个由卜至筮演化的过程。《左传·僖公十五年》韩简言“龟象也，筮数也。物生而后有象，象而后有滋，滋而后有数”④，为最初关于象数的言论。筮之数等同于龟之象，即象是龟甲兆文，数是蓍草的奇、偶数，都是卦画的符号演化，都是吉凶征兆的数的形式，在筮言数，而在龟言象。八卦与物

① （清）永瑢等：《四库全书总目提要》卷一，中华书局1965年版，第1页。

② （清）永瑢等：《四库全书总目提要》卷一，中华书局1965年版，第4页。

③ （清）李道平：《周易集解纂疏》，中华书局1994年版，第1页。

④ 闻一多：《周易新论》，《闻一多全集》第10册，湖北人民出版社1993年版，第272页。

象、卦名一开始并没有必然联系。“八卦是支占变化的八种标准公式——八卦非字，故天地风雷山泽水火等意义，乾坤震艮离坎兑巽等卦名，与卦画均无本然的联系。”①

是什么在二者之间建立联系，使得数卜演化为象数呢？是象征。闻氏重新定义象数为：“象征吉凶的数，故曰象数。或曰象征事物的数(以数为事物的符号)曰象数，或象征卦兆之数。”② 他列出“吉凶、形相（事物)、卦兆、数目（卦画）”说明四者之间的有机联系，数目代表卦兆，卦兆暗示形相，形相寓藏吉凶。又列举“价值　语言　速记　电报”和“意义　文字　符号　号码”两组语言文字符号的关系来说明数卜演化为象数的过程。

象数能够以至简驭至繁成为卜法的最高发展，凭借的是象征的思维方法或者说认知方法。闻氏采用认知语言学中常用的概念“诱导物”，认为“符号的诱导物”可能在作为符号的八卦，与自然观、生殖观的八卦乃至重卦之间，通过象征的方式建立起意义关联。“五十四卦一部分是卦名字形的便化及其诱导物，因疑六十四卦确为周人所演，周人已有文字也。”③ 闻氏得出“象数”的“象征”原理，却归结于文化人类学的启发。他引用林惠祥《文化人类学》语：“卜筮是魔术的一分枝，大都根据象征的原理以期发现人类智力所不能晓得的神秘事件。”④ 他将语言学的发展逻辑和文化人类学巫术的象征原理相关联，于是，象征和他《诗经》研究所关注的“隐语”一样，由一种修辞手法变成了一种认知模式或思维方式，以此解释卦画与卦象、物象乃至吉凶之

① 闻一多:《周易新论》,《闻一多全集》第10册，湖北人民出版社1993年版，第265页。

② 闻一多:《周易新论》,《闻一多全集》第10册，湖北人民出版社1993年版，第273页。

③ 闻一多:《周易新论》,《闻一多全集》第10册，湖北人民出版社1993年版，第265页。

④ 闻一多:《周易新论》,《闻一多全集》第10册，湖北人民出版社1993年版，第273页。

间的联系。

什么是字卜？闻氏归纳为三种方法，一是拆字法，二是焦循的假借说，三是拉克伯里的语汇法。他引焦循《雕菰集·周易用假借论》“乃知彼此相借，全为《易》辞而设，假此以就彼处之辞，亦假彼以就此处之辞”，“各随其文以相贯，而声近则以借而通”①，认为焦氏找到了《周易》词汇因声韵通转而“以假借为引申”的通例。拉克伯里、刘师培、陈柱则汇集《周易》同形字，寻得彼此意义的关联。据此，闻氏从《周易》文本形成的角度指出，数卜与字卜的混合，象数与文字语汇融会通贯，数（卦画）与字（卦辞、爻辞）逐步形成有规律的关联方式，卦与易就形成了；卦与易累积、编集并系统化之后，《易经》也就形成了。

闻一多对象数的语言学诠释，使得传统《易》学义理的内涵也不攻自破。他沿着语言的历史的连续有致的发展方向，依次梳理了卜筮的源头，卦画的符号演化，文辞的积累，卦爻辞的积累，直至《周易》文本的形成，从根本上否定了以老庄、儒理、史事言《易》之义理派的诠释基础。闻氏认为，《周易》作为一本卜筮之书，其繇辞包含着谣、谚、讔、故事等复杂成素；“卦辞、爻辞是周史官长时期占辞的积薪式的记录”，其中有“殷周间故事”，“有同于西周的礼俗”，“有同于《诗经》的文句”。

《周易新论》讲“《周易》的历史”，即从卦画、象数到卦爻辞、《易经》的形成，从《说卦》《序卦》《杂卦》再到《彖》《象》《系辞》《文言》等《易传》“十翼”的生成过程，实际描述的是一个语言演化的过程。闻氏全是在用语言的发展来推演《周易》成书的过程，其象数、义理之说有着浓厚的语言学印迹。闻氏“不主象数，不涉义理”的诠释原则，实为运用语言学方法进行文化溯源。

① 闻一多：《周易新论》，《闻一多全集》第10册，湖北人民出版社1993年版，第273页。

这种思路与闻氏《诗经》《楚辞》《庄子》研究方法一贯。闻氏《诗经》类著作，有《诗经的性欲观》《诗新台鸿字说》《匡斋尺牍》《诗经新义》《诗经通义》《风诗类钞》《诗风辨体》《诗经词类》等。《楚辞》研究有《离骚解诂》《九章解诂》《天问疏证》《楚辞校补》《天问释天》《敦煌旧钞本楚辞外卷跋》等。他“离经叛道”地讨论《诗经》的淫诗特点，又要去掉点化的部分将《诗经》看作民歌。

> 《风诗类钞·序例提纲》：“三种旧的读法：1. 经学的 2. 历史的 3. 文学的。本书的读法——社会学的。略依社会组织的纲目将《国风》重新编次，三大类目：1. 婚姻 2. 家庭 3. 社会。小类目另见详表。可当社会史料文化史料读，对文学的欣赏只有帮助无损害。……缩短时间距离，用语体文将《诗经》移至读者的时代用下列方法带读者到《诗经》的时代：考古学——关于名物尽量以图画代解说；民俗学；语言学——声韵：摹声字标者以声见义（声训），训正字不理借字；文字，肖形字举出古体以形见义（形训）；意义：直探本源。”①

可见，闻一多早在《诗经》研究中就已经采取社会学文化学的视角，并非从《周易》开始，其所有研究都在文化、社会、民俗观照下的文学研究之中。

> 《楚辞校补·引言》：较古的文学作品所以难读，大概不出三种原因。（一）先作品而存在的时代背景与作者个人的意识形态，因年代久远，史料不足，难于了解；（二）作品所用的语言文字，尤其那些“约定俗成”的白字（训诂家所谓“假借字”），最易

① 闻一多：《风诗类钞》，《闻一多全集》第4册，湖北人民出版社1993年版，第456、457页。

陷读者于多歧亡羊的苦境；（三）后作品而产生的传本的讹误，往往也误人不浅。《楚辞》恰巧是这三种困难都具备的一部古书。所以在研究它时，我曾针对着上述诸点，给自己定下了三项课题：（一）说明背景，（二）诠释词义，（三）校正文字。①

闻一多给文学作品研究定下的三项课题，都是从语言文字学的角度为读懂上古文学作品而设置的，其《诗经》《楚辞》《周易》《庄子》的研究实际都是沿着这种语言研究理路进行的，由此而知闻氏对早期社会生活和文化形态的浓厚兴趣，起于文学，亦着眼于文学。

三、“义证”与“类纂”的文化探源

经多年的资料准备，1941 年，《周易义证类纂》写定，闻一多自言：“以钩稽古代社会史料之目的解《周易》，不主象数，不涉义理，计可补苴旧注者百数十事。删汰芜杂，仅得九十。即依社会史料性质，分类录出，幸并世通人匡其不逮云。”② 言“九十”实为 88 条，所涉及问题多是历来解《易》存疑之处。文中屡有旧义迂、谬、无义、失之等批评，意在校正文字、诠释词义以“补苴旧注”。受清代焦循假借说和拉克伯里、刘师培、陈柱语汇说的启发，闻氏将其与现代语言学相结合，以声训、形训、义训解《易》，屡有创获。

《周易义证类纂》运用声训最多。例如：

1. “读为”48 例：包荒—匏瓜；遗—隤；革—亟、棘；行—桁、鼏；否—陪；涣—焕；奔—贲；心—沁；夬—葛；言—靳、斤；面—靦；沫—慧；言—讯；显—韅；戒—骇；夷—痍；于—呼；陆—踛；

① 闻一多：《楚辞校补》，《闻一多全集》第 5 册，湖北人民出版社 1993 年版，第 113 页。

② 闻一多：《周易义证类纂》，《闻一多全集》第 10 册，湖北人民出版社 1993 年版，第 189 页。

夬—起；德载—得灾；临—灑、霖、隆；甘—厭；知—疾；祗—灾；大—天；誉—趣；井—营；蛊—故；干—贯；益—锡、赐；逋—赋；元—兀；姤—构；闲—简；罢—蘖；繻—裔；羸—儡；巳—祀；明—盟；以—巳；曷—丐；错—踖；敬—惊；乾乾—悁悁；言—愆；豫—除；临—灑、霖、隆；裕—衮、贯。

2. “读如”7例（声转、连语）：靡声转挥；蔀斗声转为葆斗；匪言罪，声转为罢、疲，匪夷当作匪人；坎犹窞，读如槛，声转为牢；象、豫一声之转，豫为象乐；萃读如啐，啐嗟双声连语；蹇反连语；一握与呃喔同，笑声。

3. “疑读为”7例：杞—系；好—玉；比—纰；羸—儡；介—价；焚—偾；豚鱼—屯鲁。

《周易义证类纂》之形训、义训有：

1. 古今字、通假字、同源字例：豹、虢作鞹，虎鞹豹鞹；沛本或作旆，旆、沛正借字；股、髀通；屯、纯古今字；惠，赐也，惠、问皆施与，以德施曰惠，以财施曰问；汔通讫，犹、尚；敬、儆、惊本同字；坤、臾（贵）、申于声对转，于字同源；事、使古同字；柅即轫，止轮令不动者。

2. 同义、近义字例：锡兼予求二义，训为求。翰当训为白。蹢躅犹踌躇。敦训为怒，怒暴义近。至言怒，知读为疾。节谓车行之节度，苦节甘节即疾节缓节。维犹系。约犹取。乘犹增。家并犹娶。婚媾言亲戚。金矢黄金，钧金束矢。恶人谓形残貌丑之人，兀劓形残之人。晋犹抑、俯，摧训折，晋摧并举。晋训肃，肃拜。缶亦鼓之类，土鼓。颠颐即齿+真齿，壮齿。律训为六律。黄当训为赤色。龙为东宫苍龙之星。直方疑即省方，犹后世之巡狩。不信为不行、不至。

3. 形讹字11例：失—矢；夫—矢；躬—弓；系—击；肤—腴；朋—崩；形—刑；渥—剧；光—元；陆—阿；引—弘。

清代文字学家段玉裁曰：“汉人作注于字发疑正读，其例有三：一曰读如、读若，二曰读为、读曰，三曰当为。……读如、读若者，拟其音也。……读为、读曰者，易其字也。……当为者，定字之误、声之误，而改其字也。”① 闻一多继承传统训诂学方法，又参之以现代语言文字学方法，其诠释《周易》文句之存疑者，根据诠释对象灵活采用恰当的方法，并不强求一是。他评价拉克伯里“语汇说”：“原则甚是。应用之范围与方法大有问题。只可解释卦爻辞之一部分，不当普遍的应用。”注意分辨诠释方法的适用范围和局限性。

乾嘉汉学家读古书之法不外乎搜集异本、征引善本、寻求例证三者，闻一多均加以继承，又提出三条诠释原则：“解释一字时，当顾及全句文义；释字义当有卜辞、金文或先秦古籍的证例，《说文》以下之训诂，尤当审慎用之；释句义当于古代礼俗有征。”②

《周易义证类纂》所引证之材料多数为先秦古籍，汉以后较少。列举如下：经类：《诗经》《九家易》《礼记》《仪礼》《周礼》《左传》《穀梁传》《尚书大传》《公羊传》《乾凿度》《韩诗外传》《尚书》《尚书》伦敦隶古定本、熹平石经、《孝经援神契》《易林》、陆机《花鸟虫鱼疏》《尚书璇玑钤》《西溪易说》《白虎通》《古今乐录》等。

史部：《鲁语》《吴越春秋》《汉书》《战国策》《列女传》《史记》《周书》《后汉书》《东观汉记》《续汉书》《宋书》《水经》《高士传》等。

子部：《子夏传》《庄子》《淮南子》《鹖冠子》《刘子》《论语》《孟子》《太玄》《吕氏春秋》《列子》《商子》《老子》《论衡》、桓谭《新论》《管子》《荀子》《晏子春秋》《颜氏家训》、贾子《新书》《符子》《墨子》《春秋繁露》《尸子》《六韬》、崔豹《古今注》等。

集部：《乐府古辞》《文选》《韩昌黎集》《楚辞》《山海经》、董仲舒《士不遇赋》、张显《析言论》《风俗通》《艺文类聚》《太平御览》《群书治要》《初学记》等。

---

① 段玉裁：《周礼汉读考序》，《经韵楼集》卷一，皇清经解第 4 册。

② 闻一多：《周易新论》，《闻一多全集》第 10 册，湖北人民出版社 1993 年版，第 277 页。

文字学类：《说文解字》《释文》《一切经音义》《通俗文》《集释》《尔雅》《玉篇》《广韵》《广雅》《字镜》《方言》《古书虚字集释》《殷虚书契后编》、金石文、卜辞。

闻氏引先秦古籍不弃谶纬书，不弃民俗民谚。又广引清代学者王夫之、朱骏声、王念孙、王引之、王先谦、俞樾、孙诒让等，及现代学者刘师培、顾颉刚、于省吾、王国维、杨树达、陈柱、容肇祖、余永梁、李镜池、钱玄同、冯友兰、袁嘉谷、拉克伯里、本田成之、内藤虎次郎、小岛祐马、吴晓初、芮逸夫、林惠祥等，充分吸收同时代国内外学者的成果。

闻氏《周易》研究，正如郭沫若所说，“承继了清代朴学大师们的考据方法，而益之以近代人的科学的致密”①。又如朱自清所赞，闻一多不是“寻常的考据家”，“他在‘故纸堆内讨生活’，第一步还得走正统的道路，就是语史学的和历史学的道路，也就是还得从训诂和史料的考据下手。……然而他得弄语史学了。他于是读卜辞，读铜器铭文，在这些里找训诂的源头”②。

闻一多以语史学的考据寻找训诂的源头，在先秦古籍之中进行文化探源，所以他对《周易》中社会史料进行“人生的镜头”的“类纂”。《周易义证类纂》将材料分为三大类21小类：（一）经济事类：器用、服饰、车架、田猎、牧畜、农业（雨量附）、行旅。（二）社会事类：婚姻、家庭、宗族、封建、聘问、争讼、刑法、征伐（方国附）、迁邑。（三）心灵事类：妖祥、占候、祭祀、乐舞、道德观念。（四）余录（无类可入亦足补充旧注）。

这个分类可能受到郭沫若《周易时代的社会生活》（1927年）的影响。郭著分三部分：生活的基础（渔猎、牧畜、商旅交通、耕种、

① 郭沫若：《开明版〈闻一多全集〉序》，《闻一多全集》第12册，湖北人民出版社1993年版，第433页。

② 朱自清：《开明版〈闻一多全集〉序》，《闻一多全集》第12册，湖北人民出版社1993年版，第445页。

工艺器用)，社会的结构（家族关系、政治组织、行政事项、阶级)，精神的生产（宗教、艺术、思想)。同时期出版的李安宅《〈仪礼〉与〈礼记〉之社会学的研究》（1930年)，也是按社会学方法对两部礼经材料分类。其中四类亦可供参照，如物质文化：衣饰、饮食、居住、游行、什物、职业。宗教与仪式：育子、冠笄之礼、婚嫁、丧葬、祭祀、卜筮、其他信仰（梦，人为天地心)；社会组织：婚制、宗法、社会关系、社会制裁、财产、教育、娱乐与游戏；政治：领袖、政令、政治理想。

闻氏与二者大同小异，所不同者，郭氏按社会生活三方面分类，《周易》只是提供史料；李氏在专题之中离析材料，重在礼的影响；而闻氏据《周易》诠释之事类归类，重在《周易》蕴含的早期文化生活。因此，闻一多《周易新论》拟订的纲要、《周易义证类纂》的“类纂”，实际效用体现在后来的神话研究《伏羲考》中。《伏羲考》对伏羲的考证以及关于龙的考述，既是《周易新论》之二“伏羲与八卦”一节的落实，又明显是《周易义证类纂》“心灵事类—占候”之“乾”“潜龙”等条的展开。在此意义上，闻一多的《周易》研究实为闻氏上古文化探源中一个重要基石。

“直探本源”

——论闻一多训诂的创新

陈　欣

（湖北第二师范学院）

闻一多是我国第一个用训诂学、神话学、民俗学、文化人类学等综合研究方法研究《诗经》《楚辞》、神话传说等古代典籍的学者。他大量地运用这些综合知识透视中国古代文学现象，寻找潜藏于、凝聚在古代文学作品中的蛛丝马迹，以期从文化阐释的角度“还原”那个时代的世界观、人生观、宗教信仰和民俗。

一、闻一多训诂学的根本特性：“还原”

（一）尝试用宽广的视角，对古代文献进行重新解读

闻一多将训诂学和文化人类学结合在一起，将训诂的创造性发挥得非常充分。对于闻一多的训诂方法，郭沫若指出：“用科学的方法来治理文献或文学，其实也就是科学。……闻先生治理古代文献的态度，他是继承了清代朴学大师们的考据方法，而益之以近代人的科学的致密。……但他的彻底处并不是仅仅适用于考据，他把考据这种功夫仅是

认为手段，而不是认为究极的目的的。”① 郭沫若的这段话可以说是道出了闻一多训诂方法的根本。

闻一多和之前研究《诗经》的学者不同，他超越了那种片面狭隘的观念，站在山顶上俯瞰整个《诗经》时代的全貌，尝试用宽广的视角对远古的文字进行重新解读。闻一多尽可能多地了解他所要阐释的对象，考察这些研究对象的历史背景、当时人们的生活习俗等，以便更好地对古代典籍进行训诂，提炼和修订之前的学者得出的假定性的结论。

(二) 重新阐释文化经典，力图还原古代社会生活的全貌

闻一多在《楚辞校补》的“引言”中给自己定了三项研究课题：说明背景，诠释词义，校正文字。其中，“校正文字”是“诠释词义”的基础，而“诠释词义”又是为了最终目标“说明背景”。这三项研究课题实际上概括了闻一多对古代经典进行文化阐释的全部内容。

郭沫若认为：“他所规定的三项课题，其实也就是研究古代文献上的共同的课题。尤其是第一种，那是属于文化史的范围，应该是最高的阶段。但中国自秦、汉以来两千多年，实在还没有产生过一部好好的文化史。专家的研究也是同样。汉儒的研究是在第二第三阶段上盘旋，宋儒……只是在第二阶段的影子上跳跃。清儒……陶醉于训诂名物的糟粕而不能有所超越。……要想知道‘时代背境’和‘意识形态’，须要超越了那个时代和那个意识才行。”②

(三) 以训诂为基础，深入探寻古代人类的思维方式

闻一多所作的诸多研究，正是“超越了那个时代和那个意识”的工作。他从训诂这种基础工作开始，深入了解那个时代的背景和人们的思维方式，站在全新的高度对古代典籍进行文化阐释。

① 郭沫若：《历史人物》，中国人民大学出版社 2005 年版，第 253 页。
② 郭沫若：《历史人物》，中国人民大学出版社 2005 年版，第 253~254 页。

郭沫若评价说:“他对于他的《周易义证类纂》、《诗经新义》、《诗经通义》、《庄子内篇校释》、《离骚解诂》等,这样一连串的在文字训诂上极有价值的文字,也不过是视为第二第三阶段的工作罢了。……他是为了要批判历史而研究历史……”① 这是对闻一多训诂工作最恰如其分的评价。

二、闻一多训诂学的创新性:“直探本源”的文化阐释

闻一多以训诂阐释的方法释字考源,拟构古字音和古字义。他指出:“要解决关于《诗经》的那些抽象的、概括的问题,我想,最低限度也得先把每篇的文字看懂。”② 在这一点上,他敢于质疑古人对古代典籍的阐释。

闻一多针对训诂考据的方法,在《风诗类钞·序例提纲》中提出了两种方法:其一,从声韵方面讲,是“摹声字标者以声见义(声训)”;其二,从文字方面讲,是“肖形字举出古体以形见义(形训)”。③ 这两种方法的目的和意义就在于“直探本源”④。

尽管在《诗经》中有很多“点化的痕迹”,却还是存留了相当多的原始风貌。据孙作云《诗经研究》统计,《诗经》中涉及的植物的数量是143种,动物数量是109种,《楚辞》中的植物共计104种,动物118种。⑤ 其中包括各种上古时代常见的草木、鸟兽虫鱼。要真正读懂诗,就要从这些与原始人生命生活息息相关的植物、动物入手,结合原始初民的心理状态,认识世界的方式,尽可能客观地还原当时的社会风貌。

---

① 郭沫若:《历史人物》,中国人民大学出版社2005年版,第255页。
② 闻一多:《闻一多全集》第3卷,湖北人民出版社1993年版,第198页。
③ 闻一多:《闻一多全集》第4卷,湖北人民出版社1993年版,第457页。
④ 闻一多:《闻一多全集》第4卷,湖北人民出版社1993年版,第457页。
⑤ 孙作云:《诗经研究》,河南大学出版社2003年版,第7页。

闻一多用训诂的方式还原古代典籍中的草木鸟兽之名，努力寻求《诗经》中反复描摹那些动植物的深层原因。为此，闻一多进行了大量的训诂考据工作，并在其中融入了自己独特的文化阐释，将训诂的创造性充分地发挥出来。

（一）古代人类利用植物的自然功效达到自己的实用功利目的

闻一多在训诂中发现，古代人类会利用某些草木的芳香气息进行祭祀和祈祷，以便获取神灵的庇护。例如《离骚》中常常提到的幽兰、桂枝之类的具有芳香气味的植物。这类植物往往因为它们独特的芳香功能，引起人们的注意，并发现它们的特殊功效。闻一多指出：“人忧愁时则气急，草木的芬芳，可以舒气，所以《离骚》‘结幽兰而延伫’，本篇‘结桂枝兮延伫’，都带有医学作用。”① 正是因为这些植物能够舒缓忧愁，使人心情愉悦，所以古代人类在进行祭祀祈祷之前，有一个既定的程序，即必须进行香薰沐浴。这种既定的香薰沐浴程序，既可以表达出他们对神灵的尊崇与虔诚，又能够在芳香弥漫中营造与神灵沟通的良好氛围，最终达到获得神灵庇护的目的。

（二）古代人类使用植物名称的谐音来传达思想

闻一多在训诂中发现，在古代典籍中，植物本身名称如果符合先民们所要表达的思想，他们就会直接使用名称谐音的意义。例如，《楚辞》中提及一种叫做“疏麻”的植物。闻一多解释道：“疏麻是隐语，借草名中的疏字以暗示行将分散之意。”② 也就是说，取“疏”中的疏离之意来进行象征。“疏麻”和“疏离”本来表达两种毫不相干的意义，前者是植物，是名词；后者是分散，是动词，在这里却因为同音而

① 闻一多：《闻一多全集》第5卷，湖北人民出版社1993年版，第447页。
② 闻一多：《闻一多全集》第5卷，湖北人民出版社1993年版，第484页。

表示相同的含义。这种利用汉字同音或近音的条件，用同音或近音字来代替本字而产生辞趣的做法，就是谐音。闻一多指出："这类借草木名以喻意的办法，是古代语言的一种特殊形式，而其习惯在诗歌中的尤其多。"①《诗经》时代的人们用疏麻的名称借以喻意，很显然已经有了象征的意蕴。

（三）古代人类将生殖崇拜潜藏于某些动植物的象征意蕴中

闻一多在训诂中发现，古代人类生存多艰，人们对旺盛生命力的崇拜和渴求异常强烈。他们把这种渴求寄予在他们日常生活中司空见惯的动植物身上，祈求能像那些动植物一样具有旺盛的生命力，不断繁衍，生生不息。

《诗经》中写到了大量的动植物，如木瓜、梅、花椒、螽斯、鱼等，这些都是繁殖力旺盛的生命。例如，椒类植物以多子而引起原始先民的注意。为了能具有和椒类植物一样旺盛的生命力，古代人类"用椒末和泥来粉饰堂壁"②，这也就是"椒房"名称的由来。正因为椒类植物多子，有宜生殖宜子孙这样的象征意义，所以后人就将皇后住的房屋称为"椒房"。

闻一多在《风诗类钞》中指出："《椒聊》喻多子，欣妇女之宜子也。"《陈风·东门之枌》也提到椒类植物。它描绘的是一次祭祀活动的场景。男女青年在特定的日子里唱歌跳舞，进行祈雨活动。活动结束后，主人公"贻我握椒"。闻一多认为，"此诗之'贻椒'，与《溱洧篇》之赠芍药用意正同"③。这正是男女约定的信物。之所以以此为信物，还有更深层的原因，如葛兰言所说："事实上，种子是一种生育力的象征，恋人赠送'握椒'不仅仅是爱情的象征，同时也是生育力的

① 闻一多：《闻一多全集》第5卷，湖北人民出版社1993年版，第446页。
② 闻一多：《闻一多全集》第5卷，湖北人民出版社1993年版，第440页。
③ 闻一多：《闻一多全集》第5卷，湖北人民出版社1993年版，第300页。

象征。”①

闻一多对《诗经》《楚辞》等古代典籍的训诂考据，严密而又翔实，为他深刻阐释这些古代典籍的文化意蕴，揭示原始初民的象征性思维方式，奠定了坚实的基础。郭沫若对闻一多在文字学、文献学方面的贡献非常钦佩，他指出：“象这样细密新颖地发前人所未发的胜义，在全稿中触目皆是，真是到了可以使人瞠惑的地步。”② 赵沛霖指出：“闻一多根据‘三百篇’的特点和训释的需要，创立了从文化视野解读作品的新的训诂学。”③

正因为如此，闻一多的训诂成果，直接影响了后代学者对《诗经》和《楚辞》等古代典籍的研究。例如，在1984年金启华译注的《诗经全译》中，就大量引用了闻一多对《诗经》的训诂；很多今人所注的《楚辞》中，也都引用了闻一多的训诂成果。闻一多的训诂成就，和在他之前的古文注家的注解一起，成为现代学者大量引用的对象。

闻一多力图还原古代社会生活的全貌，从古老的文化经典中阐发出新的思想理论，促进了文化经典的重新阐释，使学术界对古代典籍的训诂进入新的领域，激发了文化经典阐释的新的生命活力。闻一多得出了许多富有创见的结论，奠定了他在中国古典文化研究领域的开创性地位，影响深远。

① ［法］葛兰言（Marcel Granet）：《中国古代的节庆与歌谣》，赵丙祥、张宏明译，广西师范大学出版社2005年版，第142页。

② 郭沫若：《历史人物》，中国人民大学出版社2005年版，第252页。

③ 赵沛霖：《现代学术文化思潮与诗经研究：二十世纪诗经研究史》，学苑出版社2006年版，第330页。

楚文化的精神内涵与闻一多的诗学品格

陈　瑶

（黄冈师范学院）

1899年11月24日，闻一多先生出生于湖北黄冈市浠水县巴河镇闻家铺。

巴河镇是千年古镇，历史悠久。春秋时期，楚国灭弦子国等国，正式将黄冈纳入楚国，并形成楚文化的中心地之一。巴河也同时纳入楚国，隶属九江郡。司马迁的《史记·货殖列传》中将楚地分为了三部分：东楚、西楚、南楚，并且进一步阐释“衡山、九江、江南、豫章、长沙，是南楚也”①，其中的“九江”就是九江郡，巴河即隶属九江郡。巴河是南楚之地，巴河地域文化也是楚文化不可分割的一部分。在中国众多的地域文化中，楚文化颇具特色。它作为南方文化的典型代表，在中华民族多元灿烂的文化形成过程中有着不可替代的作用。

《汉书·地理志》云：“凡民函五常之性，而其刚柔缓急，音声不同，系水土之风气，故谓之风；好恶取舍，动静无常，随君上之情欲，故谓之俗。”② 周振鹤先生也谈道：“在一定的地理环境下产生的文化特征为‘风’，而传承下去则是‘俗’。风与俗合起来其实就是传承的

---

① 司马迁：《史记·货殖列传》卷129，中华书局2013年版，第3937页。

② 班固：《汉书·地理志》卷28下，中华书局2007年版，第306页。

物质的和行为、信仰的文化。”①概言之，风俗指的是不同地区各具特色的地域文化，反之，地域文化指的是不同地区各具特色的风俗。因此，笔者认为，楚文化就是指几千年来在楚地楚民族形成和发展起来的地域文化。

楚文化在长期的形成和发展过程中，形成了自己的特色。作为浠水巴河人的闻一多，无论是其个性气质、文学创作，还是其文学主张，都有着深深的楚文化烙印，体现着楚文化的精神内涵。

楚文化孕育了闻一多诗学品格的家国情怀

炽热的家国情怀是楚文化精神内涵的重要内容。这种家国情怀滥觞于战国时期楚国的屈原，他为楚文化的爱国精神树立了不朽的典范。广为称颂的“屈骚”精神是以屈原《离骚》为代表的楚文化品格，家国情怀是屈骚精神中的首要品格。在《离骚》诞生同时，《天问》《远游》《招魂》《九歌》等，一批惊艳绝世的楚文学奇迹竞相纷呈，因此形成了以《离骚》《楚辞》为标志的瑰丽的屈骚文化。屈骚文化以其“膺忠贞之质，体清洁之性”② 的文化人格，在整个中华文化中熠熠生辉，被鲁迅誉为“逸响伟辞，卓绝一世”③。屈骚所折射出来的家国情怀的文化人格，历来为人称颂；屈原成为“忠贞”“忠君”“爱国诗人”的楷模。杨义曾经评论说，《离骚》使人领略到“屈原以自己的人格和生命献上可以苍天作证的政治祭坛，从而升华出一种爱故土、求美

① 周振鹤：《中国历史文化区域研究》，复旦大学出版社 1997 年版，第 109 页。

② 王逸：《楚辞章句叙》，见洪兴祖：《楚辞补注》，凤凰出版社 2007 年版，第 42 页。

③ 鲁迅：《汉文学史纲要》，《鲁迅全集》第 10 卷，人民文学出版社 1973 年版，第 540 页。

政、哀民生、修美德而九死不悔的民族魂"①。以《离骚》《楚辞》为代表的楚文学写下了永不磨灭的家国诗篇。

故乡的文化传统熏陶着闻一多。闻一多的故乡浠水巴河本是南楚之地，民间包粽子、划龙舟的习俗表达了楚人对屈原的景仰和崇敬。刘烜在《闻一多评传》中指出："广义地说，闻一多和屈原是老乡；进一步说，闻一多简直就象屈原。"② 是的，屈原在闻一多的心目中具有相当突出、显眼的地位，他是屈原人格的热情推崇者，也是屈原作品的精深研究者，他像屈原一样为着祖国的前途而上下求索，他像屈原一样把自己的生命献给了祖国。在闻一多的学术视野中，屈原始终是一个关注重点，包括1944年未发表的残文在内，涉及屈原的文章竟达六篇之多，可见屈原在闻一多心目中的地位。他尤其欣赏屈原深沉凝重的国家民族忧患，他认为屈原不仅仅是一位爱国的诗人，而是"人民的诗人"，对于屈原的认识和评价更进一步。闻一多认为"应该用'人民的诗人'才能把屈原的崇高表现出来"。因为，"历史是人民创造的，'人民的'才是伟大的"。据此，刘烜先生说，"闻一多对人民的忠诚和对屈原的最强烈的热爱在这里联系在一起了"。因此，他说"屈原是中国历史上唯一有充分条件称为'人民诗人'的人"③。

不单单是屈骚精神，浠水巴河的闻氏家族文化也深深地影响着闻一多。根据《闻氏宗谱》记载，浠水闻氏的先祖是南宋民族英雄文天祥。南宋景炎二年（1277年），文天祥抗元失败，家族中有人逃脱，来到蕲水县兰清邑永福乡二十七都十三图。为了延绵宗祀，遂改"文"为"闻"以遮耳目。《闻氏宗谱》中关于浠水闻氏与文天祥的关系流传了五百余年，但是始终语焉不详。闻一多在清华求学时，曾试图做过考证，在他的《二月庐漫记》和《闻氏先德考》都考证过这层关系，终

① 杨义：《杨义文存》第7卷《楚辞诗学》，人民出版社1998年版，第51页。

② 刘烜：《闻一多评传》，北京大学出版社1983年版，第2页。

③ 刘烜：《闻一多评传》，北京大学出版社1983年版，第263页。

因证据不足未能寻到根源，但此举足见闻一多对于这层关系的重视。1999年浠水闻一多纪念馆工作人员赴相邻的武穴市龙坪镇考查后，初步分析：闻一多与文天祥同根同祖，但闻一多不是文天祥的直系后裔，而是旁系后裔。尽管如此，“在现实生活中，文天祥的爱国精神与民族气节，始终在闻一多家族中受到极高的崇敬与膜拜”①。可以想见，闻一多当然也会受到他们闻氏家族文化的影响。

楚文化孕育了闻一多炽热的家国情怀，在诗歌中表现为对于祖国和故乡的思念和热爱。朱自清评“五四”时的闻一多曾说：“他又是个爱国诗人，而且几乎可以说是惟一的爱国诗人。”② 1923年出版的《红烛》集，收入103首诗，主旨就是爱国主义，诉说自己留学美国时身处异乡对祖国的思恋、眷顾、赞美之情。“红烛”本身就是象征着对祖国的炽热之情和对祖国新生的祝愿。1928年结集出版的《死水》收入了28首诗，是他回国后面对黑暗现实，因爱生恨，化爱为哭的特别的爱国情感体现。从《红烛》到《死水》，闻一多诗性地呈现了现代知识分子深沉激越的民族意识与爱国情感。

其次，闻一多的诗论同样表达了这种家国情怀。闻一多的诗论有一个基本母题：探讨新诗如何建构自己的民族性。他在《女神之地方色彩》一文中批评新诗界“似乎有一种欧化的狂癖”，并提出自己对于新诗建设的思考：“我要时时刻刻想着我是个中国人，我要做新诗，但是中国的新诗。”③ 在狂飙突进反对旧文学的“五四”年代里，能对现代中国诗歌的民族性建构保持如此清醒自觉的见解的，恐怕无出闻一多之右者。

综上所述，无论是新诗创作实践，还是新诗理论建构，闻一多都体

---

① 刘烜：《闻一多评传》，北京大学出版社1983年版，第13页。

② 朱自清：《中国新文学大系·诗集导言》，上海文艺出版社1981年版，第28页。

③ 闻一多：《〈女神〉之地方色彩》，《闻一多全集》第2卷，湖北人民出版社1994年版，第123页。

现出源自楚文化的家国意识，并且把这种意识上升为炽热的爱国主义情怀。

楚文化塑造了闻一多诗学的开拓创新品格

筚路蓝缕精神是楚文化的另一重要精神内涵，也是楚文化得以崛起兴盛的首要文化特质。据《史记·楚世家》，西周初年芈姓氏族兴起，周成王时封芈氏后人熊绎于楚蛮，始立为国。《左传·昭公十二年》云："昔我先王熊绎，辟在荆山，筚路蓝缕，以处草莽。跋涉山林，以事天子。"① 熊绎传人熊渠当周夷王之时，"乃兴兵伐庸、杨粤，至于鄂"② 其后熊通伐随，开濮地，自立为武王。其子文王，迁都于郢，开始强大。春秋末年，楚灭吴越，成为雄霸一方的超级大国。从此，楚文化成为华夏文化灿烂的南支。

楚国之所以从一弹丸之地而逐渐拥有南中国，居春秋五霸和战国七雄之列，是与其筚路蓝缕的民族精神分不开。楚人在与异族争雄时，虽然屡有挫折和败绩，但却始终如一地为开疆拓土大业不懈努力。从楚先王熊绎"筚路蓝缕，以处草莽"开始，直到若敖、蚡冒，前后约二百多年，筚路蓝缕的精神一直贯穿其间。《左传·宣公十二年》记载："楚自克庸以来，其君无日不讨国人而训之于民生之不易，祸至之无日，戒惧之不可以怠。在军，无日不讨军实而申儆之于胜之不可保，纣之百克，而卒无后。训以若敖、蚡冒，筚路蓝缕，以启山林。"③ 因此，筚路蓝缕作为一种传统，早已融入楚民族的血液；作为一种象征，代表着楚民族不畏艰难困苦、砥砺前行的精神。筚路蓝缕精神代代相传，楚文化才得以在中华民族多元灿烂文化中熠熠生辉。屈原"上下而求索""九死犹未悔"、追天问地、探索真理的理性精神是楚文化筚路蓝缕精

① 《左传》卷22，杜预注，上海古籍出版社2016年版，第789页。

② 司马迁：《史记·楚世家》，上海古籍出版社1997年版，第1343页。

③ 《左传》卷11，杜预注，上海古籍出版社2016年版，第361~362页。

神的代表，他的“路漫漫其修远兮，吾将上下而求索”正是这种精神的写照。

筚路蓝缕精神在闻一多诗学中表现为开拓创新的文化品格。学者刘烜认为，闻一多“提出过创立新诗格律的设想。他写过震动一时的新诗评论。在新诗发展史上，他是一个充满活力的革新家，是一个卓有成效的开拓者和建设者”①，他把闻一多称作中国新诗发展史上的革新家、开拓者和建设者，极精辟地概括了闻一多对于新诗发展的杰出贡献和不可替代的地位。

创造新诗的格律是新诗成熟的一个标志。提出创造新诗的格律，从理论和实践两方面进行认真的实践，取得可喜的成绩，这是闻一多在新诗史上的重大贡献。1922 年，闻一多写下《律诗的研究》一文，对于传统格律诗形式特征的论析颇见功力。1926 年 5 月发表《诗的格律》，强调新诗格律的重要性，提出新诗不应当废除格律，此观点一出立刻引起了新诗历史上的一场轩然大波。这两篇文章展现了闻一多诗歌理论探索的历程，前者是后者的理论渊源和美学基础。格律问题的提出，宣告新诗进入了建设期，目标是建设真正新的诗——“中西艺术结婚后产生的宁馨儿”。

闻一多提出新诗的格律化并身体力行，源于他的开拓创新品格。1922 年 9 月 29 日，刚到美国的闻一多给尚在清华学习的梁实秋和吴景超回信就想“径直要领袖一种之文学潮流或派别”。他说：“迩来复读《三叶集》，而知郭沫若于吾人眼光终有分别”，“谓彼为主张极端唯美论者终不妥也”。② 10 月 10 日，又寄信给胡适批评“诗坛叫嚣，瓦缶雷鸣”，自己的责任就是“不能不指出他们的迷途来”。当时，闻一多在新诗理论和创作方面不仅和胡适派对抗，也和以郭沫若为首的创造社派抗衡。在他得知清华“文学社”欲创办杂志后，于同月 27 日致信建议

① 刘烜：《闻一多评传》，北京大学出版社 1983 年版，第 164 页。

② 闻一多：《1922 年给吴景超的信》，《闻一多全集》第 2 卷，湖北人民出版社 1994 年版，第 152 页。

“文学社”将原先打算出版的半年刊改为季刊，为的是“以与《创造》并峙称雄”。1925年3月，闻一多给梁实秋写信，谈及创办《大江》杂志的主张：“我们若有创办杂志之胆量，即当亲身赤手空拳打出招牌来。且从稿件方面看来，并不十分依仗外人的辅助。”“要打出招牌，非挑衅不可……要一鸣惊人则当挑战。”①

闻一多求新求异，敢为人先，对于新诗建设的开拓创新品格可见一斑，也可见其不仅具备足够的才情，更具有非同一般的勇气与胆略。这种鲜明的诗坛开拓创新精神的彰显，是楚文化自信自强品质的集中体现。当然，开拓创新并非闻一多的专利，不过结合闻一多诗作和诗论来看，受楚人思维、行为方式的影响，闻一多在挑战现实、另辟蹊径以建构中国新诗时，确实表现得更为显著、鲜明，他将楚文化筚路蓝缕精神发挥得淋漓尽致。

楚文化赋予了闻一多诗学的开放融合品格

楚地作为多民族的聚居地，不同文化之间的沟通与积淀，使得楚文化本身就具有开放融合、广纳百川的品质。在“楚人”的种族构成中，包括南中国所谓“九夷八蛮”如越、巴、苗、淮、氐羌等，所以楚文化也是融合南方各个部族以及夏、商、周诸多文化因子而成。楚在江、汉流域开疆拓土、建国立业，是在对北方华夏文化的吸收和对苗蛮为代表的各土著部落文化的接纳中，逐渐形成了具有自身特色的楚文化系统。

楚地江河纵横，湖泊众多，地域广阔，交通便利。广阔肥沃的冲积平原和便利的水陆交通条件为楚文化的开放融合提供了天然的地理优势。楚人为达到国富民强的目的，采他人之长，补己之短，学以致用，使得楚文化与中原文化、巴蜀文化、吴文化等主要文化区域有着密切的

① 闻一多：《1925年给梁实秋的信》，《闻一多全集》第2卷，湖北人民出版社1994年版，第154页。

联系。中国传统文化影响最深的两支，道家思想在楚地诞生、流传，儒家思想也在楚地生根、发芽。新思想在此易于交汇、融合。因此，楚文化以非凡的气度开放融合广纳百川，对各种文化袒怀接纳，成就了极具融合性和超越性特色的楚文化。在楚文化环抱中成长起来的代代文化精英，几乎无不具备这种文化品格。可以说，是广纳百川的楚文化赋予了闻一多诗学的开放融合品格。

闻一多诗学的开放融合品格主要表现在闻一多对于近现代西方文化的融合，其诗歌创作与批评曾受到近现代欧美文艺思潮的深刻影响。

闻一多是中国现代诗歌史上曾经与美国意象派有过直接交往并深受影响的为数不多的诗人之一。他于 1922 年留学芝加哥大学，置身于芝加哥新诗运动的浓厚氛围之中而受到了意象派的巨大影响。当时的芝加哥，在美国现代文学史上被称为“美国新诗运动”的中心，许多意象派新诗人都聚集于此。而在美国新诗派中，意象派对闻一多的影响无疑是最突出、最显著的。受意象派影响，闻一多特别重视“意象”和诗歌语言的精确凝炼。他发现胡适的“八不主义”借用了意象主义“六条原则”中的四条，偏偏忽略了“意象”与“凝炼”这两个意象主义的核心与灵魂，专门在给清华诗友们写的英文书信中特别指出了这一点，并将这两条单独列出来加以强调。在意象主义的影响下，他创作了《红烛》《忆菊》《废园》《春光》《荒村》《死水》等典范的意象诗，努力创造出许多浓丽、繁密、含蓄、典型的诗歌意象，运用意象来象征社会、隐喻人生，逐步构建了具有鲜明特色的意象艺术世界。闻一多同样重视诗歌语言的凝炼。闻一多的许多诗歌作品写出之后，也像意象派诗人那样，常常都要进行认真修改，有时甚至要修改多次。闻一多曾在给诗友梁实秋的一封信中说：“我以为小诗底 form 比大诗底 form 要紧，所以不嫌这样字斟句酌的推敲。”① 赵毅衡说：“闻一多的第一本诗集

① 闻一多：《1925 年给梁实秋的信》，《闻一多全集》第 2 卷，湖北人民出版社 1994 年版，第 154 页。

《红烛》于1922年冬结集出版，美国新诗派对他的影响处处可见，气势恢宏，语言狂放。”①

闻一多还从英美浪漫主义诗人那里汲取营养。他极崇拜英国浪漫主义诗人济慈，称其为“诗人的诗人”“艺术的忠臣”。他说：“我们主张以美为艺术之核心者定不能不崇拜东方之义山、西方之济慈。”② 在给吴景超、梁实秋等人的书信中，反复强调自己“主张的是纯艺术的艺术”，要“纳诗于艺术之轨”，并倡导诗的音乐美、绘画美和建筑美，使新诗发展走出散文化误区，为新诗发展提供新的路径和经验。

闻一多对于西方文艺思潮的借鉴是多元的。从济慈那里，他接受了唯美的诗学观；从哈代、豪斯曼、勃朗宁那里，他意识到了以理性约束情感的重要性；从波特莱尔那里，他获得了寓愤激于沉静的抒情方式和由丑恶开垦美的现代艺术经验；丁尼生诗歌辞藻华丽，富有音乐性，这对闻一多颇有启发；拜伦、雪莱、华兹华斯、史文朋等人的诗歌对闻一多的影响也非常大。闻一多新格律诗理论的建立，一方面是因为他深厚的传统诗歌功底，另一方面更是因为他对西方诗歌艺术的广泛借鉴融合，受到十四行诗、音步之说、意象派、象征派以及西方绘画技巧的广泛影响。正如郭伟所言：“其创作倾向与批评观念，会通古今、兼采中西，呈现出不执一端、与时俱进的特点。”③

正是这种开放融合的品格，使“闻一多在融合中西诗学中确立了独立的诗人自我”④。这种品格与楚文化博采众长、海纳百川的精神内涵如出一辙。

---

① 赵毅衡：《诗神远游》，上海译文出版社2003年版，第32页。

② 闻一多：《1925年给梁实秋的信》，《闻一多全集》第2卷，湖北人民出版社1994年版，第154页。

③ 郭伟：《近现代欧美文艺思潮对闻一多的影响》，《人文论丛》2019年第1期。

④ 郭伟：《近现代欧美文艺思潮对闻一多的影响》，《人文论丛》2019年第1期。

楚文化培养了闻一多诗学的浪漫主义气质

楚文化有着浓厚的巫风传统。《汉书·地理志》云："楚有江汉川泽山林之饶……信巫鬼，重淫祀"①；王逸《楚辞章句·九歌序》指出："昔楚国南郢之邑，沅、湘之间，其俗信鬼而好祠。其祠，必作歌乐鼓舞以乐诸神。"② 楚地江湖密布、山峰连绵、原野广袤的地理环境，再加上多民族杂处的人文环境，孕育出楚地先民们崇尚自然、敬鬼畏神的传统意念。上自王权贵族拥王立储、御敌征战等重大活动，必祭奠鬼神；下至民间百姓生儿育女、寿诞生辰也求神问卜，充满着对鬼神的敬畏与宗教色彩。这种巫风盛行的现象久而久之沉淀为一种文化心理积淀，培养出楚民族的浪漫主义气质。

楚文化长于想象，思维活跃开阔。因为长期淫浸于巫风民俗之中，敬鬼唱神，楚人思维多带有诗性智慧的原始思维，崇尚神力，尚性主情，真正是"精骛八极，心游万仞"，思想极为活跃与开阔。楚国音乐舞蹈亲鬼好巫，热烈激荡；绘画诡谲奇丽，飘逸跳动；文学神秘浪漫，洒脱不羁。众多的神鬼形象活跃在楚文学奇幻的画面之中，印记着巫风神话的烙印。《楚辞》是中国文学史上第一部浪漫主义诗歌总集，以其瑰丽的文采、神奇的想象、浪漫的气息开辟了中国文学的浪漫主义流派；《离骚》中不懈的理想追求、激越的情感、奇特的想象、神奇的神话世界与汪洋恣肆的文笔共同构成了浪漫主义文学的特质；可以说，楚辞屈骚就是楚文化巫风传统的产物。而这种巫风传统带给楚文化富于想象、奇幻自由的浪漫主义气质。

闻一多自幼受到楚文化的滋养。自1935年秋开始，他在清华大学讲授"楚辞"课程，此后也长期从事《楚辞》《九歌》与神话的相关

① 班固：《汉书·地理志》卷28下，中华书局2007年版，第313页。

② 王逸：《楚辞章句叙》，见洪兴祖：《楚辞补注》，凤凰出版社2007年版，第48页。

研究，由此构建了一处洋溢着楚文化诗意的历史空间。身为楚文化的传承者与研究者，闻一多不仅认同楚文化的浪漫主义气质，其诗学品格也深受影响。可以说，是楚文化培养了闻一多诗学的浪漫主义风格。

闻一多诗学的浪漫主义风格首先体现在他的新诗创作中。孙玉石先生认为，在中国新诗的四个“诗歌时代”中，开头的就是“郭沫若的自由体浪漫主义诗歌时代”和“闻一多的格律体浪漫主义诗歌时代”。① 闻一多强调“文学本出于至性至情”②，诗集《红烛》《死水》，其主导艺术方法都是浪漫主义的。从《红烛》到《死水》，始终贯穿着诗人不懈的理想追求、激越的情感，我们仿佛从中看到了屈原的身影。

闻一多的诗歌意象也带有绮丽的浪漫主义气息。《红烛》中，“红烛”意象源于晚唐诗人李商隐的“蜡炬成灰泪始干”，延续了燃烧自我的意义和悲剧基调。《忆菊》中“菊花”高雅圣洁、超凡脱俗的形象不仅唤醒了诗人“采菊东篱下”的浪漫情怀，也唤起了诗人对民族文化的倾慕和赞赏；而《李白之死》则借李白捞月的世俗传说，以及龙烛、月亮、广寒宫、女娲、玉盘等意象，大胆想象，传达对于诗人人格的赞美和对于美的追求的忠贞。此外闻一多诗中，还不断出现贡臣、香篆、孤雁、太阴、金乌、宫柳、菊花、红豆、春蚕、游子、罡风、六龙骖驾等意象；民间神话传说中的神农、黄帝等人物和故事出现在《祈祷》《我是中国人》《长城下哀歌》等诗作中；战国时的刺客荆轲、聂政，南唐后主李煜等历史典故也被诗人大量选取和引用。这些充满古典审美趣味的意象使其诗作富于想象、奇幻自由的浪漫主义气质。

闻一多的新诗批评和诗论体现了他对于浪漫主义理论与艺术方法的推崇。闻一多对浪漫主义文学作了认真的研究，明确提出要重视“浪漫派”的艺术。闻一多在给吴景超的信中明确地指出：“诗有四大原

① 江锡铨：《闻一多与中国新诗浪漫主义片论》，《新诗与浪漫主义学术研讨会论文集》，中国计划出版社2011年版，第191页。

② 闻一多：《冬夜评论》，《闻一多全集》第2卷，湖北人民出版社1994年版，第76页。

素：幻象、感情、音节、绘藻。”① 神奇的想象是浪漫主义文学的重要表征，甚至有人认为“浪漫主义就是想象力的巨大拓展”。可见，浪漫主义和想象力是密不可分的。闻一多强调诗的想象力，在《冬夜评论》中，他痛陈当时新诗缺乏幻想、想象，提出诗人须“跨在幻想的狂恣的翅膀上遨游，然后大着胆引嗓高歌，他一定能拈得更加开扩的艺术”②；有了想象，“诗才不致死在狭窄的空间与局促的时间里”；在《诗的格律》中，强调浪漫主义与格律形式并不矛盾。闻一多的“幻象说”重视幻象“荒唐无稽，远于真实”的特征，强调的正是幻象之“幻”，想象是幻象得以实现的基本途径。闻一多对于想象的重视，体现了他的浪漫主义文学观。

浪漫热烈的楚风滋养了绚丽的楚文化，楚文学也因此成为中国浪漫主义文学的经典。正是楚文化的哺育熏陶造就了闻一多诗学的浪漫主义气质。

结　　语

刘烜教授说：“闻一多的身上，最初流淌的就是这样的荆楚文化血液，注入的就是这样的荆楚文化精神。他的刚直不阿的性格、他的执着进取的特征、他的爱国主义的精神、他的对屈原精神的赞颂以及对神话研究的热情，一定程度上，是涵育于荆楚地域文化精神中的。”③

黄曼君教授认为：“在与中国文化的关联上，闻一多人格中特别潜藏着楚骚文化的基因。楚骚文化以其儒道精神融合互补为特征，充分体

① 闻一多：《1922年给吴景超的信》，《闻一多全集》第2卷，湖北人民出版社1994年版，第152页。

② 闻一多：《冬夜评论》，《闻一多全集》第2卷，湖北人民出版社1994年版，第77页。

③ 刘烜：《闻一多评传》，北京大学出版社1983年版，第3页。

现了南方文化的兼容性、开放性和蓄积力。"①

闻一多生于荆楚大地，他的生命之根深深扎进了这块古老而深厚的文化温床，在这片奇丽而神秘的土地上生长壮大。在他文化生命的底蕴中，楚文化的积淀形成了闻一多诗学家国情怀、筚路蓝缕、开放融合、浪漫主义的品质，这种诗学品格正是楚文化与闻一多之间的血脉传承。

① 黄曼君、梁笑梅：《生命之肯定者最终的奇迹——闻一多殉难的文化意义解读》，陆耀东、李少云、陈国恩主编：《闻一多殉难六十周年纪念暨国际学术研讨会论文集》，武汉大学出版社2007年版，第24页。

闻一多在日本

邓　捷

（日本关东学院大学）

闻一多和日本的关系，除了他年轻时留美途经日本，以及 1926 年对日本人小畑薰良英译李白诗集写过评论《英译李太白》外，在研究界很少被论述。① 本文作为一个初步的整理，主要是介绍作为诗人的闻一多在日本是如何被介绍接受的。关于闻一多的古典研究在日本的影响，再另作考察。

一、闻一多对日本的关注

1922 年 7 月闻一多留美途经日本，过神户、横滨，再从横滨坐电车游览了东京。其间的印象他在书信里如此描述："就自然美而论，日本的山同树真好极了。像我们清华园里小山上那种伞形的松树，日本遍处都是。有这样一株树，随便凑上一点什么东西——人也可以，车子也可以，房子也可以——就是一幅幽绝的图画。日本真是一个 picturesque 的小国。虽然伊的规模很小——一切东西都像小孩的玩具一般，——但

① 铃木义昭：《闻一多在日本：井上思外雄和小畑薰良》（《早稻田大学日语研究教育中心纪要》第 9 期，1997 年 3 月，第 99~110 页）详细调查了闻一多在日本遇到的青年井上思外雄以及英译李白诗集的小畑薰良。此外铃木先生还于 1997 年 4 月 23 日在华中师范大学召开的《二十世纪中国文学与理论批评国际研讨会》上报告了《闻一多〈死水〉之翻译与解释在日本》。

正要这样，才更像一幅图画呢。讲人为美，日本的装束（要在日本地方底背景里看），日本的建筑，日本的美术还要好些。”“归国后，我定要在日本学一两年美术。日本画 made me intoxicated!”（《致吴景超、顾毓琇、翟毅夫、梁实秋》1922. 7. 29）

从闻一多的描述中我们可以看到他对日本的自然、风土以及在此土壤上产生的日本建筑、日本美术有浓厚的兴趣。这是一个年轻人相当纯粹的兴趣，因此在同年10月他再次在书信里对父母提及：“目前我所日夜切望者，毕业回国，将来作过三、四年事后，再设法往日本一游。因为此次出国，道经此邦，对于其美术，深表敬仰也。”（《致父母亲》1922. 10. 28）

可是留美的生活，特别是对美国物质文明的反感，以及中国留学生所受的歧视，使他对日本的看法开始有一些政治的功利色彩。1923年1月，在向父母吐露作为中国人在美国的痛苦时，又一次提到日本。“一个有思想之中国青年留居美国之滋味，非笔墨所能形容。俟后年我归家度岁时当于家人围炉絮谈，痛哭流涕，以泄余之积愤。我乃有国之民，我有五千年之历史与文化，我有何不若彼美人者？将吾国人不能制杀人之枪炮遂不若彼之光明磊落乎？总之，彼之贱视吾国人者一言难尽。我归国后，吾宁提倡中日之亲善以抗彼美人，不言中美亲善以御日也。”（《致父母亲》1923. 1. 14）1915年日本提出对华二十一条要求，1919年《巴黎和约》规定把德国在山东的权力让于日本，从而爆发了“五四”运动。日本对中国的威胁日益明显，但闻一多从历史文化自卫的心理上，相比美国表示了对同种文化之国日本的亲近，当然这只是他在给父母信中私密的言论。

1923年9月在麦迪逊召开美国中部中国留美同学年会时，闻一多和部分志同道合的清华同学成立了性质接近于政治的“大江学会”，表现出他对政治的关心。“大江学会”成立后，闻一多致函郭沫若等询问他们所学专业，甚至考虑东渡。关于此间情形，可以在同年9月24日致闻家驷信中看到：“函询彼等专门学科为何，沫若为医学，仿吾为工程，达夫为经济，其对于各专门之诣造不深悉，然其文学之成绩皆卓然可观，不待言也。弟有志东渡，此诚善策。恐地震之后东京难复旧观，教育所受影响如何，不可必严也。然目下努力预备，百无一失也。”（《致闻家驷》1923.9.24）值得注意的是，此时的闻一多正从芝加哥美术学院转到梁实秋所在的科罗多拉大学，刚开始新的学习和生活。

1924年暑假，闻一多、梁实秋到芝加哥参加清华留学生夏令会，和罗隆基等成立了“鼓吹国家主义为革命之基础”的团体“大江会”。闻一多积极参加大江会的活动，鼓吹文化的国家主义，计划回国筹备一种艺术杂志——《河图》，并在给梁实秋的信中透露杂志目录，这样写道：“纽约同人皆同意于中国文化的国家主义（Culture Nationalism），故于印度则将表彰印度之爱国女诗人奈陀夫人，及恢复印度美术之波士（Nandalal Bose）及太果尔（Abanindranath Tagore）（诗翁之弟）等。于日本则将表彰一恢复旧派日本美术之画家，同时复道及鉴赏日本文化之小泉八云及芬勒楼札，及受过日本美术影响之毕痴来。从一方面来看我辈不宜恭维日本，然在艺术上恭维日本正所以恭维他的老祖宗——中国。”（《致梁实秋》1925.3）在这里我们已经看不到闻一多当初踏上日本时对日本文化纯粹的兴趣，而是在国际政治局势里权衡日本以及日本文化的态度。

小泉八云（1850—1904）和芬勒楼札都不是日本人，而是日本明治时期向世界介绍日本文化的外国人。小泉八云原名Lafcadio Hearn，父亲为英国人，母亲是希腊人。年轻时在美国从事新闻记者的工作，将欧洲文学的新潮流介绍到美国，展现文艺评论家的一面。后对东方文化产生兴趣，1890年来到日本，在岛根县松江中学担任英语老师，同年和小泉节子结婚，归化为日本籍，历任熊本第五高等学校教师（1891）、《神户年代记》（『神戸クロニクル』）报刊记者（1894）、东京帝国大学文学系讲师（1896—1903）、早稻田大学讲师（1904）。他涉足日本各地，著有《不为人知的日本面影》（『知られざる日本の面影』）、《心》、《佛主田地里的落穗》（『仏の畑の落穂』）等，介绍日本的风土人情以及日本人的精神，同时也改写日本传说中的“怪谈”。小泉八云通过中西比较认识日本并将之介绍给西方的功绩是伟大的，不过他所热爱的不是现实中的明治日本，而是基于儒教礼节、神道的祖先崇拜以及佛教的宿命观而生活的前现代的（传统的）日本。

芬勒楼札（1853—1908）原名 Ernest Francisco Fenollosa，美国哲学家、东洋美术研究家，毕业于哈佛大学哲学系。1878 年渡日，1886 年以前在东京帝国大学讲授哲学、伦理学、经济学。后对日本美术发生兴趣，主张日本古代美术的保存、研究以及传统日本画的复兴。1884 年成立鉴画会，培养了狩野芳崖等日本画家，提高了浮世绘版画的价值。他和冈仓天心一起创办了东京美术学校，1889 年在此校讲授美学、美术史。1890 年返美后任波士顿美术馆东洋部部长，继续研究东洋美术、哲学、文学。后再度渡日，担任东京高等师范学校讲师。1900 年回国，1908 年逝于伦敦，遗骨根据其遗志埋葬于日本滋贺县园城寺町法明院。主要著作有《美术真说》、《浮世绘的历史》（*An Outline of the History of the Ukiyoye*）、《日本和中国的美术的诸时期》（*Epochs of Chinese and Japanese ART*，草稿，后由有贺长雄翻译为日文版《东亚美术史纲》）。

闻一多对以上二人的关注，是因为二者都是把日本文化介绍给世界的使者。闻一多感兴趣的日本文化，应该说是西方人鉴赏的日本文化，被西方发现的日本文化，且他试图通过对日本文化的介绍而触及其祖先中国文化。从他对日本文化的态度可以看出，闻一多所信奉的文化的国家主义和他推崇的西方人眼里的日本文化也许具有同样性质，即是带着西方视线再去发现中国文化的态度。当然，把中国文化介绍到西方，让西方认识、理解甚至尊重中国，这是他们那一代人非常迫切的课题，但如果因此被西方视线所束缚和局限，那得到的将是一个肤浅的假象，而不是真正地理解。《死水》以后的闻一多转向对中国古典的研究探索，以后的“西方”不再是视线而是成为他的研究方法。

二、日本《改造》杂志《现代支那号》上的闻一多

闻一多的诗最早在日本被翻译介绍的是杂志《改造》1926年7月发行的《现代支那号》。《改造》（1919年4月—1944年6月、1946年1月—1955年2月发行，其中因战败一度中断）创刊于1919年，与《中央公论》（1899年创刊）、《文芸春秋》（1923年创刊）并列为现代日本的主流综合杂志。20世纪20、30年代该杂志通过评论、旅行记、座谈会、创作来介绍同时代的现代中国。《改造》除了刊载有名作家的作品以外，还积极报道国际形势、劳务运动、社会问题等，刊载贺川丰彦、横光利一、川端康成、小林多喜二等新锐作家的作品，以其前卫性和激进性获得了年轻读者的支持。

1926年（大正15年）夏季增刊《现代支那号》（7月5日发行）的执笔者为中日双方各约20人，日方有佐藤春夫、菊池宽、长谷川如是闲、井上红梅、村松梢风、木下杢太郎、木村荘八、岸田刘生等著名作家、学者、美术家，中方以《现代评论》派、《新月》派、创造社成员为中心。中方作者的刊载内容分创作和评论两部分，分别如下：

创作：丁西林戏曲《压迫》、张资平短篇《蔻拉梭》（「キュラソー」）、凌叔华短篇《酒后》、郭沫若戏曲《王昭君》、杨振声短篇《阿兰的母亲》（「阿蘭の母」）、徐志摩短篇《先生，你见过艳丽的肉体没有?》（「美しい肉体を見た話」）、陶晶孙《短篇三章》（「短編三つ」）、田汉戏曲《午饭之前》（「昼飯の前」）、徐志摩诗《海韵》（「海のひびき」佐藤春夫訳）、闻一多诗《春光》、饶孟侃诗《三月十八日》、樊山（增详）《近咏》、丰子恺漫画《同车》《都会的清客》《施茶处》《“肃静回避”与红头巡捕》。

评论：胡适《对于现代西方文明吾人之态度》（「近代西洋文明に対する吾人の態度」）、李人杰《中国无产阶级及其运动特质》（「中国無産階級及びその運動の特質」）、冯友兰《中国哲学的贡献》

(「中国哲学の貢献」)、高一涵《中国的学生运动》(中国の学生運動」)、马寅初《中国的国家财政和地方财政的区分》(「中国の国家財政と地方財政の区分」)、陈望道《中国女子的觉醒》(「中国女子の覚醒」)、林骙《新中国的青年运动和日本的立场》(「新支那の青年運動と日本の立場」)、西滢(陈源)《中国新文学谈琐》、顾颉刚《苏州的歌谣》(「蘇州の歌謡」)、邓以蛰《中国绘画的派别及其变迁》(「支那絵画の派別とその変遷」)、董谔声《苦心孤诣(旧式中国小说)》(「苦心孤詣(旧式支那小説)」)等。

从以上中方作者的名单上可以看到一个倾向:首先没有鲁迅,没有以鲁迅为中心的《语丝》派,也没有文学研究会的作家。① 该期刊翻译介绍的主要是在北京和鲁迅论战的陈源等《现代评论》派徐志摩、胡适、闻一多等《新月》派以及郭沫若、陶晶孙等创造社的作家。无疑这个名单针对当时的中国文化界来说是片面的。那么《现代支那号》的目的何在?从同期刊载的小畑薰良《北京闲话》来看,《现代支那号》的目的在于突破日本人“想象的中国”认知,让人们重新认识新的“现实的中国”,从而对文学革命、新一代中国知识分子的探求精神予以理解和肯定。所谓“想象的中国”认知,是把中国作为一个爱好来消遣,作为故事之国、诗文之国、圣人之国、名胜古迹之国来玩赏的态度。

小畑熏良出生在日本地方上的旧式家庭,父亲喜爱汉学,从小读了很多中国古籍。后留学美国,在威斯康星大学、芝加哥大学、哥伦比亚大学结识了不少中国留学生。1922 年将李白诗译成英文,1923 年由伦敦・多伦多 Dent&Sons 出版(闻一多为此作评论《英译李太白》)。作

① 鲁迅作品最早被翻译成日文的是 1922 年 6 月 4 日在北京发行的日文周刊《北京周报》,作品为《孔乙己》,译者周作人。此后鲁迅自己也翻译《兔和猫》刊载在此周刊上。但鲁迅的作品真正被日本人翻译介绍的是《故乡》,发表在 1927 年由武者小路实笃主宰的月刊杂志《大调和》10 月号,译者不明,这是在日本国内首次被翻译的鲁迅作品。

为《改造》杂志的主笔，为筹划中国专号，于1925年10月来到北京。《北京闲话》说到他拜访曾在美国结交的很多中国好友，见到了Y君（杨振声）以及艺术专门学校的T君（闻一多）。在北京，通过和留美时友人以及家属的交往和自身对北京以及老百姓生活的观察，目睹学生们的游行以及三·一八惨案的发生，他对“现实的中国、活生生的中国、烦恼的中国、被侵略的中国、痛哭的中国”有了新的理解和同情。但是“我不绝望”，因为他从和新兴的中国知识分子的交往中，从中国的新文学、新思想、新艺术中发现了“新的中国”和新一代的“探求精神”。所以他认为“中国虽然沉沦于政治的黑暗时代，但是与此同时也出现了传统的打破、思索的自由、革新的气运，新生中国已经诞生，不承认新中国的复兴黎明的人是盲人”。小畑批判那些自以为中国仍旧古老落后、愚昧懒惰的欧美或日本的所谓“支那通”，认为他们是不愿意承认新中国的“旧人”，“新中国在诞生。旧人以旧式的方法来对待它是行不通的。日本对中外交之所以失败或许起因于这种时代错误。我认为我们日本人应该多和年轻的中国人接触。应该研究‘新中国’、‘黎明的中国’，这样才有可能产生新的理解新的感情新的希望”。

《现代支那号》选择了闻一多的诗《春光》。《春光》发表于1926年4月29日《晨报副刊·诗镌》，是正在展开的新格律诗运动中的作品（后收入《死水》），代表当时中国诗的最前沿。“静得像入定了一般，那天竹/那天竹上密叶遮不住的珊瑚/那碧桃；在朝暾里运气的麻雀/春光从一张张的绿叶上爬过/蓦地一道阳光晃过我的眼前/我眼睛里飞出了万只的金箭/我耳边又谣传着翅膀的摩声/仿佛有一群天使在天空逻巡……忽地深巷里迸出了一声清籁：/‘可怜可怜我这瞎子，老爷太太！’”这首诗通过两组对立矛盾的意象显示了世界的多层次结构。前者的意象古典而现代，是现代诗人描绘的理想意境，后者的出现使其破碎分裂，显示出世界的真实，表现了从古典的“统一”到现代的“复杂”。这首诗的入选可以说和杂志意图介绍黑暗和黎明并存的现代中国的目的是相符的。

遗憾这首诗的翻译并没有注明译者①，日语译文里也有几处错误。“那天竹/那天竹上密叶遮不住的珊瑚/那碧桃；在朝暾里运气的麻雀”的翻译有两个问题：首先译者把碧桃理解为果实，翻译为“……珊瑚，那即桃的果实”，其次把动词“运气”理解为“幸运”“荣光”的意思。天竹是一种常绿低木，冬季长出红色的圆形果实，是诗里所说的珊瑚。从“那天竹”“那碧桃”的并列来看，“碧桃”不是果实，应该理解为不结果实只供观赏和药用的桃树比较贴切（“重门深锁无寻处/疑有碧桃千树花”（唐郎士元《听邻家吹箫》））。麻雀在桃树上沐浴着朝阳，运气准备着展翅，这种饱含着动的静态画面，很遗憾翻译里没有表达出来。不过译文略具古文雅风，文字结构紧凑，虽然没能再现出格律诗的形式，但在意境上达到了高水准的再现。②

三、战后日本的闻一多

1945年日本战败后，20世纪五六十年代迎来闻一多翻译介绍的高潮。在梳理这个接受过程之前，先要说明一下战后日本文坛，特别是诗坛的情况。

对日本知识分子来说，侵略战争仿佛一枚巨大的照妖镜。战争期间，除了极个别的例外（比如金子光晴），几乎所有的诗人都写过肯定，甚至赞美战争的诗，连日本现代诗史上最具个性、最具叛逆家国精神的高村光太郎也随着侵华战争的深化逐渐倾斜，终于在太平洋战争爆

① 《现代支那号》里的作品翻译，除了徐志摩的诗《海韵》注明译者为佐藤春夫外，其余都没有标明译者。

② 日语译文如下：ひそやかに死せるにも似たるかの呉竹/その呉竹のしげり葉をもれて見ゆる珊瑚、そは桃の實。朝日子を浴びてさきはふ雀/春の光は緑の一葉一葉の上を爬ふ/ましぐらに一筋の日の光、わが眼を射ると見れば/わが眼の内よりは萬本の金の箭ぞ飛び出づ。耳のあたり又はたはたと翅音聞え/天使のあまた、なか空にまふとも思はる……忽ちに露路のかなたより一陣の清風ぞ吹き来る/『かはいさうなはこの盲で御座い、お旦那様や奥様がた。』

发（1941年12月8日偷袭珍珠港后对英美开战，此后和同盟国的战争被称为太平洋战争）后相继写下了《必死之时》《危机之日》《大诏涣发》等诗，全身心地投入了战争。这一残酷的事实意味着日本自明治维新以来苦心经营的“现代”以及“现代诗”的失败。众多的诗人面临战争这一巨大的国家暴力时，自我的脆弱和扭曲暴露无遗。“战争这个巨大的悲剧，无情暴露了我国的现代所蕴含的扭曲。这对我国的诗和诗人来说，是一场动摇其立足根基的惨痛试炼。而且他们作为一个整体没能经受住这一试炼，显示了极其惨烈的失败。这一事实，从各样的意义上，对战后诗的发展产生了决定性的影响。”① 对战后写诗或开始写诗的诗人来说，如何接受、评价这场悲剧，如何将战争暴露出的现代日本的自我的脆弱和不彻底作为自身的伤疤去面对和战胜，这是无法逃避的课题。战后日本出现了《荒地》《列岛》《宇宙》等众多的以诗歌杂志为中心的诗派，战争和文学、战争和知识分子、“现代诗的社会性和艺术性”等都是绕不过去的难题，这些难题不只是对战前诗和文学的批判，更是战后文学者的自我批判和探索。不仅诗界，战后日本文坛在平野谦、荒正人和中野重治等之间展开的“文学和政治”论争，也是对文学者的战争责任、战前无产阶级文学的功罪以及转向问题的清算。

（一）50年代：学界的翻译介绍

战后对闻一多的评介开始于1951年8月的《妇人之友》杂志，在东京大学任教的谢冰心的公开演讲《诗人与政治》，由东大教授仓石武四郎翻译后发表在该杂志上。“我们东方人，对诗人有一个误解，那就是认为诗人可以超越政治。其实政治支配环绕诗人的一切环境。只要我们生活中的一切和政治有关，诗人所写的也无法超越政治。因此我今天要做一个以‘诗人和政治’为中心的讲话，谈谈政治如何影响诗人。”谢冰心从屈原、陶渊明、杜甫、李清照谈到闻一多，引用《洗衣歌》

① 栗津则雄：《现代诗史》，思潮社1972年版，第10页。

《一个观念》《发现》来说明诗人和政治的关系，认为过去的诗人为出世而写诗，现代的诗人为入世而写诗。

此外，1951年《中国语杂志》第6卷第6期刊载了齐藤秋男《中国新诗人的生与死——闻一多·朱自清之素描》，介绍1945年昆明西南联合大学的“五四”文化节，朗读艾青《大堰河》的闻一多以及身旁的朱自清。“抗战胜利的前夜，在纪念五四的集会上，和群众一起朗读艾青作品的画面，是国统区诗人的历史性时期的象征。”“诗歌是鼓。……诗人是鼓手！”从而描述出和民众站在一起的现代中国的知识分子形象。

1951年大月书店《世界抵抗诗选》第7集出版了《从延安到北京：中国抵抗诗集》。书名日文为『イェンアンからべィチンえ』，里面的延安和北京的日语标记不是汉字而特地用了假名来保持原本的中国字的读音，可见当时对刚刚成立的社会主义国家——中华人民共和国的向往。扉页的照片为鲁迅，收录的诗人有：闻一多、杨骚、艾青、田间、胡风、冯至、鲁藜、天蓝、孙钿、亦门、王亚平、庄涌、邹荻帆、严辰、柯仲平、马凡陀、萧三。闻一多的页面前印有中华人民共和国国歌的一节“起来，不愿做奴隶的人们”，收录了《洗衣歌》《一句话》。

1954年小川环树《闻一多——诗人的生涯》刊载于《文学》第22卷第2期，作者将闻一多定位于在东岸和西岸之间架桥的诗人，接受西方文化影响的唯美主义者，歌唱爱和死的幻想的新月派诗人中唯一的“爱国诗人”。并引用1943年朱自清对《一个观念》的解说，将闻一多描写为抵抗日本侵略的诗人、抵抗国民党政治的诗人。

1955年蒲池欢一《中国现代诗人》由元元社出版刊行。作者将闻一多作为新月派的诗人进行介绍，认为“他曾持艺术至上主义的反革命的态度，后转变为民主革命的旗手，终于以死殉难其对国土和民族的爱”。并比较中国文学和日本文学，认为中国文学的传统是“传统文人的政治热情、爱国心、民族爱的精神和率真的文学相结合”，这“和主张应该保持政治中立的日本的文学社会不同”。此书收录闻一多作品

《死水》《荒村》。

目加田诚《闻一多评传》刊载于1955年6月《文学研究》第52辑。这是日本首次关于闻一多的详尽的评传。目加田诚为中国古典文学研究家，此评传的特点可以归纳为以下几点：

首先，这是闻一多的评传，但同时也关联战后日本知识分子自我改造的问题，作者在1945年日本战败后，通过闻一多思考作为日本人战败后而不得不从根本上重新思考的问题："我们应该怎样活着?"

其次，作者是以自身"应该怎样活着"的问题意识来历史性地评介闻一多，对闻一多在文艺和爱国之间求道的姿态表达了共鸣。作者在评传中说对闻一多的回顾于自己有"迫切的意义"，并在刊载评传的自著《洛神之赋》的解说中说："记不清终于得到朱自清编撰的《闻一多全集》是昭和多少年了。在《诗经》研究上，我从闻一多的古典研究中受益匪浅。我在读闻一多的著述以及他的传记时非常感动。闻一多本来是诗人、画家、戏剧研究家，是一个文艺青年，留学美国时认识到祖国的现状，故而忧国忧民，抱着燃烧一般的爱国热情回到祖国后，却又绝望于祖国现实的腐败不堪。为了思考探索祖国的文化和精神，他开始了古典研究。不管年轻人怎么骂他，他一心沉潜于古典中，研究《诗经》和《楚辞》，不幸抗日战争爆发，日军侵占了北京，他和中国的大学生一起迁移到遥远的昆明。在长途跋涉中，在和年轻人一起的行动中，他的内心逐渐发生了巨大变化，到达昆明后成为激烈的救国运动的行动者，最后被国民党暗杀，结束了他正直的一生。我觉得自己能充分把握他的走过来的路、他的苦恼。所以在写《闻一多评传》时贯注了我的心。"

再次，作者以外国人研究者的视野客观地评价辛亥革命、"五四"运动、三·一八事件的闻一多以及闻一多的屈原研究，超越"从唯美主义到爱国主义""民众的指导者""进步文化人"的说法，描绘出执着的求道者的诗人形象。

1957年石田武夫《中国现代诗》由弘文堂刊行，收录胡适、朱自清、陆志伟、冯雪峰、李金发、闻一多、朱湘、艾青作品。闻一多诗作选录《死水》。

20世纪50年代因新中国的出现，日本读书界、研究界对中国现代诗，特别是闻一多有很高的关注，闻一多的形象，是一个和人民站在一起的爱国知识分子、诗人的形象。闻一多从追求艺术至上的唯美诗人，到抵抗国民党政府和人民站在一起的学者，这个转变和战前日本知识分子的从个人到屈服于国家的转变是完全不一样的，所以闻一多是日本知识分子反省战争期以及思考战后的文学诗歌或研究时的一个有意义的参照。不过以上翻译介绍闻一多的作者，基本都是研究中国学的大学教授，闻一多的影响还局限在学术界内。

(二) 60年代:《现代诗手帖》的翻译介绍

60年代以后，闻一多诗的翻译散见于金冈照光《中国，名文集(アンソロジー)》现代部（平凡社世界名诗集大成18，1960年)、今村与志雄《中国现代文学选集》(平凡社1962年) 等。1966年11月，日本诗刊杂志《现代诗手帖》（第9卷第11号）刊载了《死水——闻一多译诗选》，收录有《红烛》《雪》《诗人》《贡臣》《志愿》《宇宙》《初夏一夜底印象》《孤雁》《晴朝》《口供》《什么梦》《你莫怨我》《死水》《也许》《黄昏》《荒村》《闻一多先生的书桌》。译者为草森绅一。这一翻译具有特别的意义，因为《现代诗手帖》不是中国研究学界的杂志，而是日本现代诗的代表性刊物，而且收录的诗歌之多也是至今没有的。同时，译者草森绅一不是中国文学专家，而是一个以中国文学和日本文学的教养为底蕴的、被称为“畸人”横跨多个领域的评论家、作家。

月刊《现代诗手帖》是一份诗刊杂志，创刊于1959年6月，当时正置日本战败后的第14年。在此之前，日本诗坛已经出现了《近代诗苑》《乌托邦（ゆうとぴあ）》等诗歌同人杂志，以及被称为第一次战后派的“荒地派”“列岛派”等旺盛的诗歌活动。也就是说，《现代诗手帖》是在可以充分回顾反思“战后诗”的时代里诞生的。《现代诗手帖》创刊时的日本诗坛里有三份重要的诗歌杂志：诗人兼编辑者编辑的《诗学》、刚从新日本文学会独立出来转移到现代诗会的《现代诗》、伊达得夫的《发现（ユリイカ）》。此间《现代诗手帖》的加入，从而开始了诗坛评论的第一个黄金时代。《现代诗手帖》创刊号虽然只印发了2000部，处于基本上没有稿费的窘况，但和战前诗人兼编辑的月刊诗杂志不同，是指向公共的诗歌出版文化的杂志。①

20世纪50年代属于战争的记忆还清晰可见的真正的战后，也即狭义的战后。《现代诗手帖》的创刊，一边将狭义的战后诗历史化，一边吸收诗歌的新生代，向广义的战后诗发展。创刊后一年的1960年6月，新日美安全保障条约成立，社会发生大规模的抗议斗争，6月15日国会内桦美智子死亡。安保改定反对斗争成为全国人民的最大关注焦点，安保斗争成为诗歌的题材。诗人们开始认识到，从“60年6月”，开始了一个与50年代不同的，并非只以数字来简单划分的时代。但到60年代中期，这一时代感觉逐渐稀薄，《现代诗年鉴’67》（《现代诗手帖》1966年12月）的座谈会《战后社会和诗的位置——状况和个人的意识》中“诗的低迷”成为一个话题。所谓“诗的低迷”，换言之就是“历史自身走向个人的关系，某种意义上正在薄弱”②。闻一多诗歌的翻译，正是此座谈会的前一个月。

《现代诗手帖》第9卷第11号《海外诗》栏目里刊载了《死

① 关于《现代诗手帖》的历史性意义，和田博文《现代诗手帖》一文如此评价：“《现代诗手帖》至今已有60年的历史，始终刊行月刊。从期刊的发行年月来说，《现代诗手帖》短于《诗学》和《ユリイカ》，但从页数的多少，特别是专注于诗这一点上来看，能够维持如此的质和量的诗歌杂志，在现代日本没有其他。《现代诗手帖》给20世纪以后的众多的诗人提供了活跃的空间。”（和田博文、杉浦静编：《现代诗志总览》1，日外联合（日外アソシェーツ）出版社2007年出版）

② 和田博文：《广义的“战后诗”的展开和终焉——『现代诗手帖』1959—1975》，和田博文、杉浦静编：《现代诗志总览》1，日外联合（日外アソシェーツ）出版社2007年版。

水——闻一多译诗选》，如上所述共17首。关于翻译的特征等诸问题，待以后详细考证，此处只作周边的概述。译文后附录的译者文章《闻一多笔记》（第102~103页），参照臧克家的《闻一多传略》，以年代顺序介绍了作者的生涯，最后这样评述：“诗集《红烛》《死水》是闻一多二十多岁时的作品。其中对唯美的倾心和怀疑相互逼迫挣扎。他以后不写诗而沉潜于学问的世界。年过四十成为政治运动的斗士突然浮出时，这些诗集被他完全否定了。但是，这两部诗集中充满了他今后不得不成为政治运动斗士而出现的预兆。三十岁以后对学问的倾注，并非逃避，而应该说是一个痛苦的弹性的铺垫时期。闻一多的诗，激越而伤感，但不失诗的格调，是因为古典诗词的教养强烈作用于白话体现代诗，这与其说是融合，更应该说是起到了防滑的作用。”

《现代诗手帖》为何选登17首闻诗，也许和此号的特辑内容有关。特辑题目为“爱国和反爱国”，分别有以下文章：《沉默的爱国——黑田喜夫论》（月村敏行）、《浪漫断章》（菅谷规矩雄）、《日本为何》（角田清文）、《和反爱国主义的接点》（北川透）。据《日本为何》一文所言，当时日本的综合杂志（学院派尺度和能说会道的轻薄报刊的混血儿）正流行爱国主义的辩论。以上文章围绕传统和欧化、知识分子的爱国主义以及诗歌该如何描写想象意识和生活现实等话题展开，特别是关于爱国主义的问题，讨论得非常错综复杂。战后20年，知识分子和国家的问题，依旧纠缠不已。针对上述这些话题，可以说闻一多都是一个非常合适的参照。所以译者在介绍文里强调了闻一多的从唯美到政治运动斗士的连续，强调了古典（传统）和现代（欧化）的关联。

最后，关于译者。草森绅一（1938—2008年）是活跃于《现代诗手帖》等杂志的一位文艺评论家，且为拥有众多著述的作家。出身于北海道，父亲为职业军人，陆军大尉，战后被追放公职。母亲出身于北海道商家一族，战后主要靠母亲维系一家生计。草森毕业于庆应大学中国文学系，从师奥野信太郎等。毕业后一度从事杂志编辑，后开始文艺评论的写作。其评论涉猎广泛，从文学、摄影、电影到漫画，博览强

记，利用丰富庞大的资料进行自由自在的分析。1973年以《江户的图案》（『江戸のデザイン』）获得每日出版文艺奖。著述颇丰。

草森绅一的著述里涉及中国最早的是1965年9月开始在《现代诗手帖》上连载的李贺评传《垂翅之客》，连载一年后第一部暂结。1970年1月开始刊载第二部，持续近两年。连载虽然最终未完结，但死后出版的《梦的展翅》是以李贺和梦为题材的神奇的书。草森写了很多关于李贺的文章，但都不是可以刊载在学术杂志上的论文，只是作为作家而写。草森的李贺论的特征主要在以“官能”和“病理”为关键词来分析李贺晦涩的作品世界。

关于现代中国诗人，除闻一多以外，他还在《现代诗手帖》第10卷第10、11号（1967年10月1日—11月1日）和第11卷第1、2号（1968年1月1日—2月1日）上连载了朱自清《诗言志》，并在第11卷第8号（1968年8月1日）上发表了评论《畸形的诗心——日本人的“诗言志”》（第58~70页）。以敷衍《诗言志辨》的形式，梳理了中国诗言志的历史，并对照日本人“汉诗”阅读写作的历史，以及和歌的“物哀”的发现，评述了积极吸收外来文化的日本人是“断章取义”的名人，但却不拥有断章取义的积极主动的智慧，因为日本人总在中国文化面前有卑下感情，从而滋生了国粹主义。

结　　语

关于日本战后社会和诗的问题，在闻一多17首诗翻译一个月后的《现代诗年鉴’67》座谈会上提出了诗的低迷即“历史自身走向个人的关系”的稀薄。其实，在现代日本，“历史自身走向个人”，也就是说社会政治问题强烈地介入个人，不问规模大小，战中、战后、安保斗争以外，又出现过一次，就是和法国、美国、西德的学生运动相呼应，在1968年到1969年日本的大学内发生的全共斗运动。这也是一次打破安保斗争以后的所谓停滞气氛的社会事件，对现代诗的发展有一定影响。

但纵观日本的战后，战中、战后、安保斗争、全共斗运动这些“历史自身走向个人”的关系，也就是说诗歌和现实的密切相关，在以后的日本诗歌不再有，这也意味着广义的战后诗的终结。

诗人闻一多在日本的接受，也基本和日本现代诗的“历史自身走向个人”的起伏相吻合。1926年被翻译的闻一多是“新中国”的接受西方文化洗礼的诗人。战后闻一多是日本知识分子反省战争期以及思考战后文学或研究时的一个有意义的参照。50年代，对闻一多的关注多集中在中国研究的学界，而60年代，《现代诗手帖》的翻译，意味着闻一多的人和诗成为“当代”日本现代诗的借鉴。70年代以后，诗歌和现实的关联越发淡漠，有关闻一多的长篇论著，除学术研究以外，应该算今村与志雄的《闻一多——一个诗人·学者的生涯》（《中国现代知识人的轨迹　理智和情感》，筑摩书房1976年版），而此文实际最先刊载于1968年11月号《中国》第60号（中国之会编辑，德间书店出版）。

闻一多作为教育家的示范性及其当代价值

陈中文　袁小鹏

（黄冈师范学院）

闻一多作为中国现代卓越教育家既具有作为教育家在学术研究、实践修为和精神境界等方面一些共同的范式和特征，同时也有着与他的诗人、学者、民主斗士和伟大的爱国主义者、卓越的艺术家的生命历程密切关联的独特的教育理念、教育情怀和个性特征。而体现在他的21年的教师职业生涯中的以身示范和以教示范的教育示范性，则是最能反映和凸显闻一多在现当代教育家群体中的鲜明的性格禀赋与特征。深入发掘闻一多作为教育家的教育示范性以及推动这种教育示范性养成的要素和规律，对于促进当代教师专业化发展，推动我国新一代教育家的培养、成长具有重要的理论价值和实践意义。

一、以身示范，为青年学生“做人的榜样”

（一）以身示范：中国式教育思想的基本内涵

1. 以身示范：基于教育本质属性的教师职业特质和要求

教育是一种培养人的活动，是迄今为止关于教育本质最具普适性的一种阐释。教育是一种培养人的活动这一本质属性及其规律，决定了作为教育活动主体的教师以身示范的职业要求与特征。

以身示范作为教师职业的本质属性和要求，强调的是教师通过自己在教育教学中的身体力行，为学生高尚人格品质、精神情操和行为修养的养成树立榜样，作出示范。一方面，以身示范是教育的根本目的和任务，决定了注重对学生进行人格品质、精神情操和行为修养教育的重要性；另一方面，这种以人为对象，以人的品质、精神和行为修养教育为目的的教育活动，以及教师在这一教育活动的特殊地位，决定了教师以身示范的重要性。在中外教育史上，人类早期的教育实践活动原本都是把对教育对象在人格修养和精神涵养方面的教育作为主要目标、任务和内涵，进而对教师以身示范的职业特质提出了明确的要求。进入近现代，为适应科学技术和工业化的发展需要，现代学校教育突出了对青少年学生进行科学知识的教育和职业生存技能的培养，形成了以知识教育和技能培养为主导的教育体系和内涵。这种现代学校教育体系和内涵，一定程度上违背、遮蔽了教育的本质与初衷，导致了教育目标、体制和内涵方式的偏移，也弱化了对教师职业的以身示范特质的要求。正是在这样的背景下，回归教育培养人的根本目的，矫正单纯的知识教育的倾向，成为当代中国教育发展所面临的一个重大课题。中共中央总书记、国家主席习近平在十九大报告中提出，要全面贯彻党的教育方针，落实立德树人根本任务。① 立德树人教育目的观的重申和强调，是对片面的知识教育的矫正，和对教育本质属性及其初衷的回归，当然也是对教师职业以身示范特质的重申和强调。因为立德树人的根本任务和目标以及这种教育的内涵和方式，进一步决定和强调了教师在思想道德、精神情操方面的示范作用和引导功能。

2. 以身示范：中国式教育思想的内涵与实践

以身示范作为教师职业的本质属性和要求，是一种典型的中国式教

① 习近平：《在中国共产党第十九次全国代表大会上的报告》，《人民日报》，2017年10月23日。

育思想理念，在我国教育史上有着优良的思想理论与实践传统。

师者，理当以身示范。自古以来，中国社会都十分注重、强调教师在其教育教学实践中以身示范的作用和功能，并将这种教育示范行为简称为“身教”。孔子曰：“其身正，不令而行；其身不正，虽令不从。”作为中国古代教育理论的经典，这一论述精辟地概括了教师身教的重要意义。西汉大思想家杨雄也曾提出：“师者，人之模范也。”突出强调了教师应当在为人之道方面成为学生的模范。被誉为人民教育家的陶行知先生更是明确地提出了“学高为师，身正为范”的教师教育理念，对教师以身示范即教师“身教”作出了明确、精辟的概括与提炼。如前所述，在当代中国，立德树人教育目的观的重申和强调，也是对教师职业以身示范特质的重申和强调。实际上，习近平同志在提出和强调立德树人教育目的观的同时，也对教师以身示范提出了明确要求。他说：“老师对学生的影响，离不开老师的学识和能力，更离不开老师为人处世、于国于民、于公于私所持的价值观。”“广大教师必须率先垂范、以身作则，引导和帮助学生把握好人生方向，特别是引导和帮助青少年学生扣好人生的第一粒扣子。”① 正是在这样的教育思想理论及其传统的引导下，我国教师队伍建设一直把坚持教师以身示范作为提高教师职业素养的一项基本内容和要求。2008 年 9 月 1 日，教育部颁布实施了《中小学教师职业道德规范》。文件将中小学教师职业道德规范概括为六条。其中之一即“为人师表”，强调教师要“坚守高尚情操，知荣明耻，严于律己，以身作则”。在《中小学教师职业道德规范》的引导下，广大教师注重加强自身思想道德修养，努力发挥“身教”的作用和影响，涌现出了一批以身示范的先进典型。

（二）以身示范：闻一多教育思想与实践的重要特质

以身示范的教师职业示范性是闻一多作为现代教育家最为鲜明、最

① 习近平：《做党和人民满意的好老师——同北京师范大学师生代表座谈时的讲话》，《人民日报》，2014 年 9 月 10 日。

具个性的特质。在坚持以身示范的教师职业特性上，闻一多具有更多的理性自觉，展现出了全面性和坚韧性的特征。

1. 以身示范的自觉性

基于对教育本质属性以及中国传统教育的理解，闻一多明确地提出教师应“作人的模范”。闻一多关于教师应“作人的模范”的思想，表明了他在以身示范问题上的理性自觉。这种理性自觉既包括坚持教师“作人的模范”的思想认识，也包含着他对自身人格理想的自觉追求。有一次，闻一多先生忙着起草一个声明，家里那些孩子在一边吵吵嚷嚷，可能是当时心里太急了，就打了小女儿两下。看着妹妹哇哇大哭，闻先生的次子闻立雕当时不知道哪儿来的一股子劲，“腾”地跑进屋子里，冲着父亲大叫：“爸，你是讲民主的，怎么在家不讲民主呢？你怎么动手打人呢？”喊完以后，他自己也吓了一跳，紧张地等着“暴风雨”的爆发。心想这下非要好好挨一顿揍了。过了一会，没想到父亲没有发脾气，沉默了一会，似乎在思考着。后来，父亲很少打他们了。几十年过去后，闻立雕回忆起这件事，觉得父亲是一个无私无畏的人。他说：“他服从真理，追求真理，在真理面前敢于承认错误甚至于献出自己的生命。”其实，在这个故事背后，也体现着闻一多在注重自身示范性问题上的理性自觉。同时，也正是这种理性自觉决定、成就了闻一多以身示范的崇高境界。下文我们将要论及闻一多的以身示范具有全面性、坚韧性和高端性的特征，而他的以身示范的教师职业特性之所以能够达到一种常人难以企及的境界，与他在这一问题上理性自觉的认识有着重要的关联。

2. 以身示范的全面性

闻一多的以身示范同时具有全面性的特征。闻一多以身示范的全面性既体现在家庭教育和学校教育的不同领域，也体现在追求光明进步和理想人格的大节和注重日常行为风范的细微层面上。一方面，在家庭乃至家族中，闻一多以其崇高、卓越的人生理想、学术追求、敬业精神和行为风范影响着族人和家人，是族人和家人心目中的楷模。闻氏家族优良家风的形成，闻一多以身示范、身教重于言教起到了关键作用。正是在闻一多的言传身教下，闻氏家族优良家风代代相传，杰出人物层出不穷。另一方面，在学校教育中，他更加注意以自身高尚的人格魅力和行为风范，为学生作出表率，给予青年学生以多方面的深刻教益和影响。在学校教育中，闻一多对学生的“身教”是多层面的，既有追求光明进步，批判旧世界、建设新中国和严谨治学、敬业执教的民主战士和教育大家的风范，也注意在一些日常细微的生活态度、作风上潜移默化地影响学生。在全民艰苦抗战的艰难岁月里，闻一多与广大民众一样过着极为艰苦、简朴的生活；在走向社会、深入民间的教育实践活动中，他和学生一道进工厂、走乡村，虚心地向人民大众学习。对于学生，闻一多一向注意尊重学生人格、坚持平等相待。在课堂教学以及与学生的日常交往中，人们经常可以看到他极具绅士风度地给在座的学生以礼让。也正是在他的人格魅力的影响和感染下，闻一多的学生中成长了一大批具有杰出才干和获得非凡成就的优秀人才。

3. 以身示范的坚韧性

闻一多以身示范的坚韧性，体现为他在坚持以身示范问题上始终如一地坚持、坚守自己的人生理想、崇高人格的毅力和韧劲。就其内涵而言，闻一多以身示范的坚韧性既体现在他的教师职业生涯中始终坚持并努力践行的教育批判精神和探索创新的教育教学实践方面，更表现为他在极其艰难困苦的生活环境以及国家、民族危亡的关键时刻，坚守和追求自己的人格理想的意志力和献身精神。抗战期间，作为一个知名学者、教授和才华横溢的艺术家，闻一多先生原本可以通过多重路径，去追求相对安逸、富裕的生活。但是，他拒绝了来自多方面的利益诱惑，放弃了原本可以享受的一些特权，和他的同事们、同学们一道，和苦难的中国人民大众一道，颠沛流离，饥餐露宿。在这一过程中，人们最为熟悉的故事，莫过于他用自己的篆刻艺术和作品，通过市场交易的方式，去换取一些维持一家人基本生活的物质资源。在反对国民党独裁统治、追求民主自由的斗争中，也就是在他生命的最后时刻，他用自己的生命和热血，以一种以死抗争的精神，谱写了一个伟大的民主战士和爱国主义者的生命华章，也为中国现代知识分子留下了永恒的追忆和崇高的榜样。

在上文中我们曾经论及，闻一多的教育示范性源于他在这一问题上的理性自觉；而这种理性自觉就包含他对自己作为一个知识分子所具备的高尚的人生理想、人格品质的矢志不渝的追求。这也是闻一多身上体现的以身示范的坚韧性的动力源泉。闻一多以身示范的坚韧性体现了那个时代中国优秀知识分子所特有的人格魅力和精神情怀，也为当代中国知识分子建构和坚守这一社会角色与群体特定的人格禀赋和价值理想树立了榜样。

二、以教示范，为教师和教育树立范例和标杆

（一）以教示范的内涵与价值

1. 探索性、创新性教学理念和方式是以教示范的基本内涵

所谓以教示范是指那些成熟、杰出的教师以其科学、先进的教育理念、模式和方法以及成功的教育范例，影响教育同行，引导教育教学的改革创新发展。这也就是说，体现在教师教学活动实践中的具有探索性、创新性的教学理念和方式，是教师以教示范的内涵和特质。教师以教示范的探索性、创新性首先体现为教育是一种具有时代特色和内涵的社会实践活动，如何根据时代特征和社会发展的现实要求开展教育教学活动，需要教师个体的创新意识和探索精神。同时，任何一种教育教学活动都是以特定的学生为对象、在特定的教育教学情境下展开的，这样

的教学特点和规律，同样对教师的教学活动提出了探索性、创新性的要求。从这样的意义上说，具有探索性、创新性的以教示范是现代教育赋予那些成熟、杰出教师的责任与使命，也是当代教师职业素养的共性特征和普遍要求。

具有探索性、创新性的教师教育教学实践活动当然不排斥对传统的教育经典理论和实践案例的学习、传承；但是，这种对传统教育经典理论和实践案例的学习和继承，在任何一个时代或教育情境中，都不可能是对某一经典教育理念和案例的生搬硬套或复制，而是必然地会体现出一定的探索创新的内涵和价值，都需要教师个体结合具体的时代内涵、教育情境和教育对象，进行新的教学设计和谋划。从这样的意义上说，对传统的教育经典理论和实践案例的学习和传承，同样应该体现出探索创新的意蕴与价值。

2. 以教示范凸显了“教学的学术”价值和促进教师专业成长的功能

探索性、创新性教学理念和方式是以教示范的基本内涵，同时也赋予了现代教育教学工作所具有的学术性的价值内涵。换言之，具有探索性、创新性特质的教师以教示范凸显和强调了“教学的学术”属性与价值。

美国著名高等教育家、卡内基基金会前主席博耶基于对当代学术研究内涵和特征的新的认识提出，现代学术应包含四个相互区别又相互联系的方面，即发现的学术、综合的学术、应用的学术和教学的学术。① 赋予教学学术的属性，是博耶对现代学术思想理论的重要贡献，更是他作为教育家对教学活动所具有的创造性和创新性的深刻认识。教育教学活动本身所具有的创新内涵和价值，以及人们为提高教育教学质量而持

① ［美］欧内斯特·博耶（Ernest L. Boyer）：《学术水平反思——教授工作的重点领域》，《当代外国教育改革著名文献（美国卷）》，第 3 册，人民教育出版社 2004 年版，第 18 页。

续进行的对教育教学活动特质和规律所展开的研究和探讨，决定了“教学的学术”属性和价值。而在教学活动这种“学术性”活动中，以教示范则体现着教学活动的学术研究与创新的属性及特征。一方面，以教示范本身就是一种具有探索性和创新性教学活动，只有那些具有探索、创新意识和能力的教师以及他们的探索性和创新性教学活动才具有示范性抑或是学术性的意义和价值；另一方面，那些具有探索、创新意识和能力的教师以及他们的探索性和创新性教学活动，是开展和推动“教学的学术”研究的重要元素和范式。

同时，以教示范还是推动、促进教师专业成长的一种引导和激励机制。不言而喻，在人类社会的实践活动中，前人或作为成功人士的示范行为具有对于新生代或后来人的引导和激励的功能。在当代教师专业化发展的过程中，成熟、杰出教师们的以教示范更是有着不可替代的作用和功能。在我国当代教师专业发展的实践中，案例研究在教师反思和成长过程中所具有的重要地位和作用，正体现了那些成熟教师、杰出教师们的以教示范的价值。

（二）闻一多以教示范的基本内涵和行为范式

1. 全能型、复合型教育家的职业素养与才华

正如人们所关注的那样，在闻一多短暂而辉煌的人生历程中，曾经历了诗人、学者和民主战士的生命角色的转型。同时，闻一多还是一个才华横溢的艺术家，他在戏剧、绘画、篆刻等艺术领域里的理论和实践都达到了极高的水准。闻一多教育教学实践之所以广受同行的称道和学生欢迎，从根本上说是源于他的诗人、学者、民主斗士的生命角色和艺术家的秉性，以及在此基础上形成的全能型、复合型教育家的职业素养与才干。他倡导并指导学生积极开展研究性学习，这首先得益于他作为一个学者型的大学教授的身份。他本人在多学科领域里所进行的开拓性

的学术研究及其推出的创新研究成果，为学生开展研究性学习作出了成功示范，并产生了巨大的激励和引导作用；学生自发创建新诗创作社团，他以诗人和教师的双重身份参与、引导学生诗歌创作活动，进而使这一学生社团获得了极大的成功；他引导学生投身社会实践，努力向社会学习，向人民学习，更是与他作为一个爱祖国、爱人民的伟大的民主战士的理想和情怀息息相关。

需要进一步指出的是，闻一多全能型、复合型教育家的职业素养具有高端性和高层次的特征。如前所述，闻一多的一生，经历了多重生命角色的转换。然而，无论是在哪一个生命历程的发展阶段，无论是在哪一个生命角色的定位上，闻一多总是能够将其特定的生命和身份的角色演绎到极致，创造出令世人瞩目的业绩和辉煌，进而达到常人难以企及的境界。正是在其多重生命角色中所成就的辉煌业绩、所创造的崇高境界，铸就了闻一多全能型、复合型教育家的职业素养所特有的高端性和高层次的特征。

2. 探索性、创新性教育教学艺术与实践模式

正如上文所述，探索性、创新性教学理念和方式是以教示范的基本内涵。而闻一多在其教育生涯中所体现出的探索性、创新性教育教学艺术与实践模式，则体现着他的以教示范的重要内涵和特征。闻一多探索性、创新性教育教学艺术与实践模式既表现在教育教学体系和人才培养目标、模式的改革、探索、创新方面，也体现和落实在具体的教学过程和环节之中。在改造学校、端正人才培养目标的宏观层面上，闻一多提出："我们把眼光放开看，我们是社会的一分子，学校是社会中的一种组织。我们应该改良社会，就应从最切近的地方——我们的学校做起点。"而这种经过改造的新的教育"要和政治打通"；同时，学生应当"习夫人群日用之务"以及从事"集合的事业"，以便将来适应"社会

的需要”。① 针对当时中国大学学科设置中有“中西对立”“语文不分”的弊端，闻一多提出了“中西交融要以本民族为本位”的观点，并努力推进新的专业学科体制的建立。② 在教学活动的层面，他注重通过在教学中引导、启发学生，着力加强对学生能力的培养 。闻一多在中文系讲授“名著选读”“文学史”“唐诗”“英国诗歌”等课程。在教学中他考证翔实，不囿旧规，富有创见，很受学生的欢迎，而且常常以许多新鲜见解而使人耳目一新，有时连朱自清都说闻一多的见解大胆得吓人。③

3. 崇高、执着的教育理想和教育精神

教育是一种以青少年学生为对象，为未来社会培养建设者和接班人的社会实践活动，因而也是一种面向未来，充满希望、理想、激情和献身精神的伟大而光荣的事业。教育的这一属性和特征，决定教师必然是一种忠诚于教育事业，充满希望、理想、激情和献身精神的职业群体。每一个教师，特别是那些热爱、忠于教育事业的优秀教师更是鲜明地具有这样的职业特性和情怀。闻一多就是这样一个热爱、忠于教育事业，充满希望、理想、激情和献身精神的教师职业典范。

批判、改造旧教育，探索建立全新的教育体系和实践模式，及其在这一过程中体现出的坚定性和彻底性，体现了闻一多崇高的教育理想；倡导和践行教育的社会性、实践性和人民性，努力推进教育教学的改革创新探索实践，体现了闻一多科学、务实的教育精神；尊重学生的主体性，倡导以身示范和以教示范的教师职业要求是闻一多特有的教育情

---

① 闻一多：《旅客式的学生》，《闻一多全集》第2卷，湖北人民出版1993年版，第307页。

② 闻一多：《调整大学文学院中国文学、外国文学二系机构刍议》，《闻一多全集》第3卷，生活·读书·新知三联书店1982年版，第489~490页。

③ 许祖华、孙红震：《闻一多大学教育理念的现代意蕴》，《江汉论坛》2006年第11期。

怀。闻一多的这种体现着鲜明个性和崇高境界的教育理想、教育精神和教育情怀，是他作为一个现代教育家所具有的教育示范性的特征，也是当代中国教师专业化发展和新一代教育家培养、成长的典型案例和学习的榜样。在当今教师专业发展和成长中，我们总是在倡导并努力提升、培养教师的教育思想理念和职业精神、情怀。这是新时代教育属性和目的要求，更是现代教师职业素养中的内核。在教师专业成长中，我们注重努力培养“有思想”“有情怀”“讲奉献”的优秀教师人才，正是因为具有崇高境界的教育理想、教育精神和教育情怀，是当代教师特别是那些优秀、杰出的教师所具有的、最为重要的职业素质，也是敦促和提升教师专业化发展的动力源泉。惟其如此，闻一多作为一个热爱、忠于教育事业，充满希望、理想、激情和献身精神的教育家，在当代中国具有重要的典型意义和示范价值。

三、闻一多教育示范性的形成及其当代价值

（一）闻一多教育示范性的形成

1. 多重角色的生命历程造就了闻一多教育示范性的内涵与特质

闻一多的教育示范性具有全面性、深刻性和高端性、高层次的特征。而闻一多这种独特的甚至是难以企及的教育示范性，取决于他诗人、学者、民主斗士和艺术家、教育家的多重角色的生命历程，以及在此基础上形成的品格与素养。可以这样说，在中外教育史上，闻一多这种诗人、学者、民主斗士和艺术家、教育家的多重角色的生命历程，以及在此基础上形成的品格与素养，是独特的，甚至是空前的。正是这种卓越的、独特的多重角色的生命历程及其品格与素养，造成了闻一多独具个性、难以企及的教育示范性。基于既往的学术研究，我们以为，闻

一多作为中国新民主主义革命时期的一名教育家，他既具有作为教育家的一些共同的精神品质和行为范式，同时也有着与他的诗人、学者、民主斗士和伟大的爱国主义者、杰出的艺术家这样的生命历程密切相关联的、独特的教育理念、教育情怀和个性特征。闻一多先生以其在学术研究、诗学理论与创作方面的卓越成就及其伟大的民主主义、爱国主义的思想与实践，成就了他在中国现代史上无与伦比的地位与影响。故此，人们通常以诗人、学者、民主斗士和伟大的爱国主义者的角色定位来概括他短暂而辉煌的人生。但是，闻一多终身以教师为职业，作为诗人、学者、民主斗士和伟大的爱国主义者、杰出的艺术家这一特定的人格禀赋，注定和成就了闻一多同时也是一位广受尊重、崇敬的人民教师，一个有着极其重要的学术地位和影响力的教育学家。概而言之，闻一多的诗人、学者、民主斗士和艺术家、教育家的多重角色的生命历程，成就了他以身示范和以教示范的教师示范性及其特有的内涵和超越时代的价值。

2. 批判与探索相结合的教育实践形成了闻一多教育示范性的品位与价值

闻一多的教育示范性有着其独特的内涵和价值，而这种教育示范性的形成与发展，又与其具有突出、鲜明的批判性和探索创新精神的教育实践有着内在的关联。概而言之，闻一多的教育示范性是在其21年教师生涯及其教育教学实践的过程中养成和体现出来的。21年教师生涯及其教育教学实践既是闻一多教育示范性生成的土壤，也是这种教育示范性得以展示和发展的舞台。

作为诗人、学者、民主斗士和伟大的爱国主义者的闻一多，努力地将自己的学术思想、民主观念和社会理想贯穿在他那短暂和辉煌的教育生涯中，身体力行，实践探索，矢志不渝。惟其如此，坚持教育改革探索的实践性，是闻一多作为一个卓越的教育家最为重要、最可宝贵的品质之一。闻一多曾说："人家是说了再做，我是做了再说"，"人家说了也不一定做，我是做了也不一定说”。① 这是闻一多对自己作为一名注重教育改革创新实践的教育家的宣言和表白。事实上，无论是在家庭教育、大学教育还是在审美教育的领域里，闻一多都是教育改革探索的先行者、实践者和示范者。而且，他在这些教育教学领域里的探索实践，都以其卓越的成就产生了重要的示范性和巨大的影响力。在与闻一多同时代的冯友兰和杨振声看来，当时的清华大学中国文学系在我国教育界是“一座辉煌的灯塔”。而为大学中国文学系的发展指示了“一个新方向”，“引导着这个新方向”是清华的双璧闻一多和朱自清。② 惟其如此，具有批判性及探索创新的内在价值和深刻性、全面性、坚韧性的教育实践，使得闻一多的教育示范性具有高端性和高层次的品位与价值。

（二）闻一多教育示范性的当代价值

1. 闻一多教育示范性与当代教师专业化发展

教师职业具有示范性和需要示范性。在当代教师专业化发展过程中，以身示范和以教示范本质上是对教师的教育教学实践活动提出的高质量、创新性的标准和要求；同时，成熟、优秀教师的以身示范和以教示范对于教师队伍的专业化发展具有重要的作用和功能。闻一多的教育示范性，是对教师职业素质的生动阐释，也是促进当代教师专业化发展的典型范例。作为诗人、学者、民主斗士和艺术家、教育家的闻一多，他所具备的全能型、复合型的教师职业素养及其辉煌的教育业绩，对于一般普通教师而言或许是不可企及的。但与此同时，闻一多在教师工作岗位和职业生涯中体现出的崇高品质、精神情怀和实践范式，又为当代中国教师专业化发展树立了永恒的目标。

---

① 闻一多：《调整大学文学院中国文学、外国文学二系机构刍议》，《闻一多全集》第 3 卷，生活 · 读书 · 新知三联书店 1982 年版，第 489~490 页。

② 商金林：《闻一多的教育理念和教育业绩》，《首都师范大学学报（社会科学版）》2008 年第 1 期。

百年大计，教育为本。教育大计，教师为本。促进和提升教师专业化发展，努力打造一支适应经济社会高质量发展和满足人民群众对高质量教育需求的教师队伍，是实现中国当代教育转型发展和创新发展的关键。而学习和践行闻一多的教育示范性，对于提升教师素质、打造一支高质量的教师队伍，具有重要的理论与实践意义。就闻一多的教育示范性而言，无论是以身示范还是以教示范，都具有重要的当代价值和现实意义。在当前的学校教育实践中，无论是学校与社会的关系，还是教师与学生及其家长的关系，都面临着一些极其复杂的矛盾和亟待破解的难题。而造成学校教育实践中的这些矛盾和问题的症结之一，即在于各级各类学校教育中一些教师以身示范的行为素养的缺失。而一批优秀教师以身示范的良好素养，则是营造良好的学校教育环境，从而使我们的学校教育能够赢得社会及学生和学生家长信任和尊重的根本条件。总之，基于当下学校教育及教师专业发展的现实问题与需要，学习和践行闻一多的教育示范性，具有重要的实践意义和价值。

2. 闻一多教育示范性与当代教育家的培养与成长

闻一多的教育教学示范性既为我国教师专业化发展树立了永恒的目标，同时为当代中国教育家的培养与成长树立了榜样。如果说坚持教育的示范性是教师专业化成长的普遍要求，那么对于新一代的教育家的培养和成长来说，则是一项重要和根本的要求。

今天，“教育家办学” 正在成为推动和促进我国各级教育事业发展的一项重大战略决策。正是在这样的背景下，闻一多以身示范和以教示范的教师职业示范性更加凸显了重要的当代价值和现实意义。在推进“教育家办学” 的发展战略中，探索、开展教育教学学术研究以及在此基础上所体现教育示范性，是教育家型的教师的基本素质要求，也是发挥教育家型的教师在教育教学改革创新发展中的引导、示范作用，推动、促进新一代教育家培养和成长的现实需要。作为现代杰出的教育家，闻一多具有坚持和凸显以身示范和以教示范的教师职业示范性。在坚持和凸显以身示范和以教示范的教师职业示范性方面，闻一多先生做得最为自觉、最有成就，堪称典范。惟其如此，闻一多的教育示范性是对教师职业素质的生动阐释，也是推动、促进新一代教育家培养和成长的典型范例和永恒的目标追求。

闻一多讲古代文学课

李光荣
（西南民族大学）

在西南联合大学，闻一多先生的课是著名的“抢手课”，有的课选听的人多，旁听的也多，去晚了就没有座位。有时教室后排椅子的后面、窗户和门外面，都有人站着听。当然，不是每门课都这样，有的课太艰深了，听的人也不多。有些笔头快的学生，把他上课时的讲话记下来，整理了出版，今天可见其内容之大概。闻一多的名师风范，通过讲课展示并普及开去，让许多人崇拜有加。

汪曾祺听过闻一多的“楚辞”“唐诗”“古代神话”这三门课，他说：“闻先生教古代神话，非常‘叫座’。不单是中文系的、文学院的学生来听讲，连理学院、工学院的同学也来听。工学院在拓东路，文学院在大西门，听一门课得穿过整整一座昆明城。……伏羲女娲，本来是相当枯燥的课题，但听闻先生讲课让人感到一种美，思想的美，逻辑的美，才华的美。听这样的课，穿一座城，也值得。”① 寄思在《忆闻一多教授》一文中说：“我旁听闻先生讲授‘庄子’，这一课程每星期两小时，接连着排在一个下午，旁听的人很多，有同学，有职员，还有年青的哲学教授沈有鼎先生。沈先生是每次必到，旁听的人也一直不衰，

---

① 汪曾祺：《闻一多先生上课》，《汪曾祺全集》第6卷，北京师范大学出版社1998年版，第300页。

济济一堂者大约二百人……”① 看来，“最受学生欢迎的课”不止“诗经”“唐诗”，至少还有“古代神话”“庄子”。刘晶雯旁听了闻一多的“诗经”课，她说：“闻先生的课是很吸引人的。……本系或外系的老师，甚至校外社会青年，也常和学生挤在一起听课。例如，哲学系沈有鼎教授的身影，就常出现其间。”② 闻一多的“诗经”课受欢迎的程度可见一斑。

讲课吸引力的大小虽然与听者的文化程度和需求有关，但主要是教师文化修养的综合素质决定的，它是教师的发音条件、学术素养、表达能力、教学艺术等因素的显现。这里从气质、修养、功夫、方法几个方面对闻一多上课的吸引力作一些解索。

首先，闻一多的气质适合讲课。气质多半来自先天，也有后天的成分。因气质的关系，有的人适合教书，有的人不适合。闻一多是适合教书的那种。他有思想、有学问，又能将思想和学问恰到好处地表述出来，不像有的人，如茶壶煮汤圆，腹内有货倒不出来，也不像有的人，如水盆煮汤圆，浮在表面，深处没有货。从外表看，他文质彬彬，儒雅得很：头发略长，乌黑蓬松，眼镜后面的目光炯炯有神，嘴唇稍薄微扁，上髭修饰齐整，下巴上长髯飘飘，一袭长衫，手持藤杖，站立时胸微含，谦逊雅致，一副老教授的派头。而他的内心则是感情充沛，灵动敏感的。他早年写的诗，哪一首不是火热滚烫的？1924 年 6 月，见报误载孙中山逝世的消息，他大为激动，红头涨脸反复地说：“这个人如何可以死！这个人如何可以死！”③ 由于感情外露，易于激动，他讲课时常常将感情倾注于所讲的内容，也由此感染并吸引了听众。此外，讲课主要靠“讲”。语言表达如何，是讲课好坏的基本条件。闻一多讲话气势充沛，富有磁力。刘晶雯说：“他用浑厚的男中音，感情充沛地朗

① 寄思：《忆闻一多教授》，转引自闻黎明、侯菊坤编《闻一多年谱长编》，湖北人民出版社 1994 年版，第 748 页。

② 刘晶雯整理：《闻一多诗经讲义》，天津古籍出版社 2005 年版，第 2 页。

③ 梁实秋：《谈闻一多》，台湾传记文学出版社 1967 年版，第 60 页。

诵诗篇，使每一个人都被深深打动。”① 至于词句的丰富，那倒多半是后天修养得来的。闻一多讲课还善于调动知识储备，他能够在瞬间恰当地运用古今中外的多种知识，使讲话丰富多彩，富有魅力。知识是后天积累的，但运用知识的能力恐怕也与天赋有关。但仅有先天的气质因素还不够，还需要后天的教养，气质才能丰富。

教育与修养是一个人能否在讲台边站得住的基本条件。闻一多的教育良好、经历丰富、学识深厚、修养多面。他从小喜欢读书，接受过良好的国学教育和清华的美式教育，还去美国留过学，回国后的工作地点基本在学校。也就是说，闻一多一生大体是在学校度过的，从事的是文化教育的工作。从时间上讲，他经历了清朝、辛亥革命、军阀统治、“五四”运动、北伐战争、民国、抗日战争直至国共内战前夕的各个时期；从地域上说，他从南到北、从东到西、从中国到美国，这样的人生经历，所见必多。闻一多的文化修养丰富而深厚，在清华学校读书时，他参加过辩论、演讲比赛，编辑过报刊和书籍，参加过画展，演出过戏剧；在文学方面，他写过论文、小说、剧本、诗歌、散文，美术则是他留学美国的主攻专业，后来，他以诗歌作品、古文研究、舞台美术著称于世。这些修养直接作用于他的教学，遂把教学引向深入，做到生动形象，丰富多彩。他以诗心揣摩诗心，体会必不一般，他以画家的眼光品诗，所见意象清明，品味细致入微，而在讲课时，又能从诗里看画，以画观诗。闻一多的修养不是一般老师所能具备的。

讲课需要学识，学问越深越有底气，知识越广博越显丰厚，但又必须根据听者对象，有所约束，用恰当的语言深入浅出地讲出内容。闻一多是学者，大学者，他写了许多著作解决了古往今来没有弄清楚的问题，推动了学术的发展，尤其是在《诗经》《楚辞》、唐诗等研究方面成绩卓著。闻一多讲课游刃有余，吸引力强，是他的学识决定的，也是他花了功夫的必然效果。这种功夫是多方面的，大致说来是研究、磨练

① 刘晶雯整理：《闻一多诗经讲义》，天津古籍出版社2005年版，第2页。

和备课三个方面。

闻一多出口成章，即兴演讲精彩绝伦，有人把闻一多的讲话记录整理出来就是一篇漂亮文章。但他讲课，却往往经过认真准备才登台。除了查阅资料、安排时间、设计板书、绘制图表等外，他讲课都是写了教案的。汪曾祺说："闻先生的笔记本很大，长一尺有半，宽近一尺，是写在特制的毛边纸稿纸上的。字是正楷，字体略长，一笔不苟。"① 当年想大学教笔者"中国现代文学史"课的老师是闻一多的学生，他说"闻先生的讲稿都是蝇头小楷"。类似的话汪曾祺也说过。

讲课毕竟是一项具有艺术性的工作，光有气质和文化修养，并且下了大功夫也不一定行，还必须有方法、有创造。

西南联合大学当年教室里的讲课设施，是讲台后面的墙上有一块黑板。老师所能应用的教学手段，无非是"讲"和"写"两种，再加上形体动作而已。在讲的方面，闻一多善于利用声音和语言。声音包括音色、音度、快慢、停顿等。这些，闻一多以一个话剧演员的功力将其发挥了出来。臧克家说闻一多"讲雪莱的《云雀》时，他随云雀越飞越高，朗读的声音也越来越强，音节也越拉越长"②。何达说："闻一多平常说话、讲演、停顿的时候，是很多的。"③ 语言包括用词准确、丰富，生动和句子的精炼、形象、创见等，此外，闻一多还加上了诗情画意。许渊冲说："仿佛是闻先生说的：五言绝句是唐诗中的精品，二十个字就是二十个仙人，容不得一个滥竽充数的。"④ 在"写"的方面，闻一多是书法家，板书自然相当漂亮，而他又是古文字学家，能够随手

① 汪曾祺：《闻一多先生上课》，《汪曾祺全集》第6卷，北京师范大学出版社1998年版，第299页。

② 臧克家：《我的先生闻一多》，转引自闻黎明《闻一多传》，人民出版社1992年版，第130页。

③ 何达：《闻一多·新诗社·西南联大》，赵慧编《回忆闻一多》，武汉出版社1999年版，第266页。

④ 许渊冲：《闻一多讲唐诗》，《诗书人生》，百花文艺出版社2003年版，第85页。

写出字体的演变，更有，他是画家，能够画出多种图形让人一目了然。有时，为了节省课堂时间或画得更有艺术性，他把较为复杂的图形事先画在纸上，上课时展示给学生。“他用整张的毛边纸墨画出伏羲、女娲的多种画像，用按钉钉在黑板上，口讲指画，有声有色，条理严密，文采斐然，高低抑扬，引人入胜。”① 在“讲”和“写”两个方面，闻一多都把其功能发挥到了一个高度。

不过，闻一多用得最成功的是比较（联系、联想）和情景。比较是在此诗和彼诗、此人和彼人、此艺术和彼艺术之间进行的。闻一多讲孟浩然，把他和陈子昂、张若虚、王维、刘希夷、李白、香山、王羲之等人作比较，讲一个诗人几近讲个半个唐代文学。没有烂熟于心的文学史功底，哪能达到这样的化境！

情景教学法是创设情景，把听者带入所讲内容的特定环境中进行讲解。课堂的条件有限。再说，大学课堂不能像小学课堂那样去营造实景，它往往运用语言，通过想象“进入”。闻一多的这种方法，郑临川先生称之为“现身说法”：“他讲时代背景像讲自己丰富的生活经历，讲诗人活动像讲熟识朋友的趣闻轶事，分析作品又像变成诗人的化身在叙述这篇作品的创作过程，于是就使人听了产生如临其境、如见其人的感受。这时候，先生充满诗意的语言渐渐把我们带进了诗人创造的艺术境界，到达深入的程度时，甚至使人发生这样的幻觉：好像是自己的一篇作品在被老师分析评讲，优劣得当，非常清楚，不觉心领神会，得到无穷的启发和妙趣。”②

总之，气质、修养、功夫、方法是闻一多讲课精彩绝伦的主要方面。它们综合地表现在他的讲课过程中，难以分割。

讲课与艺术表演都是“一次性”艺术，不可完全重复。好在有一

① 汪曾祺：《闻一多先生上课》，《汪曾祺全集》第6卷，北京师范大学出版社1998年版，第300页。

② 郑临川记录，徐希平整理：《笳吹弦诵传薪录》，上海古籍出版社2002年版，第6~7页。

些文字材料留了下来，我们依据这些文字材料，通过想象可以“欣赏”闻一多讲课的片段——

先看闻一多讲《诗经·周南·芣苢》：

采采芣苢，薄言采之。采采芣苢，薄言有之！
采采芣苢，薄言掇之。采采芣苢，薄言捋之！
采采芣苢，薄言袺之。采采芣苢，薄言襭之！

闻一多先解释“芣苢”。“芣苢”即车前子。他再进一步考释，“芣苢”即“胚胎”，“芣苢有宜子的功用”，“既是生命的仁子，那么采芣苢的习俗，便是性本能的演出，而《芣苢》这首诗便是那种本能的呐喊了”，“结子的欲望，在原始女性，是强烈得非常，强到恐怕不是我们能想象的程度”，“《芣苢》诗中所表现的意识也是极原始的，不，或许是生理上的盲目的冲动”。而在宗法社会里，“一个女人是在为种族传递并蕃衍生机的功能上而存在着的”，“你若想象得到一个妇人在做妻以后，做母以前的憧憬与恐怖，你便明白这采芣苢的风俗所含的意义是何等严重与神圣”。

他继续解释道：“采采”是形容车前子的颜色，与“粲粲”同义。“薄言”是“快快的”。这首诗3节12句，仅6个字不同。闻一多边读边解释了这6个字：“掇”与“捋”意义相近，“袺”与“襭”也相近，“采”“有”也应该是性质类似的两种动作。

弄懂采芣苢的意义与诗的词句，可以明白这首诗的意思了。他说：“请你再把诗读一遍，抓紧那节奏。”大家读完后，他问：这首诗不是太简单了吗？它的“艺术在哪里？美在哪里？情感在哪里？诗在哪里？”接着，闻一多用戏剧家的想象进入情景，把诗美揭了出来：

“然后合上眼睛，揣摩”，（大家闭上了眼）想象——

“那是一个夏天，芣苢都结子了，满上谷是采芣苢的妇女，满山谷响着歌声。”故事平缓地开场。闻一多的声音加重了亮度——

“这边人群中有一个新嫁的少妇，正捻那希望的玑珠出神，羞涩忽然潮上她的靥辅，一个巧笑，急忙的把它揣在怀里，然后她的手只是机械似的替她摘，替她往怀里装，她的喉咙只随着大家的歌声啭着歌声——一片不知名的欣慰，没遮拦的狂欢。”闻一多的声音转为低沉——

“不过，那边山坳里，你瞧，还有一个伛偻的背影。她许是一个中年的硗确的女性。她在寻求一粒真实的新生的种子，一个祯祥，她在给她的命运寻求救星，因为她急于要取得母的资格以稳固她的妻的地位。在那每一掇一捋之间，她用尽了全副的腕力和精诚，她的歌声也便在那‘掇’‘捋’两字上，用力的响应着两个顿挫，仿佛这样便可以帮助她摘来一颗真正灵验的种子。但是疑虑马上又警告她那都是枉然的。她不是又记起已往连年失望的经验了吗？悲哀和恐怖又回来了——失望的悲哀和失依的恐怖。动作，声音，一齐都凝住了。泪珠在她眼里。

采采芣苡，薄言采之。采采芣苡，薄言有之！

她听见山前那群少妇的歌声，像那回在梦中听到的天乐一般，美丽而辽远。”

闻一多接着说：“上面两个妇人只代表了两种主要的型类。其余的你可以类推。我已经替你把想象的齿轮拨动了，现在你让它们转罢，转罢！……”同学们仍闭着眼睛，脑海里出现采芣苡的另一番景象，耳中响着另几句诗……

不具备闻一多那种训诂学、音韵学、文字学、文化人类学、民俗学、诗学的眼光，如何解得这首诗，不进入上面的这种群体化、场面化乃至戏剧化般的情景，如何能得到这首诗的美感？闻一多还原了《芣苡》的原创情景，并且把它讲绝了。①

① 参见闻一多：《匡斋尺牍·芣苡》，《闻一多全集》第3卷，湖北人民出版社1993年版，第202~214页；闻黎明：《闻一多传》，人民出版社1992年版，第192~194页。

像这种讲法，在闻一多的课上，为数不少。

关于闻一多上课的姿态，有文章说："上课前，先生长衫布履，提着一只褪了色的旧布袋，目光炯炯地走进教室，端了一张空着的木椅坐下来，然后把提袋挂在椅背上，从容掏出那支短烟斗，装上烟丝，安详地抽着休息。不久，室内渐渐人满，后来的只能站在教室两边的窗户外面候着，这些大半是外系来的旁听同学，上课铃一响，他就立刻放下烟斗，从袋里取出讲稿，开始妙语连珠的课堂教学。"① 有文章说："他上课，抽烟。上他的课的学生，也抽。"② 新课程开始，他走进教室，放下布袋而后掏出烟斗，装上烟，问："哪位吃？"同学们笑了。这是一种礼让，一种风度，谁都不会当真去接。这是讲授"楚辞"课，"上第一课时，他打开高一尺又半的很大的毛边纸笔记本，抽上一口烟，用顿挫鲜明的语调说：'痛饮酒，熟读《离骚》——乃可以为名士'"③。

讲起课来，"那美髯飘拂的丰姿，恰似一座神采奕奕的绝妙的诗人艺术雕像，尤其是在讲到得意处而捋髯大笑的时候，光景更动人了"④。而讲到激动之时，"长须像通了电流的铁丝一样弹动，眼睛里像在做着'放电现象'的实验……"⑤

于是，闻一多在课堂上的形象便刻印在学生的记忆里，描绘在文字中，永远留存在世间了。

---

① 郑临川记录，徐希平整理：《笳吹弦诵传薪录》，上海古籍出版社 2002 年版，第 6 页。

② 汪曾祺：《西南联大中文系》，《汪曾祺全集》第 4 卷，北京师范大学出版社 1998 年版，第 357 页。

③ 汪曾祺：《新校舍》，《汪曾祺全集》第 5 卷，北京师范大学出版社 1998 年版，第 394 页。

④ 郑临川记录，徐希平整理：《笳吹弦诵传薪录》，上海古籍出版社 2002 年版，第 6 页。

⑤ 因蕨：《鼓的感动》，《新华日报·新华副刊》，1943 年 10 月 16 日。

闻一多致梁实秋一封书信考释

陈建军　戚　慧

（武汉大学）

迄今为止，已发现闻一多致梁实秋书信共有36封，其中34封已收入湖北人民出版社1993年12月版《闻一多全集》第12卷。另外两封，一见于梁文蔷《为梁实秋〈谈闻一多〉补遗》①；一见于国家图书馆出版社2010年10月版《闻一多书信手迹全编》（闻立鹏、张同霞、闻丹青编），是目前所知道的闻一多写给梁实秋的最后一封信。

一

收入《闻一多书信手迹全编》的闻一多致梁实秋的这封信，系据原件影印，共4页纸，附于闻一多1934年5月10日致饶孟侃信后。兹全文移录如下（标点符号为笔者所加）②：

实秋老友：顷公超自电话中传诵大札，逖听之余，曷胜骇怪。此次吾人自出钱，自作文，办此刊物，正以朋好中不乏能执笔如吾

① 梁文蔷：《为梁实秋〈谈闻一多〉补遗》，《今晚报》，2006年5月16日。又见梁文蔷的《春华秋实》，北方文艺出版社2014年版，第111页。

② 闻立鹏、张同霞、闻丹青：《闻一多书信手迹全编（下）》，国家图书馆出版社2010年版，第280~283页。

兄者，故弟与公超敢毅然发起，而吾兄屡次书面及口头之赞同，当然出自诚意。盖以我辈之交情，与我辈在社会所处之情势论，若不自相合作，更与何人合作？且我辈果能合作，亦自有造成一局面之可能，何遽欲自暴自弃哉！今一期已出，木既成舟，一般批评，亦不甚恶，正当一鼓作气，精益求精，则数年来我辈所受之奚落(吾兄当然亦在我辈之内)，庶几一旦湔雪，宁非快事。今来函竟有“偷懒”云云，是何居心，百索莫解。吾兄为人爽直，素为侪辈所推仰，然往往亦有极不爽直处。今之“偷懒”云云，爽直处乎？不爽直处乎？弟请以小人之心度君子之腹，断曰此不爽直处也，打官话也，故意的开玩笑也。请进而推测此语之来因与动机，则一曰前次来稿未被披载也；二曰吾兄办《益世报》时，平中同人未捧场也。第二点较简单，请先答。益世副刊虽系吾兄主持，然性质与此次我辈自办月刊究稍不同。老实说，我辈办《学文》，不免有与他方对抗性质，故稍一松懈，其结果之严重，有不堪设想者。且以弟个人论，不善作简要之短文，生性不厌琐碎，故每作文，千数百字不能尽意，如此次所作论《诗经》之文，即与副刊篇幅不合也。吾兄若因弟等未为益世副刊撰文而见罪，不亦责人过严乎？关于第一点，弟之感想尤多，恨不得与兄晤对，作深夜之长谈。《学文》有与他人对抗性质，前已言之。北平方面，新起刊物之多，竞争空气之烈，恐吾兄僻处海隅，尚未深知。纵知之，亦未亲身经验。弟与公超则无时不在紧张状态中。环顾周身，朋友少而敌人多，故刊物一出，几乎非篇篇精彩①，不足以致胜；非平平无大过失之文字即可塞责也。兄之译稿，无过失之文字也。如此文字，出自小卒之手犹可，出自梁实秋则不觉唐突西施乎？吾兄岂肯以平平之面目，在此严重阵容之下与世相见者哉！为刊物计，为吾兄计，译稿决不能在第一期登出。非但如此，个人愚见（不代表

① “精彩”，后文或作“精采”。为保留原貌，一仍其旧。

公超)，即第三期亦不当载此文字也。莎翁所咏，非莎翁之精彩；马氏所论，非马氏之精采；梁君所识，亦非梁君之精采。总之，此文只可作标准的翻译教本，作《学文》之台柱文字则不可。此则弟敢冒万死以正告吾兄而不疑者也。足下既为台柱人物，自当以台柱之手笔自任，何乃自贬身价，但求塞责耶？若潦草塞责，则人人能之，何待于足下？吾兄孤踞海陬，尊为人师，一市之名流，一校之名教授，岸然自喜，骄气逼人。今弟与公超竟黜吾兄之文而不用，诚出吾兄之意外，其失望可知也，其愤慨可知也，然而长此以往，窃为吾兄危之。盖吾人之对手多矣，后起之秀俊亦多矣。骄必败，不易之理也。吾兄好作批评文字，摘人一二事实之误，字句之疏，往往中肯，而吾兄自作之文字，诚能立于不败之地，无事实之误，字句之疏，因益沾沾自喜。虽然学问之道不只此也，消极的不错，虽难能而未必可贵；积极的精采，亦难能亦可贵矣。不错可以穷人之口，有精彩始能服人之心耳。吾人办此刊物，意欲与人抗衡，亦自恃同人文字或不无些许精采足资供献于读者，不然则灾梨祸枣，可以自欺不能欺人也。弟作此书，自知狂妄不逊，然叨在末契，药石之言，但求上回清听，翻然改图，非欲自绝于足下也。承许之万言长文，倘蒙赐下，则拜领之余，定当肉袒负荆，再赎前愆，无任惶悚屏营之至。

顺候

撰安

弟多再拜

五月七日灯下

这封信末署“五月七日灯下”，即致饶孟侃信之前三天，其具体年份是1934年。闻一多在致饶孟侃信中说：“附上一封写而未发的信，其中的背景你可以猜到，寄给你看看，看完毁去它。这也是此次办刊物的一件掌故。但我的感慨却多得很，噫，不足为外人道矣！”① 饶孟侃看完后并没有“毁去”，反而将这封“未发的信”完整地保留了下来。《闻一多全集》已收入闻一多致饶孟侃信，是“根据手书刊印”的，但不知何故，竟漏收了闻一多写给梁实秋的这封信。闻一多嫡孙闻黎明在其与侯菊坤合作编著、上海交通大学出版社 2014 年版《闻一多年谱长编》中，也未著录有关这封信的信息。

二

1933 年 6 月，《新月》月刊停刊。同年 9 月，新月书店转手商务印书馆。新月派失去重要阵地之后，叶公超与闻一多等人屡次商议创办一种新杂志。据叶公超回忆：“当初一起办《新月》的一伙朋友，如胡适、徐志摩、饶孟侃、闻一多等人，由于《新月》杂志和新月书店因种种的原因已告停办，彼此都觉得非常可惜；民国二十二年底，大伙在胡适家聚会聊天，谈到在《新月》时期合作无间的朋友，为什么不能继续同心协力创办一份新杂志的问题。”虽然面临资金问题，“不过，大家对办杂志这事的兴趣仍然很浓，并不因为缺乏财力而气馁。讨论到最后，达成一个协议，由大家凑钱，视将来凑到的钱多少作决定，能出多少期就出多少期”②。1933 年底，在新月同人支持下，叶公超、闻一多等开始筹办《学文》月刊。1934 年春，学文社成立，主要成员有叶公超、闻一多、梁实秋、沈从文、林徽音、余上沅、饶孟侃、孙询侯、孙毓棠等。同年 5 月 1 日③，《学文》月刊于北平创刊，叶公超编辑，

① 闻立鹏、张同霞、闻丹青：《闻一多书信手迹全编（下）》，国家图书馆出版社 2010 年版，第 277 页。

② 叶公超：《我与〈学文〉》，《叶公超批评文集》，珠海出版社 1998 年版，第 255 页。

③ 第 1 期版权页署“民国二十三年五月一日出版”，实际上出版时间可能延期了。

余上沅发行。从定刊名①到组稿，到和叶公超一同主持编务，闻一多参与了《学文》月刊创办的整个过程。1934年7月，叶公超出国度假。8月，《学文》月刊第4期出版，该期版权页“编辑人”项下署名仍为叶公超，但实际上是由闻一多和余上沅、吴世昌代编的。

闻一多与梁实秋交情甚笃，他与叶公超发起创办《学文》月刊，梁实秋当然是支持的，正如闻一多所说：“此次吾人自出钱，自作文办此刊物，正以朋好中不乏能执笔如吾兄者，故弟与公超敢毅然发起，而吾兄屡次书面及口头之赞同，当然出自诚意。”可是，梁实秋致信叶公超，竟然“欲自暴自弃”，且有“偷懒云云”。听了叶公超电话传诵梁实秋来函后，闻一多感到“曷胜骇怪”，“百索莫解”梁实秋“是何居心”。他给梁实秋写信，实有“问罪”之意。在他看来，梁实秋为人爽直，但往往也有极不爽直处，所谓“偷懒云云”，就是“不爽直处”，是“打官话”，“故意的开玩笑”。闻一多对梁实秋何以出此言的“来因与动机”作了推测，认为不外乎以下两点：

一是梁实秋主办《益世报》副刊时，“平中同人未捧场”。

1932年，时在青岛大学任教的梁实秋应天津《益世报》主笔罗隆基之邀，负责编辑副刊《文学周刊》。同年11月5日，《文学周刊》创刊，翌年12月30日停刊，共出57期。大概因稿源不足，梁实秋不得不亲自动笔，并变换使用谐、谐庭、璘、刘惠钧、程淑、莲子、吴定、周振甫、徐文甫、文甫、定之、百紫、周绍侯、沈先民等笔名。有时整个版面半数以上的文章都是他写的，有时他甚至独自一人包揽了整个版面。除梁实秋之外，在《文学周刊》发表过作品的，另有赵少侯、费鉴照、丁金相、韩朋、徐芳、陈梦家等。其中，赵少侯、费鉴照是青岛大学外语系教授，与梁实秋有共事之雅；丁金相、韩朋是青岛大学的学

① 1934年3月1日，闻一多致信饶孟侃，称刊名取“行有余力，则以学文”之意，“在态度上较谦虚”（见《致饶孟侃》，《闻一多全集》第12卷，湖北人民出版社1993年版，第274页）。

生；徐芳是北京大学中文系的学生；陈梦家是闻一多的高足。陈梦家和费鉴照是新月派的后起之秀，但并非“平中同人”。所谓“平中同人”应该是指以闻一多、胡适、叶公超、余上沅等人为代表的时在北平的新月派成员，他们都没有给《益世报·文学周刊》供稿。对于为什么未为《文学周刊》撰文，闻一多的解释是：“且以弟个人论，不善作简要之短文，生性不厌琐碎，故每作文，千数百字不能尽意，如此次所作论《诗经》之文，即与副刊篇幅不合也。吾兄若因弟等未为益世副刊撰文而见罪，不亦责人过严乎？”闻一多所说“论《诗经》之文”，即指《匡斋尺牍》①，共十节，近两万字，连载《学文》月刊第1期和第3期，似与报纸副刊篇幅确实不合。不过，倘若闻一多真为《文学周刊》撰文，即便篇幅较长，想必梁实秋也会刊发的。因此，闻一多的这一解释多少有点勉强。

二是《学文》月刊第1期未披载梁实秋来稿。

1934年4月24日，闻一多致信饶孟侃，介绍《学文》月刊创刊号出版情况：“《学文》毕竟付印了，原拟五月一日出版，现恐须稍迟数日。……本期我辈朋友中，唯你我两人有稿。实秋因正式文章来不及写，寄来短短一篇翻译，上沅一文洋洋数千言，废话居多，皆不曾登载，公超因文虽做完，自觉不满意，故亦未出台。”②《学文》月刊第1期刊登了饶孟侃的《懒》、孙洵侯的《太湖》、林徽音的《你是人间的四月天》与《九十九度中》、孙毓棠的《野狗》、陈梦家的《往日》、杨振声的《一封信》、季羡林的《年》、李健吾的《萨郎宝（Salammbo）与种族》、卞之琳的《传统与个人的才能》和闻一多的《匡斋尺牍》。来稿中未刊的有余上沅的长文和梁实秋的译稿。梁实秋

① 梁实秋对《匡斋尺牍》评价甚高，认为“在《诗经》研究上，这是一个划时代的作品，他用现代科学的方法解释《诗经》”（梁实秋：《谈闻一多》，中国友谊出版公司1986年版，第55~56页）。

② 闻立鹏、张同霞、闻丹青：《闻一多书信手迹全编（下）》，国家图书馆出版社2010年版，第275页。

的译稿即指《莎士比亚论金钱》，译自马克思《1844年经济学哲学手稿》中《货币》之一节，其中论金钱的两段文字援引自《雅典的泰门》第4幕第3场，皆为主人公泰门诅咒黄金（货币）的独白。为了便于读者理解抽象难懂的理论，使枯燥乏味的概念变得形象生动，马克思常在其著作中大量引用莎士比亚戏剧中的文字。如，《资本论》在分析货币的本质和职能时说："正如商品的一切质的差别在货币上消灭了一样，货币作为激进的平均主义者把一切差别都消灭了。"① 马克思在给这句话所作的脚注里也引用了《雅典的泰门》中"金子？黄的，亮的，宝贵的金子？"这一段文字。除引用莎士比亚《雅典的泰门》之外，《1844年经济学哲学手稿》中"货币"一节，还引用了歌德《浮士德》第四场《书斋》片段。梁实秋的译文并未涉及这方面的文字，或许Adelphi月刊上的原文本身就没有，或许梁实秋仅是节译。

早在1932年12月10日，梁实秋曾以笔名程慎吾，将《莎士比亚论金钱》这篇译文发表在他所主编的《益世报·文学周刊》第6期。在这篇译文之后，梁实秋附了一段"编者案"，交代了译文的来源并谈了自己对马克思这一段文章意义的认识：

> 此文系译自本年十月份之Adelphi月刊，此月刊为英国现代批评家梅莱（J-M-Mviiay）所编辑，他近来思想"转变"了，自称为马克斯（思）主义者，月刊亦变为英国独立工党机关报之一了。马克思这一段文章很有意义，我觉得很有两点值得注意：（一）莎士比亚是伟大的天才（，）其伟大处之一即是他的作品不属于任何一阶级，他的作品包括所有的人类，自帝王贵族至平民都在他的作品里找到位置。讲到人生没有人比莎士比亚更观察得透澈深刻。《亚典的提蒙》② 一剧，有多少的讽刺！有人说莎士比亚是资产阶

① 马克思：《资本论》第1卷，人民出版社1975年版，第152页。
② 今通译为《雅典的泰门》。

级的艺术家，说这话的人应该先读读莎士比亚的作品，再看看上面马克思的这段文章。（二）莎士比亚不是一党一派的思想家，他的艺术是用一面镜子来反映自然。马克思不是艺术家，他的思想是有自成一派的体系的。马克思引莎士比亚的一段文章，从而发挥之，我们固不能因此即谓马克思与莎士比亚的思想是一致的，但于此我们可以感得唯天才能识天才，并且亦可看出马克思与莎士比亚对人生的态度的不同。莎士比亚在《亚典的提蒙》一剧所表现的是极度的愤世嫉俗，此种态度并非莎士比亚之全部人生观，仅其对人生观察所得之一部。马克思所以抓住这一段文章者，系因为这一段合于他的学说，故借他人之酒，浇自己之块垒，他的学说是前后一贯的。这大概是艺术家莎士比亚与思想家马克思的一点不同处罢？”①

不用梁实秋译稿，很有可能是闻一多的决定。问题在于，为什么不用？闻一多的解释是："兄之译稿，无过失之文字也。如此文字，出自小卒之手犹可，出自梁实秋则不觉唐突西施乎？吾兄岂肯以平平之面目，在此严重阵容之下与世相见者哉！为刊物计，为吾兄计，译稿决不能在第一期登出。非但如此，个人愚见（不代表公超），即第三期亦不当载此文字也。"他认为梁实秋译稿虽"无过失之文字"，"可作标准的翻译教本"，但终归是"平平之面目"，因为"莎翁所咏，非莎翁之精彩；马氏所论，非马氏之精采；梁君所识，亦非梁君之精采"。为什么说"所咏""所论""所识"均乏"精彩"呢？闻一多未进一步申述自己的理由。

闻一多不用梁实秋译稿，主要是基于两个方面的考虑：

一方面，是为《学文》月刊计。

《学文》月刊之于闻一多，可谓意义非凡。在致梁实秋的这封信

① 《莎士比亚论金钱》，程慎吾译，天津《益世报·文学周刊》1932 年第 6 期。

中，他一再强调，“老实说，我辈办《学文》，不免原有与他方对抗性质”，“《学文》有与他人对抗性质”，“意欲与人抗衡”。《学文》月刊到底与谁“对抗”或“抗衡”呢？卞之琳在一篇回忆文章中曾说：“《学文》起名，使我不无顾虑，因为从字面上看，好像是跟上海出版，最有影响的《文学》月刊开小玩笑，不自量力，存心唱对台戏。但是它不从事论争，这个刊名，我也了解，是当时北平一些大学教师的绅士派头的自谦托词，引用‘行有余力，则致以学文’的出典，表示业余性质。”① 卞之琳此话暗示，《学文》月刊有与上海《文学》月刊（傅东华、郑振铎、王统照等编辑）相对抗之意图，其表面上的“自谦”实为有意味之“傲慢”。同时，在北平，新起了《文学季刊》（郑振铎、章靳以主编）等众多刊物，竞争也异常激烈。因此，闻一多和叶公超“无时不在紧张状态”，不敢有丝毫松懈。也正因为如此，闻一多对来稿的选用颇为严格，以为“刊物一出，几乎非篇篇精彩，不足以致胜”，否则，“其结果之严重，有不堪设想者”。在他看来，“僻处海隅”的梁实秋对于《学文》月刊所面临的如此严峻之形势，恐怕“尚未深知”，“纵知之，亦未亲身经验”。

另一方面，是为梁实秋本人计。

闻一多说：“今弟与公超竟黜吾兄之文而不用，诚出吾兄之意外，其失望可知也，其愤慨可知也，然而长此以往，窃为吾兄危之。”他和叶公超不用梁实秋的译稿，梁实秋有“失望”“愤慨”之情是可以理解的，但他们不用梁实秋译稿，其实是为梁实秋着想的，是出于对梁实秋的爱护或保护。他认为，作为“台柱人物”的梁实秋，不能潦草塞责、自贬身价，不该以如此平平之作“与世相见”，而应将精彩之文字“供献于读者”。他直言不讳：“吾兄孤踞海陬，尊为人师，一市之名流，一校之名教授，岸然自喜，骄气逼人。”因此之故，闻一多不惜得罪多

① 卞之琳：《窗子内外：忆林徽因》，《卞之琳文集（中）》，安徽教育出版社2002年版，第181页。

年老友，“敢冒万死以正告”之。

这封信是闻一多写于叶公超电话传诵梁实秋来函的当天，其情绪难免有些激动，因而行文峻急，语势凌厉，咄咄逼人。写完之后，他可能觉得不妥，所以没有寄给梁实秋。

梁实秋的《莎士比亚论金钱》后来还是登载在《学文》月刊1934年6月1日第1卷第2期，大概是闻一多做了妥协抑或是叶公超从中调停的结果。梁实秋在此文末所附“译者案”中，提出了四点值得注意的问题。其中，前两点与《益世报·文学周刊》“编者案”大体相同，后两点是新增加的内容：

> 此文系译自一九三三年十月份之Adelphi。有几点值得我们注意的：（一）马克思对于莎士比亚是很崇拜的。马克思在《亚典的提蒙》中看到了莎士比亚对于金钱的观念是正确精到的。（二）莎士比亚不是一党一派的思想家或艺术家，他的作品反映着人生的各方面。他在《亚典的提蒙》中表现着极度的愤世嫉俗之情，但这并不是莎士比亚的人生观的全部。马克思所以抓住这两段文字，不过是因为这两段合于他的学说，故借他人之酒浇自己之块垒罢了。（三）马克思的解释有牵强造作处。他的见解自然是很锋锐，但是他的表现法似乎太Paradoxical了。这是在这一段文中可以看出来的。平心而论，金钱万能固是古今中外一致的定论，而天下似乎是也还有不能被金钱买到的东西在。（四）引莎士比亚剧中一段对话或独白而遽认做是莎士比亚自己的主张，是一件很危险的事，《亚典的提蒙》关于金钱的那几段，自然是莎士比亚的理解的一部分，不然他也绝不会写出来，可是若即认做是他的中心思想，我却不敢轻信。

梁实秋将两年前已经发表的一篇译稿投给新开张的《学文》月刊，实在有“潦草塞责”“偷懒”之嫌。闻一多也许并不知道这一节，若知道，其不用梁实秋译稿的理由恐怕更为充分了。

三

在《学文》月刊第1期出版之前，闻一多在致饶孟侃信中就说过："我预想公超放洋后，不寒而栗矣！"① 果然不出闻一多所料，叶公超放洋后，《学文》月刊出完第4期便无疾而终了。梁实秋对闻一多"承许之万言长文"，自然也就没有了下文。

《学文》月刊停办，学文社并未随即倒灶，曾力图重整旗鼓，计划新办《学文季刊》，主其事者是梁实秋。1935年5月9日，梁实秋在致南京正中书局经理吴秉常信中称："弟与在平友人叶公超、余上沅等组织学文社，出版《学文》月刊一种，已出四期，旋以叶、余二君相继出国，属弟继续主持其事……"② 此前，即3月16日，梁实秋曾致信王平陵，委托其向正中书局介绍《学文季刊》出版事宜，并附上了一份他亲自起草的《学文季刊计划》。③ 计划共列有八条，第一条为办刊宗旨："学文季刊社现拟出版季刊一种，内容专载文学作品，对于左倾理论采坚决反对态度，与生活书店版之《文学季刊》态度不同。"第二条明确表示："季刊由梁实秋任编辑，负全责。"第八条为"季刊约定撰稿人"名单，包括胡适、杨振声、余上沅、闻一多、叶公超、陈梦家、饶子离（孟侃）、林徽音（因）、谢冰心、梁实秋、赵少侯、沈从文、朱光潜、李长之和陈铨等。除谢冰心、赵少侯、朱光潜、李长之外，其他人都在《学文》月刊上发表过作品。在《学文》月刊上发表过作品的，如废名、钱锺书、李健吾、臧克家、唐兰等，未被梁实秋明

① 《致饶孟侃》，《闻一多全集》第12卷，湖北人民出版社1993年版，第275页。

② 参见王京芳：《梁实秋、正中书局与〈学文〉月刊的续办》，《淮阴师范学院学报》2013年第4期。

③ 《梁实秋手迹》，《出版博物馆》2010年第1期。

确列为“季刊约定撰稿人”。经过梁实秋多次与正中书局商议之后，正中书局制定了具体、详细的出版计划、经济预计和议据（出版合同书）。但不知何故，《学文季刊》最终还是未能办成。“胎死腹中的《学文季刊》成了梁实秋和‘新月派’同人无法实现的梦想，也留给后人以想象的空间。”①

很少有论者注意到，在筹办《学文季刊》的同时，梁实秋还在成舍我创办的《世界日报》上主编过一个副刊——《学文周刊》。

1935年3月4日，《世界日报》第3版头条登载一则启事，称：“自本周起，每星期一，出版《学文周刊》，由北大教授梁实秋先生主编。其创刊号即于今日出版，登在第三张第十二版。”第12版，《学文周刊》刊头处标明：“编辑者：学文周刊社”，“通讯处：内务部街二十号梁实秋转”。第1期第一篇文章是梁实秋以“编者”名义所写的《“学文”的意义》，可以视为《学文周刊》的发刊词。文中说：“这小小的刊物今天第一次与读者见面，本来用不着小题大做的发什么宣言，夸什么使命，我们只是几个爱好文学的朋友偶然聚在一起，感觉到寂寞，于是办一个副刊，写写文章算是互相观摩，假如写的东西还有点意思，也会对于读者们多少有点解闷的功效。”② 从其对“学文”意义的阐解来看，《学文周刊》所持的态度与《学文》月刊、《学文季刊》的宗旨是一以贯之的。同年6月3日，《学文周刊》停刊，共出14期。梁实秋在刊登于第14期上的《学文周刊社启事》中说：“本刊现应世界日报社之请，自本期起停刊。此后拟另行接洽出版处所，一俟筹划完毕，仍当继续刊行。”但此后，始终未见《学文周刊》“继续刊行”。

《学文周刊》多刊登随感、诗歌、译作等，篇幅大多比较短小。梁实秋除用本名外，还以刘惠钧、绿绮、百紫等笔名在《学文周刊》上发表了一些文章。经常为该刊撰稿的，另有赵少侯、徐芳、郝瑞桓、刘

① 陈子善：《梁实秋与胎死腹中的〈学文季刊〉》，《东方早报》，2010年6月27日第B13版。

② 编者：《“学文”的意义》，《世界日报·学文周刊》1935年第1期。

荫仁、温光三、吴兴华、李长之、包乾元、周丰一、陈云生等人。其中，在《学文》月刊上发表过作品的，仅有梁实秋、包乾元和徐芳等3人。其余的大多是刚出茅庐的新人，如周作人长子周丰一和年仅13岁、中学毕业后考取燕京大学西语系的吴兴华等。《学文周刊》的作者阵容，显然不及《学文》月刊和计划中的《学文季刊》。

值得一提的是，梁实秋创办《学文周刊》，闻一多与胡适、叶公超、余上沅等"平中同人"亦"未捧场也"。

标点闻一多《张旭年考》书跋

匡小群

（湖南耒阳市斯诺广告中心）

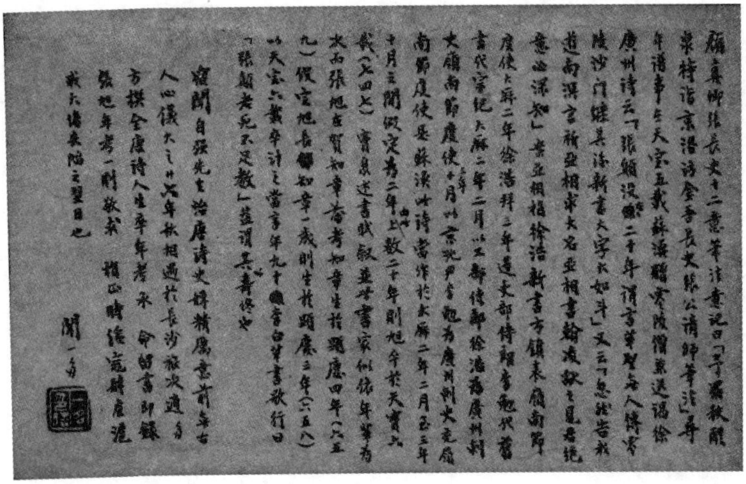
顏真卿張長史十二意筆法意記曰「予罷秩醴泉特詣京洛訪金吾長史張公請師筆法」尋年譜事在天寶五載蘇渙贈零陵僧兼送謁徐廣州詩云「張顛沒在二十年謂言草聖無人傳零陵沙門繼其後新書大字大如斗」又云「忽然告我遊南溟言祈亞相求大名亞相書翰凌獻之見君絕意必深知」案亞相指徐浩新書方鎮表嶺南節度使大曆二年徐浩拜三年遷吏部侍郎李勉代舊書代宗紀大曆二年二月以工部侍郎徐浩為廣州刺史嶺南節度使三年十月以京兆尹李勉為廣州刺史充嶺南節度使是蘇渙此詩當作於大曆二年二月至三年十月之間假定為二年上數二十年則旭卒於天寶六載（七四七）竇泉述書賦敘並世書家似依年輩為次而張旭在賀知章前考知章生於顯慶四年（六五九）假定旭長知章一歲則生於顯慶三年（六五八）以天寶六載卒計之當享年九十李白草書歌行曰「張顛老死不足數」蓋謂其壽終也

竊聞自強先生治唐詩史頗精麗意前年古人心儀久之廿六年秋相遇於長沙旅次適 匆方撰全唐詩人生卒年考承 命留書即錄張旭年考一則敬求 [illegible] 我大[illegible]之望日也

聞一多

颜真卿《张长史十二意笔法》意记曰：“予罢秩醴泉，特诣京洛，访金吾长史张公，请师笔法。”寻年谱在天宝五载，苏涣《赠零陵僧兼送谒徐广州》诗云：“张颠没在二十年，谓言草圣无人传。零陵沙门继其后，新书大字大如斗。”又云：“忽然告我游南溟，言祈亚相求大名。亚相书翰凌献之，见君绝意必深知。”案亚相指徐浩，新书方镇表岭南节度使。大历二年，徐浩拜三年，迁吏部侍郎李勉代《旧书》，代宗纪大历二年二月，以工部侍郎。徐浩为广州刺史、岭南节度使。三年十月，以京兆尹李勉为广州刺史，充岭南节度使。是苏涣此诗当作于大历二年二月至三年十月之间，假定为二年。由此上数二十年则旭卒于天宝六载（七四七），窦众《述书赋》叙并无书家似依年辈为次，而张旭在贺知章前。考贺知章生于显庆四年（六五九），假定旭长知章一岁，则生于显庆三年（六五八）。以天宝六载卒计之，当享年九十。李白《草书歌行》曰："张颠老死不足数"，盖谓其以寿终也。

宿闻自强先生治唐诗史，专精属意，前无古人，心仪久之。廿六年秋相遇于长沙旅次，适多方撰全唐诗人生卒年考，承命留书，即录张旭年考一则，敬求指正。时倭寇肆虐，沪战大场失陷之翌日也。

闻一多

注：全文标点于中国闻一多研究会、中国现代史学会、闻一多基金会、黄冈师范学院联合主办，黄冈师范学院文学院（苏东坡书院）承办的"闻一多诞辰120周年学术研讨会"之后，研究谷朗碑帖文化之际。

闻一多纪念馆在闻一多文化宣传和普及中的作用

吴龙辉　王锦华

（闻一多纪念馆　浠水县人大教科文卫委员会）

优秀文化的创造者和继承者的历史名人是一座城市的历史文化延续，是一座城市文化命脉和集体记忆的重要部分。在中国著名的大别山革命老区，浠水县这片红色的土地上，杰出的爱国诗人、学者、艺术家闻一多先生在这里诞生，为这座有着灿烂历史的城市留下了更加优秀的文化遗产。传承弘扬闻一多优秀文化，铭记这位为中华人民共和国成立作出突出贡献的英雄模范人物，1984 年，经中共中央宣传部批准，浠水县委、县人民政府在闻一多故乡建立起闻一多纪念馆。这里不仅孕育了红烛精神，更是闻一多文化宣传与普及的丰碑。

闻一多纪念馆是一座历史文化名人纪念馆，是中国特色的社会主义文化建设的一部分，在闻一多文化宣传与普及，开展爱国主义和革命传统教育，提高全民族的思想道德素质和科学文化素质，增强人们文化自觉和文化自信，为浠水县经济发展和社会全面进步提供强大的精神动力和智慧支持。

1. 注重文物资料收藏，让闻一多文化鲜活化

文物作为文化的载体，使得历史文化鲜活化。没有闻一多相关的

文物和资料，闻一多文化是空骨架的，是不饱满的，闻一多文化的宣传与普及和传承无从谈起。闻一多纪念馆特别注重闻一多文物资料征集和保护工作，开馆至今，有目的、有计划地广泛搜寻，精心鉴选，将具有历史、科学代表性、典型性实物资料收藏，形成了自己丰富的馆藏品。藏品中与闻一多相关的国家一、二、三级文物30余件套，字画、图书、报刊、相片、音像、书籍等珍贵资料5000余件套，这些文物资料在闻一多文化的历史记忆中发挥了重要作用。如闻一多使用的刻刀，是闻一多的次子闻立雕捐赠闻一多纪念馆收藏，这把刻刀抒怀了闻一多的喜怒哀乐，不仅是他自力更生解救危难生活的得力帮手，而且是他对国家、对事业、对朋友无私奉献，肝胆相照的不朽信使，更是他横戈在反动派面前的无言匕首，这把刻刀铭记了闻一多才气加骨气的峻节高风。如闻一多自用印章、闻一多《九歌》手稿、连环画《不畏冷枪的战士》等，这都是从一些对闻一多有着无限敬仰的社会人士手中征集取得，是来之不易的精神财富，是闻一多文化宣传与普及的重要载体。

2. 举办精品陈列，提升闻一多文化吸引力

陈列是纪念馆进行社会教育、传播信息、提供审美欣赏和为科学研究提供参考服务的主要工作方式，是纪念馆向社会提供的特殊精神产品，是历史名人文化宣传与普及的重要途径。闻一多纪念馆充分关注陈列在闻一多文化宣传与普及中的作用，2012年，经过不懈努力，精心筹划，完成《闻一多先生生平事迹展》更新改造。该陈列展览分“风华少年、佼佼学子；华厦红烛、一代诗骄；博古通今、学贯中西；精笔书画、游心佳冻；拍案而起、血洒千秋；人民英烈，永垂不朽”六大专题。通过实物、文献、图片文字等，运用现代展陈手段，科学设计，提炼主题，全方位、多角度介绍闻一多家庭背景及他为中国独立民主富强和人类进步事业作出的贡献，突出闻一多作为诗人、学者、民主战士

的文化内涵，反映他“亦余心之所善兮，虽九死其犹未悔”的家国情怀，展现了闻一多高尚品格和普通人的情感。该陈列主题鲜明、结构严谨、简洁明快、形式多样、亮点突出，融科学性、艺术性、教育性、观赏性于一体，入围“2014 年全国博物馆十大陈列展览精品评选”。闻一多纪念馆提升了闻一多文化宣传与普及功能，增强了闻一多文化的吸引力和竞争力。

3. 加强馆际交流与合作，传播闻一多文化

开展馆际交流与合作，已成为新时期纪念馆创新发展的方向。扩大各地间博物馆、纪念馆的文化交流合作，能够加强资源共享和互动合作，提升纪念馆文化的影响力。闻一多纪念馆加强馆际交流合作的过程中，以展览交流为中心，通过展览展示闻一多文化形象，提高闻一多文化社会影响力，增强区域辐射和带动作用。《龙泉记忆——闻一多纪念特展》在昆明市博物馆展出，是闻一多纪念馆与昆明市盘龙区文物管理所开展馆际交流与合作的成功典范。闻一多纪念馆全面承担展览的设计和布展工作，展览展线 200 米，展示实物 20 件，1.2 米×1.8 米展板 120 块，图片 382 幅，说明文字约 12000 字。“油画《红烛序曲》，少年风发、负笈清华，爱国诗魂、华夏红烛，治学楷模、文化典范，艺术人生、追求至美，拍案而起、血洒昆明，民主先驱、浩气长存，闻一多文学年谱”八大专题，深刻展现了闻一多的爱国诗人、民主革命先驱、中国知识分子典范、为中华人民共和国成立作出突出贡献的文化内涵。昆明市各中小学、社会组织、机关团体、各民主党派等组织参观了展览。这次交流合作，实现了浠水人民与昆明人民的心灵对话和情感沟通，让更多人正确理解闻一多文化的价值观念和意识形态，激发了人们的民族自尊心、爱国心、凝聚力和向心力。

4. 举办外展，拓展闻一多文化宣传与普及途径

闻一多纪念馆主动拓展闻一多文化宣传与普及外宣空间。澳门是闻一多《七子之歌》“七子”之一，虽然已被掳去三百年，但他“依然保管着内心的灵魂”，保持着对祖国的忠贞。闻一多的爱国情、报国志体现在这“七子”当中。在澳门回归祖国五周年和十五周年之际，闻一多纪念馆与澳门中华新青年协会、澳门基金会和澳门闻一多文化促进会精心运筹，精诚合作，《诗人、学者、民主斗士——闻一多生平事迹图片展》《闻一多先生生平事迹图片展览》先后在澳门展出。任何一个时代的进步都需要一种时代精神，推动闻一多研究，宣传和弘扬闻一多精神，促进国内外及澳门与内地开展闻一多文化学术交流，正是在弘扬以爱国主义为核心的民族精神和时代精神背景下开展的。举办外展，弘扬闻一多文化精神，不仅激发了炎黄子孙的爱国情操，更是激励了全体澳门同胞的爱国主义情怀。闻一多文化宣传普及教育，对澳门青年学生爱国爱澳的正确价值观、人生观，特别是培育青年学生爱祖国、爱澳门的情操，引导青年学生以理性、宽容的态度思考问题，增强澳门青年学生对中华民族的认同感有着重要的积极意义。

5. 精心组织主题活动，扩大闻一多文化宣传与普及覆盖面

闻一多纪念馆充分利用优势资源，多角度挖掘闻一多文化宣传与普及覆盖面。一是在纪念日、博物馆日等特殊纪念日策划形式灵活多样的主题活动，开展人文宣传，让闻一多精神深入人心，使闻一多文化成为人们源源不竭的精神动力。二是主办“闻一多杯硬笔书法大奖赛”“闻一多杯全国诗书画大赛”“闻一多杯中小学作文比赛”“闻一多杯全球华人怀乡征文大赛”等全国性大赛活动，传承闻一多书法绘画文化，

抒怀闻一多家乡情怀。三是开展“五进”主题活动，送展览进学校、进乡村、进社区、进军营、进企业，使闻一多走近观众，深化了广大人民群众对中华优秀传统文化重要性的认识，进一步增强文化自觉和文化自信。四是与大中小学开展共建教育活动，请进来，走出去。一方面大力支持学校到纪念馆开展各种主题活动，实现教育活动经常化；另一方面，组建闻一多精神宣讲小分队，走进校园担任学校辅导员，把宣讲闻一多精神渗入学校教育中，教育学生纪念先辈，珍视宝贵精神财富，塑造高尚灵魂，树立自信、责任、敬业、奉献理念，把强烈爱国热情转化为建设美好未来、报效祖国的强大动力，在实现中华民族伟大复兴“中国梦”实践中作出贡献。

6. 科学管理，实现闻一多文化宣传与普及规范化

新时期人们的知识水平不断提高，文化生活需求呈现多元化发展，观众对纪念馆蕴藏的文化内涵需要更深度地了解。闻一多纪念馆大胆创新管理模式，形成一套规范化管理、服务制度，最大限度发挥闻一多文化宣传与普及的服务作用。根据实际合理设置内设机构，引入竞争机制，实行工作人员岗位制和管理目标责任制，形成灵活有效的工作机制。制定了《消防安全制度》《展厅巡视制度》《文明服务制度》《讲解员管理制度》等科学严谨的管理制度。做到管理工作有章可循，保证制度的有效性、实用性、完整性。坚持以人为本理念，落实责任，强化服务意识，提高服务素质，完善服务功能，创新服务手段，从细节入手，微笑多点，声音柔点，关心细点，行动快点，嘴巴勤点，效果好点，积极开展文明用语、礼貌服务，勤恳敬业活动，营建良好的宣传教育氛围，让观众接收到最好教育，感受到最好服务。

7. 建设专业队伍，提高闻一多文化宣传与普及水平

宣教队伍是纪念馆与观众之间联系的桥梁和纽带，高素质的宣教队伍是做好宣教工作的关键。打造高素质专业化宣教队伍，创建稳定长效宣传服务品牌，是闻一多纪念馆提高闻一多文化宣传与普及水平的强大竞争力。闻一多纪念馆创新多渠道、多形式人才培养模式，全面提高政治思想和业务素质，塑造宣教队伍自身形象。一是开展有益于提高宣教水平的多种活动，树立一切以观众为中心服务理念，提高自身建设，增强综合实力。因而，多次被黄冈市文化局评为“免费开放业务工作先进单位”。二是开展全员业务知识和技能培训，营造学习氛围，激发学习热情，丰富充实业余生活，树立积极向上的良好馆风，有两人被湖北省文物局评为“先进工作者”称号。三是积极参加业务培训，业务会议、学术交流会议，礼仪知识、文物知识、旅游知识、历史知识、讲解技能与技巧，定期安排岗位练兵，如演讲比赛、知识竞赛等。四是加强高素质志愿者服务队伍建设，为志愿者提供参观库房、听知识讲座、接受专业培训、组织外出学习等，为闻一多文化宣传与普及储备人才队伍。

8. 加强闻一多思想科学研究，提升闻一多文化宣传深度

闻一多纪念馆通过深度挖掘、研究闻一多的历史资料来宣传普及闻一多文化取得了重大成果。编辑出版《闻一多故事》《红烛书画选萃》《闻一多纪念馆》等书籍，满足了不同年龄、不同层次的观众了解闻一多、研究闻一多的需求。《浅谈革命纪念馆的文物征集工作》《执守中华文化的根——浅谈闻一多的爱情观》《铭记闻一多高风亮节的刻刀》《一方弥足珍贵的闻一多自用印》《精典展陈是闻一多纪念馆活起来的核心竞争力》《红烛之光耀澳门》《如何让观众爱上纪念馆》等20余篇

论文，在《中国纪念馆研究》《中国博物馆通讯》《湖北文化》《湖北省博协年会论文集》《武汉文博》等刊物上发表。闻一多思想深度研究，很好地彰显了闻一多精神文化。

9. 创新闻一多文化产品，增强闻一多思想宣传普及化

文化产品在名人文化传播中发挥着重要角色，闻一多纪念馆在闻一多文化产品的创新开发上取得了很好成果。设计制作的红烛图案的胸章、领带夹，闻一多影视、文学作品光盘，复制的闻一多烟斗，全国发行的闻一多纪念邮票，精美的纪念门票，闻一多肖像工艺盘，七子之歌木屏，旅游风光介绍图册，七子之歌精制陶瓷茶等文化产品，蕴涵着闻一多文化元素，深受广大观众的喜爱。

闻一多故乡素有戏剧之乡之称。小时候的闻一多就十分喜爱戏剧，经常描画戏中人物，直至留学美国也曾参演“杨贵妃”的戏剧，提前两年回国也是为了振兴国剧。在闻一多纪念馆拍摄的《闻一多》《人民英模——闻一多》《大师——闻一多》《世纪诗人——闻一多》《闻一多·诗情故乡》等经典影视作品先后在中央电视台播出，浠水县楚剧团编剧的现代楚剧《闻一多》即将展出，这些影视剧目，充分展现了闻一多崇高人格背后的爱国精神、文学才华和人性情怀。

浠水县闻一多纪念馆建设纪实

周清明　汪德富
（浠水县委宣传部　浠水县闻一多红烛书画院）

浠水县闻一多纪念馆，位于浠水县清泉镇城东，浠水河旁，坐落在始建于唐代的名寺——清泉寺的遗址上；坐北朝南，碧水西流。名家荟萃，文脉深厚。这里是山清水秀、历负盛名的风水宝地。1993 年 5 月 18 日建成开馆，至今已整整 26 年。如今是竹翠松青，花团锦簇，郁郁葱葱；典雅古朴，庄重大方，秀内藏珍；游人如织，参学如潮。

序厅的正门之上，是时任中共中央总书记、国家主席江泽民题写的“闻一多纪念馆”额匾。两侧悬挂着周恩来、邓颖超和董必武、李维汉撰写的悼念闻一多先生的挽联。分别由原中国书法家协会主席沈鹏、副主席王学仲书写。这是集诗人、学者、民主战士三重身份于一身的闻一多先生的纪念馆，是一座爱国主义的教育馆，也是一座民族文化的艺术馆。馆内珍藏着国家一级文物 9 件，二级文物 12 件，三级文物 10 件；字画、图书、珍贵相片、报刊资料、音像资料等藏品 1 824 套（5 897 件）。它的建成，在缅怀、学习、宣传、研究闻一多先生的活动中发挥作用，取得成功；在推动社会主义精神文明建设中作出贡献，建立功勋。

敬树英贤勇担当

闻一多先生是从浠水巴河望天湖畔走出去的一代骄子，在中华人民共和国成立的前夜，怒对反动派的手枪，拍案而起，血洒云南。他的牺牲震惊全国，毛泽东主席、朱德总司令亲发唁电；毛主席肯定闻一多具有民族的英雄气概，号召写闻一多颂。周恩来亲撰挽联悼念，还出席上海各界举行的公祭大会，代表中国共产党主祭。1981 年，胡耀邦同志在庆祝中国共产党成立 60 周年大会上，将闻一多、邹韬奋、郭沫若、茅盾、李四光等同志称颂为“卓越的科学文化战士”，全党、全国深切怀念。

闻一多的英勇牺牲，家乡人民无比悲愤、怀念。先生的道德文章，家乡人民无比崇敬、仰慕。改革开放以来，家乡人民对先生的怀念演进成对先生的红烛精神、爱国主义精神的学习、宣传和研究。汪德富在任巴驿公社广播站编辑时，就开始搜集、整理闻一多的故事，并与烈士的后人有了接触；县文化馆创办《红烛》文学刊物，传布烈士的英雄事迹；县师范学校师生组织《红烛》诗社，学习、研究烈士的诗歌。1979 年，为纪念闻一多烈士诞辰三十三周年，县委统战部编辑、出版了《故乡人民的怀念》一书。先生的胞侄，时任武汉市委副书记，革委会副主任的黎智同志亲题书名。1979 年 11 月 25 日，《湖北日报》第三版以一整个版面，刊登了书中的文章和诗歌：闻立鹏《怀念我的父亲闻一多》，闻振知口述、汪德富整理《忆多兄二、三事》和彭友元的诗《血流》。在全国产生了很大影响，激起了海内外专家、学者对闻一多的研究和宣传。

此后，家乡人民进而希望在家乡兴建闻一多的纪念设施，迎先烈忠魂回故里。在省五届四次人民代表大会上，浠水代表还提出了修建闻一多陵园的议案。

1983 年春节后的一天，闻一多的次子、时任中宣部宣传局副局长韦英同志，来到县博物馆参观。叶向荣馆长及全体同仁认真地给以接待、讲解、介绍，并热情地邀请他到接待室座谈。韦英说他是受中宣部的派遣，出差到麻城调研，顺道回浠水的。他说这是他第一次回故乡，他们亲属十分思念故乡。这次特来博物馆，是想通过看馆藏，听展介，更多地了解故乡的历史、人文和发展。拳拳思乡之情溢于言表。叶向荣馆长汇报了家乡的变化，汇报了家乡人民对闻一多先生的崇敬和怀念，还汇报了我县宣传、文化部门和学校师生，这些年来组织开展的纪念闻一多先生的活动。特别谈到博物馆早有打算办“闻一多事迹展”，苦于手中资料太少，并表示想办法一定要办成。韦英同志听后很高兴，积极支持博物馆办展览，并同博物馆商定举办“闻一多图片展”。图片展的资料由他们亲属提供。韦英接着谈到1983年7月15日是闻一多先生牺牲37周年，各地都在组织纪念闻一多的活动，“全国首届闻一多研究学术讨论会”将在黄石市召开。当时，韦英同志还谈到，他们家属有希望故乡能兴建闻一多纪念馆的意愿和期盼。但同时也谈到中央对建个人的纪念馆控制很严，很难批。批建纪念设施归口中宣部，正是他所工作的宣传局主管，所以他知情。听了韦英同志的一席话，叶向荣和博物馆的同志都支持建纪念馆。叶当即表示愿意在博物馆附近建馆。如果一时批不了建馆，博物馆可先用一个大展厅建一个“闻一多纪念室”。韦英听后很感动。

之后，叶向荣将上述情况分别向时任县委宣传部副部长的潘国恒同志和时任文教局长的江势涛同志作了汇报。他们对博物馆的工作给予了赞扬，都表态支持博物馆办好图片展览，并表示一定将闻家关于建馆的意愿向县委、县政府领导汇报。在他们的支持下，叶向荣先后三次进京，与闻家人一道筹办展览图片，并在闻家亲属的帮助下，请时任全国政协副主席的赵朴初先生为展览题写会标。潘国恒同志不仅多次亲临现场指导，还帮助解决办展经费，使“闻一多图片展览”顺利落成。

当年，汪修华同志任县委书记，他的夫人李露林同志正在博物馆工作。李露林同志亲历了接待韦英的全过程。事后，她在家里将接待韦英的全部情况告诉了汪修华同志。汪修华同志对博物馆所做的工作给予了肯定，勉励博物馆办好展览。对闻家关于建馆的意愿铭记在心。

汪修华同志，是位知识型的领导干部。他曾在闻一多故乡巴河工作过，担任过区委书记，深知闻一多先生的人格精神，仰慕闻一多先生的士骨风范。1979 年，他在县委副书记任上，在听取江势涛同志关于文化馆编辑纪念闻一多诞辰 80 周年《故乡人民的怀念》一书有待出版时，汪修华同志当即拍板，指示以县委统战部名义出版，并帮助解决印刷费用，使该书顺利与全县人民见面，推动了故乡人民对闻一多先生的崇敬和怀念。

汪修华同志知道浠水的干部和人民群众，有兴办闻一多纪念设施、把烈士请回故乡的迫切心愿，他深深感到做好这件事意义重大。

1983 年 10 月 14 日至 21 日，由北京大学和黄石师范学院等校倡议，包括清华大学、武汉大学在内，全国 25 省、市、自治区大专院校、科研机构、新闻出版单位 163 名代表参加的“全国首届闻一多研究学术讨论会”在黄石市召开。他们中有曾经与闻一多战斗和生活过的全国著名专家和学者，还有闻一多的亲属黎智、闻立鹏夫妇等人。应大会邀请，汪修华同志亲派县委副书记、县长谢选卿同志出席大会开幕式，代表县委、县政府在大会致辞祝贺，并邀请与会代表到浠水参观。谢选卿同志陪与会代表同车过江，县四大班子领导李协池、骆同镜、胡季贤、陈学东、孔敬和宣传部部长周德民等同志，在招待所迎候，并陪同代表一道参观“闻一多图片展览”。随后与黎智、闻立鹏夫妇等亲属和冯素陶、季镇淮等专家学者进行了接触和交流，对兴建闻一多纪念馆在思想上产生了共鸣。

1983 年 10 月，经省民盟批准，县民盟支部恢复了活动，他们也积极向县委提议修建闻一多纪念馆。

我县修建闻一多纪念馆的议题，在民间、在社会一时形成热议，也汇聚到县委、县政府领导决策层面上来。汪修华同志感到闻一多先生诗惊大地，文震中华，德配典范，身位英烈，是浠川大地上的当代英贤。敬树英贤，兴建闻一多纪念馆，弘扬闻一多先生的红烛精神和爱国主义精神，引领全县人民加快浠水社会发展和经济建设，是党和人民的期待。他统一四大班子的思想，作出了在县城兴建“闻一多纪念馆”的决定，并确定潘国恒、舒耀宗、叶向荣三同志上北京呈送请示报告。潘国恒同志当时是持以省委宣传部应浠水县委宣传部请求向中宣部呈文报批“在浠水县兴建闻一多纪念馆”的请示进京的。

中宣部在办理“闻一多纪念馆”的请示时，要求以党委名义逐级呈文。这样，又由省委办公厅向中宣部呈送专题报告，中宣部才予以批准。1984年7月21日，省委办公厅以175号函，通知浠水县委：中宣部批文“同意在闻一多先生故乡建立闻一多纪念馆”。

不须扬鞭自奋蹄

(一)

1983年底，汪修华同志调任黄冈地区行署副专员，宋振时同志接任县委书记。当中宣部批文到达浠水时，人民群众对县委一班人勇于担当、敢于负责的行事和作风赞不绝口。

1984年12月初，吴祖明、周凝敞分别担任了县委书记、县长，谢选卿改任县委顾问。他们一到任，把兴建闻一多纪念馆作为一件大事、实事系于心中，抓在手中。他们到职不几天，1984年12月14日，时任中共中央总书记的胡耀邦同志来浠水视察。吴祖明同志向胡耀邦总书记汇报之时，不忘建馆之事，并敬请胡耀邦总书记给纪念馆题字。胡耀邦总书记当场亲笔题写“闻一多纪念馆”六个大字，给纪念馆留下了珍贵的墨宝。

1985年春，吴祖明同志签发了县委文件，成立以副书记詹金生为组长的闻一多纪念馆筹建领导小组，下设办公室，开始建馆的筹备工作。

据汪德富考证，早在1983年2月，胡耀邦总书记到黄州视察，时任省委常委、黄冈地委书记丁凤英同志，在向总书记汇报时，对浠水筹建闻一多纪念馆一事极为关心，请总书记给纪念馆题字。总书记欣然同意，表态回京题写。1984年11月，胡耀邦总书记再次来湖北视察，离京之前题写了“闻一多纪念馆”墨宝一幅，交中央办公厅，通过省委、地委转交浠水县委。这表明，胡耀邦总书记先后两次为闻一多纪念馆题字。1984年12月14日，胡耀邦总书记在浠水为闻一多纪念馆题字的消息，当年作为重要新闻，在报纸、电台、电视台做过报道，并配发了胡耀邦总书记在浠水为闻一多纪念馆题字时的照片。这之后，在一些出版的书刊上，均是刊登胡耀邦总书记1984年11月在北京为浠水为闻一多纪念馆的题字。

（二）

纪念馆筹备领导小组成立后，在占金生同志的领导下开始了馆址的选定工作，抓了建馆资金的筹措、募捐工作。占金生离职学习后，馆址选定工作，县委安排由时任县委常委、人大主任的李协池和时任县政协主席的胡季贤同志过问。他们亲临亲为，在县城挑选了好几个地方，包括当时的西门山公园和永春公园，皆不甚满意。原因一是浠水为农业大县、粮食大县，土地金贵。他俩都是分管农业多年的领导，惜地如金，生怕占用了耕地。二是浠水又是财政穷县，怕拆迁多，多花钱，加重财政负担。最后，相中了清泉寺旧址。中华人民共和国成立后，清泉寺废毁。这里办过学校，办过企业，后来被辟作盐库。备战备荒期间，这里又被定为战备盐库，上划管理。如果把纪念馆建在这里，不废一分一厘耕地，也不要征地、拆迁费用。但要使用这块土地，必须其上级主管部门批准同意。筹建小组同志曾几次同上级主管部门商量未果。只有在上级寻求解决的门路和办法，才有可能实现。这样，李主任、胡主席想到了时任副省长的王利滨同志。征得县委主要领导同意后，他们到省政府找到了王利滨副省长，向王利滨同志汇报了选用清泉寺遗址修建闻一多纪念馆的想法。王利滨同志是从浠水走出去的俊才，在浠水担任领导职务多年，始终不忘家乡。当听说建闻一多纪念馆的事，他不推不辞。对选清泉寺遗址建纪念馆，他大加赞赏，连称“好地方！好地方！”当听说该地已作“战备盐库”上划管理时，他照样表态愿出面做工作，协调解决。王利滨同志亲自调查盐库在省、地的管理关系，研究解决这个问题的政策依据和办理程序，指示以县政府名义向当时的地区行署行文，报请地区行署批准无偿拆除盐库，将其清泉寺旧址归还我县，作为闻一多纪念馆建馆用地。他还同县委领导一道找到当时行署轻工局长闻家儒做工作。后经地区行署同意，由行署轻工业局以黄冈盐业分公司呈文省盐业公司，请求“动用浠水清泉寺国家储备盐库”。该文呈省后，王利滨同志又亲自找到省轻工业厅、省盐业公司做工作，予以疏通。省轻工业厅、省盐业公司又报请“轻工业部核准同意动用”。于1987年7月7日正式回文，将清泉寺旧址归还我县。闻一多纪念馆建设用地最终敲定。

（三）

纪念馆建设用地基本确定的同时，因人事变动，县委于1987年7月6日发文，调整了筹建领导小组，由县委副书记祝金水任组长，副县长龙其保、宣传部部长毛世清任副组长，并兼任办公室主任。领导小组调整后，开始了规划、设计和平基等工作。对于主体工程的规划和设计，自1986年7月县政府向地区行署行文起，就着手了。在武汉市老领导黎智同志和省民盟的帮助下，武钢设计院义务承担了规划、设计任务。该院的盟员工程师主持设计。筹备组和设计工程师考察了鲁迅、陶行知、徐悲鸿纪念馆，确定了设计理念，讨论了设计方案，并报送省文化厅审定。1987年9月完成了主体工程建筑的图纸设计。整个建筑系庭院式的群体结构，高低错落，典雅别致，古朴大方，具浓郁的民族风格。

1987年12月19日，选定县二建筑安装公司承建，并签订建筑工程合同。

1988年1月26日，举行了奠基仪式。县委书记吴祖明，县长陈定国，县委副书记宋振时、金鹤年、祝金水，县人大主任李协池，县政协主席胡季贤等四大家领导；省人大副主任石川、副省长王利滨，地委副书记周维新、行署副专员汪修华；省、地、县老领导饶兴礼、余保诚、白水田、侯丹桂、王定远；省民盟副主委阮璞；武钢设计院党委书记冯家瑞，工程师胡宝祥、赵国宝；武汉大学教授袁謇正；闻一多亲属韦英、闻立鹏等近百人出席。祝金水同志主持仪式，副省长王利滨、县长陈定国等讲话，县四大家领导陪同石川、王利滨、周维新、汪修华等领导和韦英、闻立鹏一道铲土奠基。从此拉开了主体工程建设大幕。

纪念馆主体工程建设，合同规定8个月完工，结果打的是一场持久战，原因主要是经费供应不足。建设经费主要靠财政拨款，那时我县财政十分拮据。基本上是“吃饭财政”，保行政事业人员工资。用于公共事业支出非常困难。平时，只有写报告，找领导，在安排费用支出时挤，挤一点算一点。大部分时间是负债建设。靠施工单位带物资先做起来，物资款、工时款先欠起来，后慢慢还。施工单位带的材料往往也是从销售单位赊借的，工人、技术人员的劳务工资往往也是拖欠的。一旦工人要工资、供物单位要货款，施工单位只有停工。

那时公共事业单位的债务，银行不贷款，社会也难集资，只有靠财政。而当时的财政政策，不准搞赤字预算。筹建办只有写好负债报告，年终守在财政局等决算时给“剁尾巴”。当年剁不完，拖到来年再剁。

（四）

主体工程完工时，纪念馆欠债几十万。面临的工程还有五大项：围墙的建设；进馆道路的修建；馆内环境的绿化；展览的布置，包括序厅巨幅壁画的绘制，闻一多全身塑像的雕塑；还有生活设施的建设，等等。哪项工程不做完都无法开馆，而项项工程都要花钱。当时，为了早日将纪念馆建成开馆，我们曾咬着牙给纪念馆的同志布置任务，他们感到很“捺蛮”。

在纪念馆建设举步艰难的时候，又是王利滨同志出手相助，排忧解难。在任副省长期间，他协调省财政厅、省文化厅、省计委帮助纪念馆立项，获取专项资金的支持；在任省人大副主任的时候，他利用其影响，帮助纪念馆争取上上下下的援助；他退出领导岗位后，利用其人脉关系，依然帮助纪念馆求取方方面面的赞助。为了家乡，为了闻一多纪念馆，他是雨中送伞，雪中送炭，无私无我。由于有了王利滨等同志，包括闻一多基金会的帮扶，在县财政的大力支持下，纪念馆于1992年春完成绿化布置；1992年10月彻底完成了围墙的建设；在交通、城建部门的支持下，1992年底完成了进馆道路的修建；1993年2月完成了铜像的安放；4月初完成了汰笔池和曲桥的施工；4月16日完成了布展工作。

纪念馆的绿化布置得到了武汉磨山植物园工程师熊烈光老先生的大力支持。熊老先生是团陂沈坳人，在无偿完成县人大、县政府机关大院园林绿化的设计布置后，又一次被请回家乡，为纪念馆园林绿化进行设计布置。他不仅再次无偿服务，不畏春寒，不怕劳累，不顾年迈体弱，精心设计，精妙布局；还为纪念馆选送优质花木，半价收费。为纪念馆的建设作贡献。

铜像的雕塑，在闻立鹏教授的帮助下，请全国著名雕塑家，原中央美院院长刘开渠教授和时任中国雕塑研究所所长、中央美术学院雕塑系主任王克庆教授共同设计雕创塑制。省民盟派人几次进京求取支援，帮助解决塑像经费。民盟中央和国家建设部、全国城市雕塑规划组共拨款援助8万元。

展览布置，韦英、闻立鹏，包括闻铭、闻惠等亲属不仅提供了大量照片、书籍资料、文物，还为闻一多先生生平简史撰写展览脚本。韦英夫妇、闻立鹏夫妇还吃住在浠水，义务参与展厅的设计布置。他们都是德高望重的专家、学者，为了先烈的事业，为了家乡人民的事业，出力流汗，自愿自为，无须人指派，也无须聘顾。

序厅的设计和布置，是在闻立鹏夫妇的主持下完成的。以“红烛序曲”为主题。闻立鹏教授夫妇合作绘制了通高4米、全长14米的巨幅壁画《红烛序曲》。湖北美院唐小禾、蔡迪安、李宗海、周彤及湖北美术学院尚扬等教授合作完成了总体设计和壁灯、地碑的设计。整个展厅闪耀的是红烛精神，演奏的是红烛颂歌。

“闻一多生平事迹展”，以“千古文章未尽才”冠名，分三个展厅进行布置。这三个展厅的布置，由时为黄冈师专教授、现省美术学院教授方长江先生完成。韦英夫妇自始至终参与其中，既参与设计，又亲力亲为，选资料、定图片，同订制。

生平事迹展，设计为分而不散的展碑，形成碑林结构，展碑彼此相间的空隙，安装一支烛形灯，体现红烛精神，艺术创意新颖独到。展览图片用螺钉钉于玻璃夹在展碑上，实物放在另做的与展碑等宽的玻璃展台内，紧靠在所需的展碑前。共展碑 54 块，展台 20 个，烛台与烛灯 89 套，让红烛照亮闻一多一生的光辉历程。

整个展览的内容、展品的选定和讲解的文本，请由武汉大学闻一多研究室的孙党伯等教授审阅把关。

在序厅和第一、二展厅回廊上，镶嵌了 36 块石碑，形成了全长 120 米的碑廊。碑石采用山东“济南青”A 级花岗岩板材。碑文有毛泽东、朱德、周恩来、宋庆龄等老一辈革命家悼念闻一多先生的唁电、挽联和评论；有当代领导人及名流大家为悼念闻一多先生的题词和敬录闻一多先生的诗文等。文字镌刻中，既有毛泽东、周恩来的翰墨真迹；也有郭沫若、费孝通、赵朴初、楚图南及工柳、沈鹏、王学仲、欧阳中石、冰心、闻钧天、闻家驷等名家的墨宝真品。

为配合纪念馆的建设，1990 年县委、县政府决定成立“闻一多基金会”，曹啟佑、陈定国、李协池、胡季贤、谢选卿为名誉会长，金鹤年为理事长。

为了支持筹建办同志的工作，县编委于 1989 年 8 月和 1990 年 6 月，先后发文给“闻一多纪念馆”，给人员定编。接着，县文化局发文龚成俊同志任闻一多纪念馆馆长。

浠水闻一多纪念馆的建设，得到了多方面的支持和援助。前面已提到王利滨、黎智等领导的关怀和支持，民盟中央，民盟湖北省委、武汉市委，包括浠水民盟支部，不仅为闻一多纪念馆的立项奔走、呼吁，为专项资金的求助和募捐而献计出力，还充分利用盟员的艺术专长、技术特长，组织专家、学者、教授为铜像的雕塑，为展厅的布置，为碑廊嵌造提供优质、精良和不计报酬的服务。1990年5月1日，时任民盟中央主席楚图南为“闻一多纪念馆”亲笔题字，成为纪念馆的珍藏。

在闻一多纪念建设中，除了围墙和进馆道路设计施工，主要受惠于武钢设计院、中央美术学院、湖北美术学院、武汉大学等大专院校的同志，还有韦英及闻立鹏夫妇等。闻一多纪念馆就是这批名家设计的珍品，大师打造的精品。

高燃烛炬耀浠川

闻一多纪念馆是党的十一届三中全会后，浠水县委、县政府在拨乱反正、改革开放的大潮之中酝酿、决策、立项、兴建的。从报批、立项到落成开馆，历时整整十个春秋。整个工期，正处于县级财政窘迫之时，历尽辛苦，洒遍汗水终获竣工；一任接着一任干，一级催着一级擂。经历了汪修华、宋振时、吴祖明、曹啟佑、陈定国五位县委书记，谢选卿、周凝敞、陈定国、张润德四位县长；三位宣传部部长，三位文化（教育）局长；曾经分管过的县委副书记五位，先后是占金生、祝金水、金鹤年、吴良想、邓洪，他们是闻一多纪念馆的筹建负责人。

1993年5月18日，闻一多纪念馆开馆暨闻一多铜像揭幕仪式隆重举行。这一天，浠川上下宾客盈门，纪念馆内红烛高燃。

为组织好这次活动，县委、县政府发文成立了筹备委员会负责筹备工作。县委副书记邓洪任筹委会主任，郭继成、周清明、陈希贤、龙其保、崔六宝任副主任。下设接待、会务、宣传、保卫和医务等5个专业组。

出席了开馆仪式的有：

省委常委、宣传部部长王重农，省人大副主任肖全涛，省政协副主席周兹柏，省老领导李尔重、王利滨、饶兴礼，武汉市原人大主任黎智，地委副书记曹啟佑、行署副专员万福生、地区老领导白水田、乔平、侯丹桂，鄂州市人大主任岑道斌、政协副主席徐扶焕。

民盟中央副秘书长金若年，民盟湖北省副主委和穆熙、顾问阮璞。

武汉大学副校长张明清，北京大学、清华大学及湖北美术学院、湖北美院的负责人和教授代表，武钢设计院的领导和纪念馆主体工程设计工程师。

曾在浠水工作过的省直、武汉市直及兄弟地、市的老领导于保诚、唐玉金、康志宏、王少彬、王福钧、吴祖明。

韦英、闻立鹏等亲属。

中央、省、地及兄弟地、市的新闻通讯、报刊、电台、电视台的记者等。

闻一多先生生前好友、中国科学院学部委员汤佩松，时年愈九十，特从北京赶回家乡与会。

县四大班子领导，县老红军、离退休老领导、老干部，县法院、检察院负责人，各部、办、委、局及各乡、镇、场负责人，各群团组织负责人，闻一多中学、闻一多小学负责人，闻家铺村、十月村负责人及各界朋友接通知出席仪式。共约500余人。

为了请省委领导莅临并在仪式上讲话，邓洪亲自带我们先后两次到省找到时任省委书记的关广富同志，由关广富同志亲自确定时任省委常委、宣传部部长的王重农同志出席仪式并代表省委、省政府讲话。

开馆仪式由县长张润德主持。民盟中央副秘书长金若年代表民盟中央；省委常委、宣传部部长王重农代表省委、省政府；地委副书记曹啟佑代表地委、行署；县委书记陈定国代表县委、县政府；韦英代表亲属，先后在大会上讲话。王重农、肖全涛、周兹柏、李尔重、王利滨、黎智、曹啟佑、陈定国、韦英、汤佩松等人参加了铜像揭幕、开馆剪彩。剪彩后各位领导和与会人员参观了展览。

在开馆仪式上，收到了省委书记关广富及省政协主席沈因洛发来的贺电。国家文物局、中共北京大学委员会、武汉大学、云南师范大学及西南联大北京校友会，全国城市雕塑建设指导委员会等单位发来的贺信；费孝通、赵朴初及冰心、闻家驷等发来的贺词。

5月19日新华社武汉分社以《湖北省浠水县闻一多纪念馆开馆——江泽民总书记题写馆名》为题发出通稿；《湖北日报》在头版右头，《黄冈日报》在头版正头位置刊发消息；《人民日报》20日第4版刊登新华社记者方政军、通讯员张训蒙撰写的新闻；《光明日报》《中国青年报》等多家中央级大报刊发了新华社的“通稿”；中央电视台、湖北电视台都在“新闻联播”节目中播发专题报道。

“闻一多纪念馆”开馆仪式，隆重热烈，秩序井然，安全祥和，盛况空前，影响久远。当时，引来近千名群众在墙外围观。广大群众交口称赞：“这是浠水历史上少有的壮观。”

闻一多纪念馆开馆以后，湖北省委、省政府先后命名为“湖北省爱国主义教育基地”“省级爱国主义教育示范基地”；中共中央宣传部命名为“全国爱国主义教育示范基地”；民盟湖北省委、民盟中央先后确定为“盟员教育基地”；省纪委、监察厅命名为“湖北省廉政教育基地”；共青团黄冈市委、黄冈市青年联合会确定为“红色大别山——黄冈市青少年革命传统教育基地”；武警黄冈支队确定为“国防教育基地”等等。在全省范围内，包括武汉市统一战线，武汉市水果湖中学、武汉市六中等先后有60多个党政机关、事企业单位、社会团体、部队、学校，到闻一多纪念馆挂牌、设点、建基地，进行爱国主义教育、革命传统教育、德育教育、廉政教育和国防教育。

闻一多纪念馆还先后被国家文物局评定为“国家重点博物馆”“国家三级博物馆”，国家旅游局评定为“国家AA级旅游景点”。

在这里经常有入党、入盟、入团、入队的宣誓；有“实践三个代表”，“争先创优”“治廉问责”等主题教育活动，及围绕这些活动开展的理论讲座、学术研究、经验汇报、典型交流等现场；有名人名家字画展，诗歌、楹联展及“文化之旅”“名人故里游”“闻一多故乡行”等文化旅游活动；还有“七子之歌”演唱、《红烛》诗篇朗诵，等等。

在活动中，参与者们缅怀革命先烈，沐浴红烛之光，弘扬爱国主义